© 2018 , Alain Tisserant

Edition : BoD - Books on Demand
12/14 rond-point des Champs Elysées, 75008 Paris
Imprimé par Books on Demand GmbH, Norderstedt, Allemagne
ISBN : 9782322105045
Dépôt légal : mars 2018

POUR QUE MA VERITE SOIT DITE

Alain Tisserant

POUR QUE MA VERITE SOIT DITE

Souvenirs d'Algérie

J'ai voulu répondre à un immense désir de mettre en mémoire un passage douloureux de ma vie, depuis mon enfance jusqu'à l'indépendance de l'Algérie.

Je vous invite, avec ce récit, à vivre des moments intenses, à faire des découvertes. Il n'est pas un roman mais un témoignage de faits réels qui ont marqué cette période difficile.

Amis « lectrices et lecteurs » je vous remercie de partager avec moi ces souvenirs.

Alain Tisserant

A mes filles,

Muriel, Patricia, Geneviève

« *Je vous livre ma pensée, mon vécu, mes déboires, mes sentiments. Mon cœur s'ouvre à vous dans un difficile souvenir qui suscite l'intimité* »

A mes petits-enfants

Tommy, Quentin, Fanny, Lucas, Eva, Tanguy, Etienne, Robin

> *Devant toi la montagne.*
> *Rude est l'escalade.*
> *Au sommet,*
> *Clair est l'horizon.*
> *C'est ton avenir.*

Alain Tisserant

SOMMAIRE

Préface.. 15

PREMIÈRE PARTIE
La naissance d'une vie

1 – La petite France... 19
2 – Bleu de mer... 35
3 – Le crabe et le rocher................................. 57
4 – Les sauts d'obstacles............. 67
5 – La réconciliation....................................... 81
6 – Les cinq doigts de la main........................ 89
7 – Le grand saut............................. 101
8 – Le bloc couronne...................................... 117

DEUXIÈME PARTIE
La prise de conscience

9 – Les sables mouvants 127
10 – L'ordre militaire..................................... 149
11 – Le Comte... 165

TROISIÈME PARTIE
L'espoir déçu

12 – La résidence secondaire......................... 175
13 – La crevasse 193
14 – L'électrochoc.. 209

QUATRIÈME PARTIE
Du mouvement

15 – Le gazouillis.................................... 221
16 – Le loup dans la bergerie........................ 225
17 – Interlude....................................... 235
18 – Le grand voyage................................. 237
19 – La rose des sables.............................. 253

CINQUIÈME PARTIE
Plaidoyer pour la vie

20 – L'incompréhension............................... 261
21 – L'ascenseur de la violence...................... 267
22 – Bleu blanc rouge. L'engagement.................. 285
23 – Fernand... 293
24 – L'élégie.. 307
25 – La descente aux enfers.......................... 333
26 – La prévarication de l'Etat...................... 343

SIXIÈME PARTIE
L'espérance ternie

27 – L'échappatoire.................................. 351
28 – Le salut.. 361
29 – Bonjour l'accueil............................... 371

Épilogue.. 381

PREFACE

1962-2016. Je me dois de revenir sur ce que fut notre vie dans ces années écoulées. Au moment où nos enfants et petits-enfants évoluent dans un espace dont le monde virtuel devient l'apologie du quotidien et où les efforts sont difficilement consentis, ce livre va les inviter à entrer dans un passé récent qu'ils ignorent et qu'il ne faut surtout pas oublier.

Je n'ai pas la prétention d'être un donneur de leçon et encore moins d'ergoter sur les comparaisons entre l'actuel et ces années passées. Je décris ce que fut notre vie de petit peuple que nous représentions, nos peines, nos joies, nos difficultés et notre détermination à nous en sortir.

Il est un moment de l'Histoire récente que nos contemporains se forcent à ignorer : la Guerre d'Algérie que nous avons subie, et l'exode de cette société multiculturelle de Français d'Algérie vécu comme une dure épreuve. Je n'avais jamais parlé à mes enfants et petits-enfants de cette guerre. Jusqu'au moment où leur curiosité fut éveillée sur cette période douloureuse plus ou moins bien expliquée dans les manuels scolaires. Leurs questions posées sur le sujet, m'incitèrent à écrire ce livre.

Malgré nos succès par les armes, nous avons perdu l'Algérie qui comprenait trois départements Français : Alger, Oran, Constantine.

L'ancien Combattant d'Algérie est devenu un paria pour le monde, pour la France, d'où ce grand silence. Il est muet car le perdant a toujours tort. Au seuil d'un mutisme de cinquante ans, je vais me confier et narrer ce que fut cette guerre.

Je me dois également d'expliquer notre révolte, car cette Algérie était aussi la nôtre depuis quatre générations. Je vais également mettre en évidence le laxisme du peuple de France et de ses dirigeants concernant notre avenir, notre rapatriement, l'abandon des Harkis et le manque de considération des milliers de morts et de disparus militaires et Européens, sans oublier les massacres du 5 juillet à Oran, qui sont complètement occultés par l'État Algérien souverain et par la France qui a laissé se dérouler cette tuerie collective.

Nous ne pouvons rien contre l'Histoire, nous ne la referons pas. Elle est écrite, elle est passée, nous demandons une seule chose : ne rien oublier mais avoir une pensée constante pour tous les innocents morts et disparus.

PREMIERE PARTIE

La naissance d'une vie

1

La Petite France

Tlemcen. Département français en terre algérienne où je suis né, ainsi que mon père et mon grand-père. Mon arrière-grand-père né à Héricourt dans les Vosges émigre en 1870 en Algérie pour ne pas subir l'occupation allemande et s'installe dans cette région algérienne qui, par notre Constitution, est un département français. Je n'ai pas connu mon arrière-grand-père devenu jeune parent d'un fils unique, mon grand-père.

Mon grand-père a débuté en tant qu'ouvrier maçon. Par son travail et ses qualités dans le métier il est devenu patron entrepreneur. Marié à une espagnole, il a eu trois garçons : Fernand l'aîné, Auguste mon père, né en 1914, et Marcel le benjamin. Il s'est suicidé pour des raisons financières, d'un coup de fusil de chasse, quand mon père avait 14 ans.

Ce dernier, jeune orphelin, est entré comme apprenti (personnel civil dans l'armée) à l'Établissement Régional du Matériel de Tlemcen, et a fait carrière avec passion jusqu'à sa retraite. Il s'est marié à 19 ans avec Alice qui deviendra ma mère, fille d'une femme d'origine espagnole, elle-même mariée à un expatrié d'origine basque. Je suis donc né, deuxième de la lignée des enfants de ce couple, Monique étant l'aînée, Norbert le troisième et Roselyne la petite dernière.

Je n'ai également pas eu le bonheur de connaître mon grand-père maternel. Il travaillait au CFA[1] et il est décédé très jeune, accidentellement, brûlé par la vapeur d'eau bouillante échappée de la locomotive après le déraillement du train qu'il conduisait.

Année 1945. Mon premier souvenir d'enfance est un souvenir tragique, c'est un épisode de la Deuxième Guerre Mondiale. J'avais un peu plus de 5 ans, je me revois, courant vers des abris au son d'une sirène qui annonçait un risque de bombardements, la peur au ventre, ne comprenant pas exactement ce qui se passait. J'ai encore la vision de ma mère nous tenant, ma sœur et moi par une main, le bébé dans les bras, nous précipitant vers un abri. Image très nette et unique, sans suite. Le cliché suivant est l'arrivée de soldats américains qui nous distribuaient des chewing-gums.

Passé cette période assez floue, je me remémore le magnifique pays où je me promenais avec mes parents, dans une nature superbe, pleine de couleurs, de tendresse, de lumière, de senteurs. Je me souviens des beaux matins où je partais très tôt avec mon père à la pêche aux poissons de rivière. Je revois les petits ruisseaux bordés d'une herbe qui me paraissait immense, certainement parce que j'étais petit, et les roseaux qui me caressaient le visage.

---

1 Chemin de Fer Algérien

Je suivais un ru limpide glissant lentement dans un calme que troublait seulement le léger écoulement de l'eau paisible et fraîche. De temps en temps le croassement d'un crapaud dans le matin donnait une note encore plus tendre au lever d'un jour nouveau.

Je me souviens du casse-croûte au bord de l'eau dans le froid du petit matin, à déguster avec grand plaisir un petit bout de pain et son fromage. Regard d'enfant épaté d'être en présence d'un père que je découvre gigantesque et fort, sentiment d'être privilégié dans une nature complice d'un bien-être qui ne peut que m'appartenir tellement il paraît unique. Moment de pêche qui continue dans le calme et la plénitude, et le soleil qui monte lentement jusqu'à bientôt nous faire cligner des yeux, présence sereine et dominatrice de cet astre qui nous réchauffe la peau et le cœur.

Le soleil sonnait également le repas de midi. Celui-ci consistait à faire frire, sur un feu de bois, les petits poissons pêchés dans la matinée. Qu'il était bon cet instant, toujours le même, attendu avec impatience par un enfant qui s'émerveille de voir de quelle façon on prépare un foyer, de comprendre comment on allume un feu, de découvrir la petite flamme qui scintille et envoie son souffle chaud ! La friture en cuisant développe un chant et une odeur : une invitation à la dégustation.

Je revois les longues promenades dans un somptueux paysage au milieu de champs de bigarreautiers et autres cerisiers, où je pouvais admirer Tlemcen, pays de la cerise, et Mansourah avec ses ruines romaines antiques dressées dans l'herbe haute, parsemée de mille fleurs odorantes. De splendides cascades aux eaux claires et limpides se déversaient du plateau Lallas Séti (mille deux cent six mètres d'altitude) qui domine la plaine de Tlemcen. L'eau se divisait en une multitude de ruisseaux qui alimentaient une herbe grasse, abondante, souple, agrémentée de multiples fleurs aux couleurs chatoyantes. La cueillette de cresson faisait le délice du repas du soir, salades sauvages également ramassées dans les étendues très arrosées.

Souvenir de casse-croûtes à l'ombre des cerisiers, contemplation divine dont l'image est encore aujourd'hui un baume si nécessaire dans la vie de tous les jours. Étendue verte, coupée par « Les Sept Sources », cristallines, silencieuses, bordées d'une végétation luxuriante, fleurs de toutes sortes, papillons, grenouilles, oiseaux, sous un ciel d'un bleu azur, dans une fraîcheur reposante et au parfum délicieux caractéristique du site.

Souvenir de ce pays de montagne (huit cent mètres d'altitude), qui me ramène aux hivers rudes. Je me vois partir le matin de bonne heure avant l'école, aller chercher le pain à la boulangerie située dans le quartier bas de la ville, petit pantalon court, bottes de caoutchouc, marchant sur une neige fraîchement tombée, dans un silence matinal ouaté et un paysage d'une blancheur immaculée encore vierge de toute trace. Comme j'appréciais le retour et la douce chaleur de notre demeure ! Celle-ci était chauffée par une cuisinière à bois, appelée Mirus, située au centre de la pièce principale.

Sur la plaque brûlante dans une cafetière en aluminium, filtré au moyen d'un bas de coton le café m'attendait. Ma grand-mère s'empressait d'ôter mes bottes et de me frictionner les pieds pour éviter les engelures. Arrivait enfin le moment du petit déjeuner : pain grillé sur la plaque du Mirus et margarine, le tout accompagné d'un odorant café additionné de lait concentré. Un délice !

Si les hivers étaient rudes, les étés pouvaient être tempérés puisque nous étions en altitude, mais quelquefois très chauds lorsque nous n'échappions pas au Sirocco, vent du Sud Saharien, avec ses tourbillons de sable qui enveloppaient le paysage et nous empêchaient de respirer convenablement. L'atmosphère se trouvait complètement desséchée, il fallait rester au foyer et ne sortir que par exigence. Bien heureusement ce mauvais moment ne durait pas longtemps.

Nous avions presque tous les ans des invasions de sauterelles qui faisaient le désespoir des agriculteurs car elles dévastaient tout. Il était stupéfiant de voir les cultures où plus rien ne subsistait après leur passage. Impressionnants également les immenses nuages de ces criquets pèlerins qui cachaient le soleil, on se retrouvait pratiquement dans le noir, et cela pouvait durer une heure. Dans la cour intérieure de l'immeuble, des centaines d'insectes épuisés venaient mourir et tapissaient le sol, que nous devions balayer après l'invasion. Si spectaculaire que fut le phénomène il était et est encore aujourd'hui, une tragédie pour le pays.

Le chemin de l'école passait non loin de notre demeure, près des anciens remparts qui protégeaient en d'autres temps la ville des invasions barbares, vision d'un monde antique. Dans l'école de garçons se trouvaient mêlés avec un même engouement pour apprendre, petits juifs en majorité, arabes et chrétiens en minorité, sans aucune discrimination apparente. Nous avions une occupation scolaire ordinaire comme tous les gamins de notre âge, sans penser à autre chose qu'à une vie collective. Je me souviens que, doué pour le dessin, le privilège m'était donné d'illustrer un petit livret mensuel que nous éditions, et qui décrivait l'activité de chaque classe. Poèmes, nouvelles, réflexions, vie scolaire, autant de possibilités pour dialoguer et permettre l'expression, la création, la communication, facteurs essentiels de cette vie communautaire. J'avais grand plaisir à préparer plusieurs épreuves, à l'encre de chine, et je me trouvais grandement satisfait de la mission qui m'était dévolue. J'étais très souvent inspiré par les Fables de La Fontaine.

Mon arrière-grand-mère maternelle, aïeule de 85 ans, malvoyante, perdait la raison et s'échappait de notre habitacle. La mission importante que l'on me confiait, celle d'aller la chercher, est encore bien ancrée dans ma mémoire. Je lui prenais la main, tentant en espagnol, car elle ne parlait pas le français, de la persuader de rentrer au bercail. Je la revois grande, imposante, vêtue de noir. Elle est décédée quelque temps après.

Je n'ai pas de souvenir précis de la petite habitation que nous habitions, sinon qu'une grande cour intérieure donnait accès à d'autres appartements occupés par des voisins.

Deux portes en forme d'arche commandaient l'entrée. C'est en jouant dans la cour, en compétition avec un voisin de mon âge courant très vite chacun vers des sorties différentes, que nous nous sommes heurtés, face contre face et... grosse chute contre le trottoir, nez en avant. Je n'ai vu que des étoiles : j'ai senti qu'on me transportait, puis le trou noir, et une voix qui me parlait : le médecin de famille à mon chevet avait eu du souci pour mon rétablissement. Je suis resté quelque temps sans voir clair, je ne sais pas médicalement pourquoi. Enfin, dégât de jeunesse : je m'en suis sorti avec un nez cassé et une déviation de la narine ! Aujourd'hui encore, je suis perturbé par ce problème.

Mais ce n'est qu'un petit bobo par rapport à ce que la vie peut apporter de douloureux. Je pense à un événement qui m'a énormément marqué. Un petit voisin de mon âge est tombé malade, il ne venait plus jouer avec nous et restait au lit. Je me souviens que, lors de mes visites, je découvrais chaque matin son petit visage un peu plus pâle et maigre, son petit corps davantage décharné. Il avait parait-il, reçu un mauvais coup dans le bas ventre, cause des souffrances qu'il subissait. Il est plus simple de nos jours de parler d'un « cancer des testicules », maladie qui ne pardonnait pas à cette époque.

Il nous était permis de le voir quelques minutes tous les jours, puis de temps en temps, puis plus du tout. Notre seule possibilité de le savoir vivant était d'entendre ses cris de douleur qui nous perçaient les oreilles et aggravaient notre action d'impuissance face à la maladie. Et puis un jour comme les autres, les cris se sont tus, la souffrance était finie, la vie de notre copain aussi. Il est une chose terrible, c'est de voir un être aussi jeune, souffrir et mourir dans de telles conditions. Que de questions je me suis alors posé ! Qu'est-ce que la mort ? Comment en arriver là ? Comment vit-on les derniers moments, le dernier passage de la vie au trépas ? Ce fut pour moi une révélation de savoir que l'on pouvait mourir à tout âge. Je fus alors perturbé par une inquiétude, une anxiété, qui n'a cessé que lors de mon passage dans le monde des adultes. Mais ce mystère est, je suppose, toujours présent dans l'esprit de chacun, même si on relativise le pourquoi et le comment.

Je ne peux pas m'empêcher de penser à ce passage douloureux de mon enfance. Si à huit ans, nous sommes associés aux événements de la vie, notre sensibilité recueille tous les aléas qui entourent notre évolution. Nous subissons les événements avec gravité, ils peuvent être un traumatisme ineffaçable dans notre mémoire.

Souvenir de la vie quotidienne et des vacances, scène annuelle où l'on tuait le cochon, notre présence n'était acceptée qu'après la mise à mort de l'animal. J'aimais cette atmosphère particulière où les gens se rencontraient, échangeaient, communiquaient, chacun à sa tâche dans une ambiance familiale. Les anciens sont toujours là pour éclabousser de leurs expériences une assistance adulte, déjà au courant de leurs mille histoires racontées des dizaines de fois. Mais un enfant s'émerveille d'entendre courir sur leurs lèvres ces exploits de toutes sortes, empreints certainement d'un engouement et d'une exagération sympathique en proportion avec leur âge. Puis nous passions à une dégustation en règle, de charcuterie fraîchement sortie de mains expertes, pâtés, boudin, côtes grillées…

En période de chasse, j'ai en mémoire l'arrivée en moto de mon père, avec, sur le siège arrière, un porc sauvage, victime malheureuse d'une battue organisée. Nous attendions le retour des chasseurs sur un terrain vague où se faisait le partage du sanglier. Lorsque le morceau reçu le permettait, nous avions la chance de déguster le jambon dans l'année qui suivait, et le plaisir de couper les tranches au couteau en petits dés sur le pain.

Les vacances étaient tout aussi agréables. Notre grand voyage consistait à nous rendre à Terny, village au sud de Tlemcen, pour un séjour avec ma grand-mère maternelle et son ami Albert. Un paysage de montagne, aux forêts denses, — chênes, châtaigniers, hêtraies et feuillus de toutes sortes — nous accueillait dans une fraîcheur reposante. Ma grand-mère, veuve, voulait refaire sa vie avec cet ami.

J'ai été énormément marqué par ces séjours. D'abord par le fait de partir du logis et de découvrir les sites d'altitude, sauvages, pleins de mystère, où la nature est une explosion de couleurs, de senteurs dans une harmonie à couper le souffle, mais aussi par la personnalité d'Albert qui, très réservé, savait nous conter ses exploits guerriers.

Ancien combattant de la Guerre de 1914, il nous retraçait ses charges de cavalerie contre les uhlans prussiens. Une blessure, causée par un coup de sabre reçu sur le côté du visage, montrait sa joue entamée et une grosse balafre, témoin de cette guerre d'un passé lointain et pourtant si récent. Ce grand bonhomme avait un emploi réservé de garde champêtre et savait nous conduire à la rencontre d'une nature si vivante, si généreuse et qui lançait un défi à la souffrance d'un homme aux poumons gazés. Je le revois, paraissant très grand sur son cheval, avec lequel il surveillait forêts et animaux, visage buriné, marqué par la cicatrice. A la fois triste et plein d'allant, il nous expliquait tout simplement et avec amour, les caractéristiques de telle fleur, de tel arbre, entre deux quintes de toux.

Ses relations humaines très appréciées dans la région nous faisaient connaître des notables musulmans aisés. Nous étions invités quelquefois au repas de midi. Il m'a été possible dans ces occasions, d'admirer les belles demeures de style arabe : grande bâtisse avec peu de fenêtres extérieures, mais un intérieur de toute beauté ; large patio ceint d'arcades et, au centre, un plan d'eau diffusant une fraîcheur très appréciée, contrastant avec la température extérieure; au-dessus, un toit vitré filtrant le soleil et des plantes intérieures ornant cette demeure. Les pièces à vivre que nous traversions, toutes très belles, d'une propreté sans égale, présentaient des couleurs chatoyantes avec beaucoup de bleu, garnies de meubles en bois et de coussins en cuir. Des parfums de chèvrefeuille et de bougainvilliers embaumaient ces lieux idylliques. Le repas berbère était composé d'un succulent couscous roulé à la main, mouillé au beurre rance, parsemé de raisins, accompagné de brochettes de moutons et, comme boisson, un petit lait de brebis. Un vrai régal...

Le sympathique Albert n'aura pas survécu bien longtemps à ses blessures. Il nous a quittés un beau matin, d'une mort douce sans vague et dans la discrétion qui l'habitait. Il aura gravé dans mon esprit un souvenir rempli de compassion, de tendresse, et de courage face à l'adversité et à la mort. Grâce à lui, la découverte de la nature en ce lieu grandiose a été pour moi, un émerveillement et un apprentissage très précieux quant à l'harmonie entre l'homme et son environnement. J'ai énormément apprécié cette transmission et je continuerai à la perpétuer.

Les souvenirs tristes sont toujours vivants dans notre esprit pour nous rappeler à chaque moment que la vie est un ensemble d'éléments complexes, permettant d'apprécier tout le positif donné par l'existence présente, même lorsqu'elle semble ne pas être bien vécue.

Je repense aux jeux un peu fous que l'on pratique à cet âge : construire des arcs et les flèches et provoquer les petits musulmans ou juifs du coin pour effectuer des combats « mortels » qui se terminaient toujours par la mise en commun du goûter de seize heures. Je me souviens du chant dit « révolutionnaire » que ne manquaient pas de nous siffloter timidement les petits musulmans en nous disant que c'était les parents qui leur avaient dit de le chanter aussi souvent que possible : « petit Chékri cache toi bien, voilà les gendarmes qui viennent. Pour un goûter qu'il a volé, un coup de pied ils lui donnaient ». Nous ne savions pas ce que les paroles voulaient dire, mais nous étions au lendemain des événements de Sétif, massacres perpétrés sur des Européens par des musulmans indépendantistes et réprimés très durement par l'armée française.

Nous pratiquions les divertissements du moment : bilotcha (cerf-volant), cerceau, billes d'agate, cache-cache dit « capitoulé », la toupie, le pitchacque — pièce trouée avec dans son centre dix centimètres de papier finement découpés en lamelles, il remplaçait le ballon de foot – jeu du « carricco », composé d'une planche de bois montée sur trois roulements à billes et avec laquelle nous faisions des descentes de folie qui aboutissaient souvent à une chute spectaculaire mais sans gravité.

Dans la nature tellement généreuse, nous allions souvent en bande à la cueillette des margaillons[2] que nous épluchions de quelques feuilles pour savourer son tronc tendre et blanc au goût légèrement amer mais très apprécié. Ou encore framboises, mûres, mirabelles, artichauts sauvages, glands, caroubes au goût sucré, jujubes, que nous dégustions avec le plaisir et l'insouciance de notre jeunesse.

Toinou, mon copain, fils du Consul d'Espagne, avec qui je jouais un jour aux cow-boys et aux indiens, que j'ai ligoté tant et si bien et poussé un peu trop au bord de la colline, a dévalé la belle pente en roulant pour finir sur le trottoir après un saut du muret de deux mètres. Et moi, derrière, à sa poursuite, sans pouvoir le retenir, le retournant au sol après la chute. Le voir inerte, blanc et le croire mort. Mais voilà qu'il ouvre les yeux, vite détaché, il n'a jamais voulu de secours, il fallait surtout cacher cela car sinon, notre fréquentation serait terminée. Quelle mauvaise nuit passée, à me demander s'il n'était pas décédé !

Que de belles journées vécues chez le Consul ! Un personnage grand, maigre, joues creusées, visage buriné, pommettes saillantes, nez de bec d'aigle, nerveux, rigoureux, carré, très « à cheval » sur les principes, donnant à son fils une éducation très latine, avec le « petit plus » de l'importante fonction du personnage. Je revois l'entrée bordée de platanes immenses, et au bout,

---

2   Un margaillon est un palmier nain

une belle propriété de style colonial. En façade une grande porte que je ne franchissais que rarement. Dans la cuisine située sur le côté de la résidence, nous accueillait une maman très chaleureuse, toujours disponible, qui me paraissait une belle grande dame tout droit sortie d'un monde de nobles, de riches, avec une simplicité et une tendresse qui se traduisaient par une chaleureuse attention à notre égard. Pour moi c'était un grand bonheur de recevoir le goûter de ses mains, de lui parler, d'échanger avec elle des conversations d'enfant qu'elle prenait plaisir à écouter et à alimenter de commentaires avec des mots simples, me paraissant magiques et beaux.

Le Consul s'en va, c'est l'automne, la voiture conduite par son chauffeur emprunte la grande allée de platanes et franchit le portail. Ne perdant pas une seconde, Toinou va chercher sa carabine chargée de petits plombs, se place sous un arbre envahi par les étourneaux en conférence dans les branches, et sans viser tire en l'air au jugé vers le sommet. Un envol immédiat dans un grand froissement d'ailes et notre colonie d'étourneaux disparaît en une traînée ondulée formant des arabesques vers un lieu provisoire plus sûr. Nous nous dépêchons d'allumer un feu derrière la propriété et après avoir déplumé les volatiles, malheureuses victimes de notre partie de chasse, nous nous hâtons de les griller et de déguster ces tendres oiseaux avant l'arrivée du Consul. Ce passage de mon enfance reste dans ma mémoire un agréable souvenir de ma jeune vie. Je me demande souvent ce qu'est devenue cette famille.

De moins bons souvenirs m'ont également marqué. Je pense à la santé de ma sœur Monique notre aînée, atteinte d'une double pleurésie, maladie à cette époque très difficile à guérir. Je vivais l'évolution du mal avec anxiété et souffrance, ignorant comment ma sœur sortirait de ce mauvais pas. Mes parents très inquiets suivaient avec empressement les conseils du médecin et lorsqu'il y avait par bonheur un peu de viande à manger, c'était en priorité pour notre malade, ce qui était naturel. Je pense aussi aux conséquences de cette maladie : mon père se faisait beaucoup de soucis et avait une tension artérielle très élevée. Alors que je devais assister à une séance d'un cirque de passage dans l'après-midi, au moment du repas, mon père s'est écroulé au sol, du sang à la bouche, paraissant sans vie. Appel des voisins, du docteur qui vient en urgence, et moi, toujours plein d'anxiété, le croyant mort. Le médecin nous dit au final que mon père s'était sauvé tout seul car par sa chute au sol, il s'était coupé la langue et en saignant, la montée de sang à la tête a été arrêtée, empêchant peut-être une issue fatale. Je n'ai jamais voulu aller au cirque, tant le traumatisme de la mort continuait de m'obséder.

Cette dangereuse maladie a été vaincue. Ma sœur s'en est sortie après un an de soins, mais elle est restée de santé très fragile tout au long de sa vie. Ce que je ressens, c'est encore de l'impuissance face à la maladie, la souffrance qui entre dans notre corps sans y être invitée, transforme un moment de notre vie en un cauchemar gravé dans notre tête et fait ressortir un profond malaise qui nous perturbe et perdure.

Nous avons également beaucoup souffert du paludisme, maladie pernicieuse dont les crises arrivaient sans prévenir. Nous voilà avec une grosse fièvre à trembler, transpirer, claquer des dents ; le froid envahit tout le corps et, à cause de la température élevée, le délire. Ces attaques fréquentes, l'été, à cause des piqûres de moustiques, étaient soignées avec rigueur. Je me revois au lit, à la diète, avec pour seule nourriture une soupe, sur le front un gant mouillé à l'eau fraîche pour tenter de faire baisser la température. Au cours d'une crise plus forte que d'habitude, mon frère fut pris de convulsions. Il se réveilla le matin suivant avec un strabisme convergent important. Il a retrouvé sa physionomie normale après plusieurs opérations des yeux pratiquées par des médecins militaires quelques années plus tard.

Quand une bronchite survenait, l'hiver, c'était avec des frictions de pétrole sur la poitrine et des ventouses dans le dos que la grand-mère nous soignait. La difficulté venait du fait que la médecine à cette époque était moins expérimentée et ne permettait pas la facilité de soins d'aujourd'hui.

2

Bleu de mer

Année 1950 je viens d'avoir onze ans. Elle apporte pour la famille, un événement considérable. Mon père, ouvrier mécanicien stagiaire, obtient la titularisation en qualité d'Ouvrier d'État à la condition qu'il accepte la mobilité, c'est-à-dire une mutation pour Oran, ville du bord de mer située à quatre-vingts kilomètres de Tlemcen. Il souscrit avec empressement à cette promotion.

C'est pour lui sur le plan professionnel, une aubaine, et pour nous, la possibilité de vivre une vie moins difficile car pécuniairement, sa nouvelle fonction va lui amener une augmentation de salaire.

En effet, nous faisions partie, ma famille et moi — comme mes amis d'ailleurs — des 86% de la population européenne d'Algérie, de condition modeste, constituée d'ouvriers, de pêcheurs, de commerçants, d'employés, de petits fonctionnaires... Les 14% restants représentant les colons et leur familles — . En rappel, le panorama démographique de cette période se compose de onze millions d'Arabes et un million cent mille Français de souche européenne (FSE).

Nous voilà toute la famille dans une ville que nous allons découvrir. Comment est-elle ? Il faut tout d'abord parler de l'appartement. Que de surprises ! Il nous semblait impossible de pouvoir vivre dans un aussi petit espace — il ressemblait plutôt à un nid — à la seule différence qu'il était d'un grand inconfort.

Pourtant il faudra bien s'y faire et accepter l'aubaine, car les loyers sont terriblement chers. Il était impossible que mon père loue un appartement avec sa petite paie d'ouvrier mécanicien. Il avait donc négocié la location gratuite d'un logement en échange d'un poste de concierge de l'immeuble de plusieurs étages et l'entretien des escaliers, le ménage, la fermeture de la porte le soir, ces charges étant assurées par ma mère. Le propriétaire tenait une boulangerie dans l'aile extérieure de l'immeuble où nous logions. Le fournil se trouvait au sous-sol, éclairé par des grilles donnant dans la cour intérieure de l'édifice. Il était facile de voir le boulanger pétrir la pâte en se penchant simplement vers la grille située à même le sol.

L'immeuble comprenait trois étages, un large couloir d'entrée, flanqué d'une grande et lourde porte, et d'un patio. Des escaliers nous conduisaient à de grands paliers pour accéder à chaque appartement. A chaque étages vivaient des locataires de tous âges, et dans certains logements des enfants. Une terrasse servait de toit à l'immeuble et dans un coin, se trouvait une buanderie où chaque locataire avait la possibilité de faire la lessive lorsqu'arrivait son jour d'occupation. De longs fils à étendre traversaient la terrasse : chacun faisait sécher son linge sans oublier de le retirer le soir, car des gens bien intentionnés passaient de toits en toits et vidaient les étendoirs.

J'attendais avec impatience le jour d'étendage de ma mère car j'aimais bien cet endroit. Mon principal plaisir était de voir la ville depuis le haut, de contempler aux deux angles les rues au-dessous, surtout la grande rue animée qui descendait vers le centre-ville, mais j'aimais aussi me retirer sur cette terrasse pour m'isoler, lire et cogiter sur un tas de choses qui pouvaient préoccuper les enfants de mon âge, être seul, libre, avec de l'espace. Que du bonheur !

Il me faut revenir à l'appartement que nous occupions car il fait encore partie de mes plus mauvais souvenirs. Il se composait d'une entrée donnant directement sur une pièce principale de vingt mètres carrés, éclairée uniquement par la porte fenêtre vitrée et protégée par des persiennes en bois. A gauche de cette pièce, une cuisine minuscule très sombre, avec gaz de ville, évier — seul point d'eau de l'appartement — à côté, un petit fourneau à gaz, le tout faisant royalement six mètres carrés. La cuisine servait de salle de propreté, nous devions le matin faire la queue pour nous laver dans l'évier qui servait de lavabo. Pour la toilette corporelle et intime, une bassine en aluminium nous accueillait, pieds dans l'eau et lavage au gant et au savon. L'été, cela était plus facile, ma mère plaçait une lessiveuse dans la cour au soleil pour chauffer l'eau et nous baignait ensuite, c'était le paradis... A l'opposé dans la même pièce, une petite fenêtre grillagée donnait un semblant d'éclairage. Son rebord intérieur assez large servait à tenir au frais les denrées alimentaires, car nous n'avions pas de glacière, encore moins de réfrigérateur, un luxe à l'époque pour une famille d'ouvriers.

Dans la salle principale, au centre, le coin repas, une table et des chaises. En prolongement de la porte d'entrée contre le mur, un établi d'atelier, avec un imposant étau, qui servait à mon père pour besogner sur des moteurs de motos. Contre le mur de droite un lit à deux places était le lieu de couchage de mes parents. Dans le coin gauche de la salle un buffet, à côté un poste radio, seul loisir de notre foyer et dans le prolongement de la salle, une chambre de dix mètres carrés éclairée par une fenêtre qui donnait sur la rue.

La chambre était destinée aux quatre enfants et à la grand-mère maternelle qui nous avait suivis. A l'intérieur, un lit principal pour elle et ma sœur aînée, un petit lit d'enfant pour ma petite sœur et deux lits pliants pour mon frère et moi. Impossible de nous déplacer le soir quand les couchages étaient dépliés.

Il restera à présenter les lieux d'aisance situés dans le patio, un wc « à la turque » à l'intérieur d'un local sans lumière, sans éclairage, rempli de toiles d'araignées et de gros cafards qui tapissaient les murs. Son usage était pour nous un moment de supplice. Il était en plus partagé avec les voisins immédiats, une famille de quatre personnes, ce qui demandait bien entendu de s'organiser quant à son utilisation.

Les mêmes cafards envahissaient également la nuit la pièce principale de l'appartement. Si nous sortions l'été prendre le frais, à notre arrivée en allumant la lumière, des cafards gros comme le pouce couraient partout, il était répugnant de les écraser, nous attendions sagement qu'ils rentrent dans leur trou. Impossible de les faire disparaître. Le propriétaire nous a toujours dit devoir faire venir le service d'hygiène mais nous ne l'avons jamais vu. Il était parait-il normal de trouver autant de cafards, d'araignées et de rats dans une boulangerie à cette époque. De toutes les façons, il n'était pas question de faire les difficiles, sinon c'était la rue.

Un autre inconvénient majeur accompagnait ce changement. Oran ne possédait pas d'eau douce, la ville était fournie en eau saumâtre au goût exécrable. Elle était utilisée pour les besoins ménagers, la toilette, ne moussait pas même en forçant sur le savon et, servait quelquefois à faire le café. Pour les besoins des repas, nous achetions de l'eau douce, apportée par un vendeur indigène qui passait dans la matinée. Nous attendions avec impatience le tintement de la clochette et son appel dans la rue pour remplir nos bouteilles : cinq litres au tarif de cinq francs de l'époque. Il se déplaçait avec un âne chargé d'outres en peau de chèvre, munies d'un petit robinet de cuivre. Il était agréable de boire cette eau fraîche et de qualité. Il n'y avait qu'une source, située sur le port. Nous devions descendre de la ville, faire la queue pour remplir nos petites bonbonnes de verre gainées d'alpha, et ramener à notre appartement ces quelques litres pour notre consommation de table. Deux longues heures de marche étaient nécessaires.

Les jours de disette, impossible d'acheter de l'eau, nous devions boire le café passé à l'eau saumâtre dans une cafetière au filtre composé d'un vieux bas de coton. L'été quand la grande soif nous prenait, nous étions obligés de boire ce liquide au goût désagréable qui ne désaltérait aucunement. Il fallait attendre le dimanche, descendre à pied au port pour remonter de l'eau fraîche, et la déguster avec délice. Il nous arrivait quelquefois pendant les chauds jours d'été, d'acheter l'eau et la glace au porteur indigène, des bouteilles remplies étaient posées sur la glace placée dans une bassine en fer blanc galvanisé, le tout recouvert de papier journal et d'une couverture de laine qui protégeaient de la chaleur. Il nous était alors possible de déguster avec un plaisir évident une eau bien fraîche, un luxe. Mais ce plaisir fut rarissime.

Le côté positif de l'appartement était son emplacement, situé en plein centre-ville, dans un quartier tranquille, sur les hauteurs. Au sortir de l'immeuble, une grande rue descendant vers le centre principal nous amenait Place des Victoires et en continuité, vers le front de mer. Là, un magnifique point de vue nous faisait découvrir le port, le quartier de la marine, et la Méditerranée qui, toujours aussi belle, se parait d'un bleu d'azur à faire évader l'esprit et le corps dans un déploiement de sensations de plénitude et de bien-être. Au-delà de la longue jetée, une mer immensément grande, un horizon qui appelait au large donnant une envie de parcourir des distances vers une terre lointaine tant décrite dans les manuels scolaires, et dont j'ignorais tout.

Mes parents avaient fait la demande d'un logement social qui nous fut octroyé dix ans plus tard. Nous voilà installés dans la ville en cet automne 1950 dans des conditions de vie que nous devions intégrer. Cela n'avait pas été facile pour tout le monde, mais il n'était pas question de revenir en arrière, à nous de nous y faire.

Dans une routine citadine, mon père partait pour son travail à pied jusqu'à la Place des Victoires, à quatre cents mètres du domicile, et prenait le car militaire qui le conduisait au casernement. Il était mécanicien civil dans l'armée, entretenait engins blindés, jeeps et chars, et tous les véhicules utilitaires. Il rentrait à midi et repartait à quatorze heures l'hiver et à quinze heures l'été.

Ma mère effectuait le travail de concierge et de femme de ménage pour le propriétaire de l'immeuble, qui consistait à balayer les escaliers des trois étages chaque jour et à les laver une fois par semaine. Elle était également chargée de la fermeture de la lourde porte d'entrée le soir à vingt et une heure en hiver et à vingt-trois heures l'été.

Ma grand-mère travaillait « au noir » comme bonne à tout faire chez des particuliers, elle était employée quelques heures par jour. Elle commençait le matin de très bonne heure, puis devait être de retour en fin de matinée pour préparer le repas de midi. Son activité permettait à la famille de pouvoir un peu mieux s'en sortir pécuniairement.

Venons-en aux enfants : Monique en retard pour les études, était inscrite dans une institution privée, mon frère et moi fréquentions l'école primaire près de notre domicile, la petite sœur était encore trop jeune pour être scolarisée. J'ai eu ma première déception quand le Directeur a expliqué à mes parents que je n'avais pas un bon niveau scolaire. Il est vrai que l'enseignement dans une grande ville était plus poussé que celui dispensé dans les petites villes de province.

Je revois l'instituteur, Monsieur Bénitez, un grand bonhomme toujours habillé avec goût, son écharpe de soie autour du cou et en dialogue permanent avec les élèves. Mon arrivée dans l'école fut marquée par un fait divers tragique que j'ai toujours gardé dans mon esprit. Alors que nous étions en récréation, nous avons aperçu tout à coup un avion bimoteur naviguant à basse altitude qui semblait en difficulté. Le moteur avait des « ratés ».

Nous étions tous à regarder vers le ciel. Brusquement une aile se détacha de l'appareil et l'avion plongea vers le sol. Par le trou béant à la place de l'aile, nous vîmes tomber des objets puis deux passagers. Nous attendions l'ouverture des parachutes, mais rien ne se produisit sinon la chute des deux corps gesticulants qui se sont écrasés au sol.

Monsieur Bénitez nous a fait rentrer rapidement en classe mais cette vision pénible nous a choqués et nous avons mis beaucoup de temps à évacuer l'émotion et le stress suscités par le drame. L'avion militaire de la base aéronavale de la Sénia s'était écrasé en évitant des immeubles, les huit occupants tués. Je me suis rendu avec des copains sur le lieu de chute des deux malheureux aviateurs, l'un était tombé sur le bitume dans la rue, l'autre dans un salon de coiffure, faisant au total deux blessés. Nous devions exorciser ce drame. Il nous semblait que visiter les lieux n'avait rien de morbide, mais c'était une façon de se détacher de l'accident pour retrouver le sommeil et calmer l'anxiété toujours présente.

De ce fait, ce fut une arrivée douloureuse dans cet établissement, mais bien vite je pensais à autre chose : à ma belle école, aux classes grandes, propres, aux aimables enseignants, au mobilier et aux manuels scolaires qui semblaient neufs. Il est certain que les moyens financiers de la ville étaient plus importants que ceux de mon ancienne école à Tlemcen.

Me voilà installé dans la nouvelle classe me faisant de nouveaux copains. Je pense qu'ils étaient plus délurés dans cette grande ville, j'apprends rapidement un tas de « combines » et d'occupations citadines qui me changeaient de Tlemcen. J'étais très emballé par une activité récemment découverte : l'élevage du ver à soie, une vraie passion. Une vieille boîte à chaussures, quelques cocons: attendre que le papillon sorte, qu'il ponde, puis nourrir les petits vers qui grossissaient très rapidement. Il fallait pour cela trouver des mûriers, ramasser des feuilles et les présenter aux sympathiques bestioles qui ne s'arrêtaient jamais de manger, et nous attendions le moment où le ver allait construire son cocon. Commençait alors une production de soie suivie par l'apparition du cocon couleur jaune d'œuf, à surveiller jusqu'à la percée du papillon qui allait ensuite pondre. Observer tout le processus était une découverte très intéressante qui me ravissait.

J'eus également le plaisir de m'initier à l'aéromodélisme. Nous construisions des modèles réduits de planeurs en bois de balsa et en papier japon[3] et nous les présentions à des concours avec les autres écoles du département. J'eus la chance de gagner un premier prix — un baptême de l'air — mais devant l'inquiétude de mes parents et leur refus de profiter de l'aubaine, ce fut le directeur de l'école qui me remplaça.

---

3   Papier blanc fin soyeux d'origine japonaise

Les loisirs dans la cité étaient multiples comme le cinéma bon marché dans une salle appelée « le Studio » tenue par des prêtres. Je découvris Zorro, Tarzan, Laurel et Hardy, les Charlots, des films de flibustiers et des westerns. J'avais également étudié le dessin animé et avec des copains, je m'amusais à créer des séances de cinéma, je dessinais les personnages en les faisant évoluer d'une scène à l'autre, les dessins collés bouts à bouts étaient enroulés sur une manivelle, en les déroulant rapidement devant une fenêtre découpée dans un carton, on obtenait une animation. Puis il y avait la lecture, les Jules Verne, Michel Zévaco, les bandes dessinées et la reliure de mensuels que je confectionnais à la couture et à la colle.

Je reviens à Monsieur Benitez, malgré son attention à mon égard, l'examen de sixième arrivait et je n'étais pas prêt. A cette époque, l'entrée en secondaire était sanctionnée par un examen concours pour lequel il fallait avoir la moyenne dans les épreuves et obtenir un bon classement car un quota strict était prévu afin d'éviter les surcharges dans les classes. Un nombre maximum de trente élèves par classe était autorisé. Cette sélection paraît de nos jours, drastique, mais elle permettait d'obtenir un niveau très satisfaisant au baccalauréat, très peu de lycéens obtenaient le diplôme. De plus il était impossible d'accéder aux études supérieures, car les facultés n'existaient pas à Oran, il fallait partir en centre universitaire à Alger, grande ville qui se trouvait à cinq cents kilomètres d'Oran. Seuls les bacheliers fortunés pouvaient se permettre de suivre un parcours universitaire.

Je me présentai au concours d'entrée en sixième avec mon copain Yvon qui habitait au troisième étage de notre immeuble, et Jules, fils d'un réfugié Espagnol résidant dans notre quartier. Ce fut l'échec. Quelle déception! Mes camarades furent reçus, et à la suite de ma déconvenue, je fus dirigé, pour terminer les études primaires, vers une classe préparant au certificat d'études et à la vie active.

La reprise en septembre fut douloureuse car le Certificat d'Études Primaire était souvent une voie de garage. Je voulais avoir un métier plus intéressant que celui de mon père, car nous souffrions beaucoup du manque d'argent et de moyens (meubles, vêtements, distractions) pour mener une vie familiale normale. Je rêvais de réussir dans les études mais j'étais mal parti. Aussi je m'étais mis à travailler énormément pour essayer de rattraper le retard scolaire. Déjà en fin d'année, j'étais parmi les premiers de la classe, à la grande satisfaction de l'instituteur qui croyait en mes possibilités.

Le mois de décembre 1950 fut marqué par un triste drame : ma petite sœur Roselyne est tombée malade, une simple rougeole, qui de nos jours est quelque chose de bénin. Les complications surviennent, l'infection interne dont elle souffre est grave et elle a les reins atteints, le médecin est très inquiet car tout ne se déroule pas comme il faut. Son urine ne s'écoule plus, le blocage des reins survient. Roselyne est ponctionnée plusieurs fois par jour. Un soir, après la ponction, tout parait normal, mais dans la nuit, notre sœur nous réveille avec des hoquets répétés, il est deux heures du matin, ma mère appelle l'infirmière qui habite au deuxième étage de notre immeuble, elle constate la gravité du mal et demande d'aller chercher un taxi pour transporter a malade à l'hôpital.

Mon père et moi partons chacun de notre côté à la recherche du véhicule, mon père vers la ville haute, je me dirige vers le bas. A cette époque, le téléphone est très rare, et pas de pompier ou de secours à appeler. Reste le taxi à trouver dans la nuit froide avec un vent d'hiver tourbillonnant, de grosses rafales entraînent feuilles et papiers du sol, le hurlement du vent court entre les édifices, cogne les murs, rebondit de façades en façades et donne un caractère encore plus dramatique à l'instant présent. J'ai de la difficulté à me tenir droit ; les rues sont désertes, les stations de taxi vides, que de désespoir ! Quel mauvais souvenir... Tout est contre nous, je cours dans la ville, rien, aucun secours, je reviens désespéré à notre domicile. Entre temps, mon père a trouvé une voiture, transporté ma petite sœur à l'hôpital, mais le mal a fait son œuvre : Roselyne est décédée car le rein ne jouait plus son rôle de filtre et l'urine s'est répandue dans le sang causant une issue fatale.

Quelle fin d'année sombre, marquée à vie dans ma tête sans possibilité de pallier la douloureuse perte en quinze jours d'une jolie petite sœur blonde, à la chevelure très abondante, aux grandes boucles qui descendaient jusque sur les épaules, d'une gentillesse extrême, gâtée de nous tous, grande pour son âge et délurée.

Au cimetière d'Oran saccagé par les Algériens à l'indépendance de l'Algérie, au milieu d'un spectacle désolant, de tombes éventrées, cassées, envahies par la végétation, une photo récente prise par des Pieds-noirs en visite nous montre la tombe de ma petite sœur, épargnée par miracle. (Les soldats français qui ont débarqué en Algérie en 1830 étaient chaussés de bottes noires, d'où l'appellation Pieds-noirs donnée par les autochtones).

Depuis ce temps les Noëls ont été pour moi une manifestation remplie de peine d'autant plus que d'autres événements feront des fins d'années futures, des moments de tristesse, quelque peu atténués plus tard, par ma vie de couple et le bonheur d'avoir des enfants.

Le début de l'année 1951 est resté très longtemps un cauchemar pour nous tous. Puis la vie est repartie dans un élan brisé par un fatalisme qui pose encore cette question à notre conscience : pourquoi cela ?

J'ai effectué une scolarité dans de bonnes conditions, le certificat d'études primaires fut obtenu facilement, ce qui a poussé l'instituteur à demander un test de mesure du quotient intellectuel, dit

« psychotechnique ». Je me revois le passer en tournant des manivelles pour suivre des courbes et des figures et complétés par des tests écrits, cela pour conclure que j'avais des possibilités pour faire plus tard un métier technique, comme ingénieur, architecte...

Le résultat est suivi d'une convocation des parents, on leur demande de m'envoyer en école privée pour suivre des études secondaires. Je n'y comprenais pas grand-chose à l'époque sinon que m'était offerte la possibilité de continuer d'étudier, ce que je souhaitais le plus. De ce fait je fus inscrit à un cours privé pour suivre une cinquième, en sautant la sixième. J'ai reçu une formation de trois mois dans une école appelée « Cours Descartes », mais les mensualités à régler constituaient une somme trop importante pour ma famille: mes parents en désespoir de cause, m'ont obligé à abandonner cet enseignement. Me voilà à la rue. Ils ont recours à l'école primaire que j'ai quittée et après un entretien avec le directeur, celui-ci me propose de suivre une formation en Cours Supérieur. Cette voie me conduit à présenter des concours techniques d'embauche dans l'industrie, les administrations, de concourir au brevet élémentaire et au cours complémentaire de formation des métiers techniques qui préparent au CAP.[4]

Je suis donc retourné à l'école primaire mais avec un nouvel instituteur Monsieur D. très « à cheval » sur la discipline et sur le travail. Il nous frappait sur les doigts

---

4 Certificat d'Aptitude Professionnelle

avec une règle pour chaque faute d'orthographe, chaque erreur en maths, jusqu'à avoir les doigt marqués, c'était la rançon du résultat qui devait normalement suivre. Il avait à la main droite, le majeur paralysé en position légèrement pliée et lorsque nous lui présentions les doigts pour un châtiment et que nous les retirions par peur de la douleur, c'était une gifle très appuyée qui s'ensuivait, inutile de se plaindre. Recevoir cette correction avec la main handicapée était un vrai supplice. Il nous renvoyait au fond de la classe et venait nous voir un moment après, pour nous expliquer qu'il agissait comme un père, que c'était pour notre bien, cela en nous tripotant le sexe, chose qu'il ne fallait surtout pas dévoiler.

Il nous donnait toujours un travail supplémentaire à effectuer au logis, concernant le point faible qui avait suscité la punition. Il voulait la perfection dans tous les domaines, et j'ai pu m'apercevoir de la distance qui séparait un bon élève d'un élève moyen. Avec lui, pas de juste milieu, celui qui s'écartait du chemin, contestait ses actions ou ne voulait pas se plier à la discipline de fer qui était la sienne, devait rejoindre la porte définitivement, c'était à prendre ou à laisser.

Nous lui devons beaucoup car il nous préparait au concours à la perfection et pour celui qui avait suivi la formation, c'était la réussite assurée. La fin d'année était particulière : il suivait chacun de nous individuellement, avec un professionnalisme incomparable.

1952 : le résultat est au rendez-vous, j'ai la satisfaction de réussir plusieurs concours : les CFA, le Cours Complémentaire qui menait au brevet élémentaire, et le cours de formation professionnelle de Karguenta. Mais il avait insisté pour que je présente le concours d'entrée en quatrième technique au lycée Ardaillon, établissement qui aurait dû m'accueillir en sixième, à l'examen concours que j'avais raté deux ans auparavant.

Surprise, de tous les succès c'est le plus beau, celui dont j'ai toujours rêvé. Me voici reçu au concours le plus désiré, je refuse tous les autres pour le lycée Ardaillon. Je suis fou de joie car je vais retrouver à la prochaine rentrée scolaire les deux copains d'enfance Jules et Yvon, reçus en sixième, et qui maintenant vont passer en quatrième.

Je ne serai jamais assez reconnaissant envers l'homme qui, simple instituteur se permettait de créer une structure pédagogique personnelle en adéquation avec les débouchés existants, scolaires, administratifs, et professionnels. Il mettait autant d'énergie, de patience, de pédagogie, de création dans ses actes, d'audace, de recherche et avec une stratégie qui frisait la perfection dans la forme et dans le fond. Il était très heureux de savoir que je réintégrais le secondaire, ce qui me donnait la possibilité de poursuivre des études, mon rêve. Joie de mes parents, de toute la petite famille, de savoir que je sortirais peut-être du statut social du moment, car pour mon père, il ne fallait surtout pas que je sois ouvrier comme lui.

Je reviens à Monsieur D, instituteur et artisan de ma réussite scolaire, je le revis dix ans plus tard dans un bus que nous prenions quelquefois ensemble, il était très content de me savoir fonctionnaire et en réussite. Mais un jour, comme d'habitude à la descente du bus qui me conduit chez moi, je vois un corps allongé sur le bord du trottoir, dans une flaque de sang, et quelques personnes autour, on m'apprend que ce monsieur vient de recevoir une balle dans la tête. En me penchant je le reconnais de suite, c'était monsieur D, il avait été victime d'un attentat aveugle ou prémédité car c'était quelqu'un qui faisait beaucoup de bien et il était Juif, une hypothèse supplémentaire sur la cause de sa disparition. Je reviendrai plus longuement dans le temps sur ces événements. Je dois quitter ce moment si beau et si triste qui correspond à une partie riche en réussite mais ô combien douloureuse de mon adolescence.

Me voilà lancé dans une vie studieuse, essayant de faire pour le mieux avec les moyens qui étaient les nôtres. Je n'avais pas la possibilité d'acheter les manuels scolaires trop onéreux pour notre budget familial. Il me fallait travailler sur les livres de mes copains, et aller consulter à la bibliothèque municipale les manuels de mathématiques et de physiques nécessaires pour les études. J'ai de bons souvenirs de la bibliothèque ; j'appréciais le silence, la propreté, l'espace, les odeurs de cire, toutes les choses précieuses que je n'avais pas dans notre masure. Il suffisait de lever la tête et les yeux balayaient un espace de meubles en bois de qualité remarquable et de grandes tables cirées, qu'il était doux de caresser tout en lisant. Plaisir de prendre de si beaux ouvrages à bouquiner dans le silence. Je m'évadais souvent et je voyageais à la lecture d'un atlas géant vers des contrées lointaines où des peuples si différents nous font découvrir un univers mystérieux, et où la beauté des paysages laisse quelque peu rêveur.

J'allais souvent travailler les mathématiques sur des encyclopédies que possédait mon copain Jean Arrocena. Il habitait à Saint Eugène, quartier sur les hauteurs d'Oran, que je fréquenterai assidûment plus tard pour d'autres raisons. J'ai découvert les parents de Jean qui me considéraient comme un deuxième fils. Nous discutions beaucoup des événements et des conflits avec les arabes qui commençaient à prendre de l'importance. Monsieur Arrocena avait une vision de l'avenir qui nous étonnait mais il a fallu plus tard se rendre à l'évidence: ses propos étaient visionnaires.

Voisin du foyer Arrocena, un facteur en activité, Monsieur Mondejar, arrondissait ses fins de mois en proposant des créations artistiques. J'ai été présenté à cette famille et au peintre. J'admirais les tableaux petits formats effectués à l'huile, aux pinceaux, représentant des scènes de la vie de tous les jours peints avec une dextérité et un professionnalisme qui m'enchantaient. Grâce aux visites, aux conseils de l'artiste, à sa gentillesse, à celle de sa famille, je fus imprégné d'une folie de peinture qui ne m'a plus jamais quitté. A chaque visite chez Jean je ne manquais pas de me rendre chez les Mondejar et d'admirer les nouvelles toiles, j'en rêvais la nuit. Le déclic se produisit. Il me fallait souvent dessiner et peindre à l'eau, n'ayant pas les moyens d'acquérir des couleurs à l'huile et de concrétiser mes rêves.

Je fréquentai le collège Ardaillon en pleine réorganisation : l'Éducation Nationale sépara les spécialités modernes et techniques en créant un établissement aux sections industrielles et mathématiques. Le nouveau lycée technique à la surface impressionnante, dénommé « Saint Hubert », flambant neuf, était composé de grandes salles de classe, d'espaces techniques : bois, électricité, mécanique auto, dessin, il était équipé de machines neuves : perceuses, tours, fraiseuses, étaux limeurs, raboteuses, dégauchisseuses, scies circulaires. L'internat, pourvu de belles chambres spacieuses, agréablement disposées, accueillait un grand nombre d'élèves. Ce bel ensemble de formation se trouvait hors de la ville, à la cité des palmiers située vers l'aéroport d'Oran la Sénia. J'étais obligé de prendre le bus tous les jours, car quelques kilomètres séparaient le centre-ville du lycée, et n'ayant pas les moyens d'acheter des billets de transport, je devais aller le matin au lycée à pied, revenir à midi pour dîner et repartir l'après-midi. L'auto-stop marchait bien, quelquefois un « grand » du lycée, motorisé, me prenait. Ce fut plus agréable deux ans plus tard car de nombreux camarades possédaient voitures et scooters et je profitais de leurs invitations pour me rendre en classe avec eux.

3

Le crabe et le rocher

L'adolescence se déroulait lentement, dans une atmosphère très perturbée. La petitesse de l'appartement engendrait des frictions entre ma mère, ma sœur et ma grand-mère.

Le manque d'argent pour vivre se faisait cruellement sentir. Ma mère, la financière de la famille, se servait dans les épiceries du quartier avec un système de crédit. Nous allions faire les commissions avec un carnet que nous présentions à l'épicière, elle inscrivait le montant de l'achat du moment et à la fin du mois, le total des sommes nous était réclamé. Mais il était impossible de régler l'addition, tant le salaire de mon père était faible. Nous avions, de mois en mois et d'années en années, toujours une somme restant due. Une honte nous saisissait quand quelquefois, en arborant la liste de commissions, l'épicière refusait de nous servir tant que nous ne donnions pas un acompte sur le crédit qui remplissait le carnet.

Il fallait alors faire de gros sacrifices sur le plan financier, ce qui avait pour conséquence une disette en fin de mois. Nous mangions très rarement de la viande, le dimanche, c'était parfois, une tête de mouton rôtie, entourée de pommes de terre qui faisait notre bonheur. Heureusement les fruits, les légumes, et le poisson étaient moins onéreux, souvent le repas se composait d'œufs frits.

Mais cela n'était rien comparé aux dépenses pour l'habillement. Nous devions changer de vêtements en grandissant et même si avec mon frère nous nous échangions les affaires, il était nécessaire d'acheter des habits neufs de temps en temps dans une boutique située dans le quartier Juif d'Oran. Mais à quelles conditions? Le propriétaire, un vrai crabe, nous faisait signer des effets de commerce, car les vêtements étaient pris à crédit, nous devions à chaque fin de mois honorer les achats à tempérament sur la durée de l'année. Combien de fois ai-je vu ma mère pleurer, se griffer le visage, se frapper, car elle savait que la valeur bancaire arrivait et qu'elle ne pourrait pas la régler. Et quand, poursuivie par le boutiquier pour non-paiement avait lieu la visite de l'agent de recouvrement, elle se cachait pour ne pas le recevoir, faisait passer du temps et pensait reculer l'échéance. Mais peine perdue, elle finissait par revoir le marchand d'habits qui acquittait à la banque la lettre de change à notre place et en préparait une autre pour le mois suivant en prenant des agios énormes sur la somme due.

Il fallait en passer par là pour survivre. Je subissais la situation en jurant que je ferai tout pour ne plus jamais revivre cela avec ma future famille. Mon père faisait de gros efforts, travaillait le dimanche, il arrangeait des « deux roues » dans l'appartement que nous occupions. Je le revois, penché sur cette moto en pièces détachées, le tout posé sur l'établi du séjour, et chercher la panne, puis après la réparation, faire tourner le moteur pour des essais en nous enfumant dangereusement, avant de remonter complètement l'engin, de l'essayer à l'extérieur et le livrer au client.

Il travaillait également au noir le dimanche dans des fermes agricoles de la région, en se faisant exploiter financièrement. Il réparait voitures, tracteurs, engins de levage, il m'emmenait avec lui quelquefois, et je l'assistais en l'aidant tant que faire se pouvait à effectuer des réparations. J'aimais bien le travail mécanique, avoir les mains dans le cambouis, passer les outils, effectuer de menus travaux, assister aux essais de l'engin, cela dans un décor de ferme, au milieu des animaux, loin de la ville et au grand air.

Quand parfois quelques dimanches de liberté lui étaient permis, il partait pour la pêche à la ligne au port d'Oran. Il possédait un vieux vélo américain, très gros, très lourd, au cadre plein et il m'emmenait avec lui. La descente vers le port était très facile et nous voilà sur les quais marchands, lui avec un lancer et son moulinet et moi avec une canne légère. Que de plaisir nous avons pris tous deux ! Il pêchait à la pâte, c'est-à-dire avec de la mie de pain mélangée à du vieux fromage. Je le revois lançant son appât lesté d'un petit plomb, le tout signalé par un gros bouchon. Il était rare que nous rentrions bredouilles, nous ramenions des oblates, sorte de poissons plats d'une vingtaine de centimètres, et quand la situation était favorable, nous remplissions notre panier. Le record de seize poissons ne fut jamais battu. Pour ma part je pêchais les petites bogues avec un plaisir tout aussi grand que celui de mon père, j'amorçais avec des allaches, poissons voisins de la sardine que nous mettions au sel.

Que de bons souvenirs les matins de plaisir au grand air! Quand nous allions pêcher à la jetée, si ça ne mordait pas, j'avais l'autorisation de me baigner. La pêche à la jetée demandait un plus grand parcours ; elle se déroulait vers le large, je prenais plaisir à me déplacer sur les grands rochers qui formaient le Mole et protégeaient le port, sautant de l'un à l'autre, la mer à nos pieds. Les trous béants entre les blocs nous permettaient de taquiner les petits et gros poissons qui venaient trouver asile dans cette eau d'une grande limpidité de couleur émeraude.

Le retour vers la ville était un moment pénible car en vélo les grandes descentes devenaient de rudes montées, j'étais assis sur le cadre, devant, et je sentais le souffle de mon père à mes oreilles. A grands coups de pédale il progressait lentement dans la « terrible » côte, le dérailleur pour les changements de vitesse en service, la force et le poids sur les pédales, la respiration haletante. Mais bientôt il fallait se rendre à l'évidence, descendre de l'engin et continuer à pied, et dès qu'un « faux palier » se présentait, nous remontions sur le vélo, jusqu'au raidillon suivant. Nous arrivions toujours pour midi, mon père fatigué, mais dans une euphorie générée par la qualité et la quantité de nos prises.

Mes plus beaux souvenirs de pêche se situent quelque temps plus tard, lorsque nous allions pêcher la nuit. Tout un cérémonial de préparation s'exerçait : l'inventaire effectué, les appâts, les cannes, les moulinets, le matériel de rechange, les casse-croûte et le linge nécessaire pour passer une nuit à la belle étoile dans des conditions assez confortables. Le lieu de pêche était éloigné d'Oran, nous nous rendions en voiture avec un copain de mon père, nous partions en début d'après-midi pour arriver sur place avant la nuit. La destination était un lieu très sauvage du littoral algérien près du Maroc, une mer immense, à la côte découpée.

Nous choisissions un endroit surplombant de grands fonds marins, un bord très accidenté avec de gros rochers, lieux propices aux belles prises. Nous trouvions toujours un ou deux blocs plats pour établir notre campement. Après l'installation du bivouac suivait la préparation des lignes, puis nous commencions notre pêche. Avant le coucher du soleil il était rare que le poisson se manifeste, mais il fallait bien s'occuper, alors débutaient de grandes discussions d'adultes sur des sujets qui n'ont toujours pas pris une ride de nos jours, c'est à dire la politique, le social, la santé de tel ou tel copain, puis aussi la pêche... J'étais tout ouïe avec les adultes en grande conversation qui encore un peu referaient le monde.

Puis venait le temps du casse-croûte, toujours aussi attendu, toujours aussi apprécié, où chacun faisait goûter à l'autre les prodiges culinaires de leur bien-aimée compagne. Quel appétit pour dévorer charcuteries, farcis, fromages et gâteaux ! Ce moment de bonheur était une somme de sentiments qui se mêlaient en composant une image riche de senteurs, de douceur, de beauté lyrique entre un ciel bleu au couchant, une mer étincelante de mille reflets, et un bercement de clapotis donné par des ressacs à la cadence régulière, sans compter l'odeur de l'iode, la fraîcheur de la nuit tombante et la petite brise marine. Tout cet agrément nous transportait dans un monde momentanément irréel tellement il était parfait. Souvenirs très agréables qui m'habitent toujours.

Dès la nuit tombée, nous étions occupés à observer le bout des cannes, à écouter, en cas de touche, le petit grelot d'alarme installé au bout du lancer: un signal sonore faisait sursauter le pêcheur qui aurait eu la faiblesse de s'endormir. Pour ma part je ne tardais pas, gagné par le sommeil, à m'allonger dans un coin du rocher à l'abri de la brise du soir.

Je rêvais un moment en regardant le ciel sans lune, immensément noir, rempli d'étoiles. Je voyageais dans un monde inconnu, une profondeur sans limite, au milieu d'astres tout aussi scintillants que mystérieux, et animés de-ci, de-là par le passage d'une étoile filante ne finissant pas de s'éteindre.

Même si le gros poisson n'était pas au rendez-vous, que du bonheur cette soirée de pêche ! Il est une anecdote qui a fait longtemps cogiter mon père, la réserve d'appâts — les allaches[5] — disparaissait rapidement. La cause était un petit plaisir pas très diététique : je me levais en douce le matin de bonne heure et je mangeais les appâts très salés que je trouvais fameux. Un beau jour il s'en est aperçu et il m'a bien fallu arrêter ce caprice si je voulais une fois encore profiter du plaisir de la pêche de nuit.

Souvenir des loisirs à la préadolescence, avec les copains de l'immeuble et du quartier. Nous faisions de grandes promenades vers le front de mer, superbes balades longeant la Méditerranée, avec vue sur le magnifique jardin du « Petit Vichy » et la Grande Bleue. L'été, nous allions nous baigner au port, car les plages se trouvaient à quelques kilomètres de la ville et il fallait prendre le car pour s'y rendre, ce qui était compliqué au regard de nos finances. Nous allions pêcher et nous baigner à la jetée après une longue marche. Lorsque nous avions les moyens, nous traversions le port en barque pour cinq francs, ce qui nous faisait économiser deux heures de marche. Quel plaisir ensuite de taquiner les petites bogues avec le copain Yvon ! Pêcher à l'hameçon voleur : petit parapluie renversé, formé de plusieurs petits hameçons, un appât juste au-dessus, attendre que de nombreux poissons soient occupés sur l'appât pour

---

5   Variété de poisson entre la sardine et le maquereau salé et séché

lever prestement la canne et avoir plusieurs petites victimes prises au piège. Nous faisions de vrais concours pour rapporter au foyer le plus grand nombre de poissons à la grande satisfaction des parents.

Un jour, nous décidons de partir à la pêche avec Yvon et notre ami Louis qui habitait près de chez nous. Louis vient nous chercher au domicile et nous voilà partis, avec les cannes prêtes, hameçon voleur au bout. A la sortie du couloir de immeuble, Yvon baisse sa canne sans prendre garde, passe le porche et la relève sans se rendre compte que son fil et son hameçon voleur s'étaient détachés de la canne, et il attrape un poisson plus gros que lui : il avait accroché la cuisse de notre copain Louis. Une inspection rapide nous montra un hameçon bien enfoncé dans la cuisse de Louis, impossible à retirer : direction le médecin avec un blessé en difficulté pour marcher : cela s'est terminé par une petite opération et un souvenir anecdotique encore présent avec cette pointe d'anxiété qui nous a accompagnés ce jour-là.

L'été, le plus grand de mes plaisirs était d'aller à la mer, mais sans moyen de locomotion, il fallait prendre le car du littoral qui desservait les splendides plages de l'ouest Oranais. Les finances ne me le permettaient pas, seule solution : se faire inviter. J'attendais avec impatience l'adjudant T. qui habitait au-dessus de chez nous et avait un fils de mon âge, Jean-Claude. De retour de la caserne, il amenait la famille vers dix-huit heures prendre un bain réparateur après les grosses chaleurs de la journée. Je déambulais sur le bord du trottoir, épiant et souhaitant une invitation : courir chercher mon masque et mon tuba et monter dans leur splendide traction avant, direction la plage.

Les vacances d'été se déroulèrent invariablement de la même façon pendant les quelques années de la préadolescence. Le matin, nous avions des devoirs de vacances à effectuer, suivis du repas de midi et de la sieste obligatoire sous une température avoisinant souvent les quarante degrés à l'ombre. Mon père reprenait le travail à quinze heures. Toute la famille devait se reposer, il fallait fermer vitres et volets pour éviter que la canicule n'entre dans l'appartement. Nous gardions un peu de fraîcheur, mais rapidement insuffisante pour atténuer la chaleur qui nous assaillait. Aussi, ma grand-mère humectait d'eau le carrelage et nous nous couchions à même le grès humide pour profiter un instant d'un semblant de froid. Quand nous ne sentions plus la fraîcheur, nous nous déplacions en roulant sur nous-mêmes, espérant toujours profiter d'une partie du carrelage plus frais. Dès que la chaleur se faisait moins forte, je montais chez mon copain Yvon et assis à même le sol sur le palier de l'immeuble, nous faisions d'interminables parties de cartes, ronda espagnole, belote et parties d'échecs.

Le jour tombant, nous espérions un peu d'air tempéré du dehors. Une fois le repas du soir terminé, les

Oranais sortaient devant leur porte, chacun avec sa chaise, pour goûter la petite brise qui arrivait quelquefois de la mer. Les murs des édifices rejetaient la chaleur accumulée dans la journée, il fallait s'en écarter pour éviter le souffle chaud qui nous caressait et exhalait en même temps une odeur de pierre et de terre chaude. Nous partions alors vers le front de mer, pour nous imprégner un peu plus de la brise maritime.

Rentrés dans l'appartement, une température étouffante nous accueillait, pourtant il était tard et il fallait dormir. Dans la pièce exiguë qui nous servait de chambre, nous nous couchions tous les cinq, enfants et grand-mère, dans une atmosphère d'étuve. Mon aïeule, précautionneuse, mouillait d'eau nos draps pour que nous puissions bénéficier d'un peu de fraîcheur mais rapidement la chaleur du corps transformait l'eau en vapeur chaude. Nous étions contents de profiter d'un semblant de frais pour accueillir le sommeil. Aussi le matin, au jour naissant, très souvent nous étions réveillés par le froid, sur un drap humide avec un mal de gorge.

4

Les sauts d'obstacles

1953. Vient le moment où débute mon implication dans la religion. Je ne sais pas comment cela est arrivé. J'étais dans une croyance religieuse active, enfant de chœur, je servais les messes avec assiduité. Je pense que c'était une suite normale et obligatoire, après la communion solennelle.

Un peu plus tard, je me mis à pratiquer le scoutisme. Les obligations religieuses inhérentes à la fonction de scout étaient difficiles à assumer car très contraignantes : servir les offices, aider le prêtre dans ses actions, assurer une présence participative aux vêpres du dimanche après-midi et passer des heures à réciter des prières. Mais heureusement, le scoutisme apportait beaucoup de plaisir par ses activités. L'enseignement religieux était obligatoire, mais le jeune abbé L. qui nous accompagnait dans les sorties savait doser ses prédications. Ce que j'ai beaucoup apprécié fut de découvrir les préceptes qui animent un scout : l'humanité, le social, l'esprit corporatif, le respect d'autrui ; l'apprentissage de l'activité manuelle, la découverte de la faune, de la flore ; la mise en pratique, dans la vie de tous les jours, des principes communautaires simples, tournés vers l'empathie ; le goût de l'aventure, le respect de la nature, du monde des vivants.

Nous faisions de grandes sorties l'été, du samedi matin au dimanche soir. Après une longue marche en montagne, il fallait planter la tente, préparer le repas du soir que nous dégustions autour d'un feu de bois, puis arrivait le moment tant attendu de la veillée. Nous commencions le débat dans le groupe, basé sur des réflexions à partir de thèmes proposés par un scout, et animé par les responsables ou par l'abbé qui nous accompagnait.

C'était aussi l'analyse de la journée écoulée, la préparation de celle à venir, l'étude des étoiles, de la faune et la flore. L'occasion également de tester nos connaissances en alphabet morse. De ce fait nous communiquions la nuit, d'une colline à l'autre, par lampes à piles : appuyer rapidement sur le bouton d'allumage signifiait un point, appuyer plus longuement sur le même bouton signifiait un trait, il était alors possible de décrire l'alphabet morse, et de se transmettre des messages : un point trait veut dire A, trait trois points : B, etc. L'alphabet morse, je l'ai retrouvé et utilisé plus tard pendant la Guerre d'Algérie. C'était un moyen efficace de communiquer entre nous pendant le déroulement des opérations militaires sans que l'ennemi puisse comprendre nos messages en cas d'interception radio. Je reviendrai sur ces faits plus loin dans mes écrits.

Nous communiquions également dans la journée en sémaphore (signalisation marine), c'est-à-dire au moyen d'un fanion dans chaque main et suivant la position des deux bras tendus avec un drapeau au bout, les lettres de l'alphabet étaient décrites. Un système toujours utilisé quand deux navires de guerre veulent communiquer de bord à bord sans employer le système radio qui peut être intercepté par un ennemi potentiel.

Pendant les sorties, lors de raids organisés, nous apprenions à utiliser les cartes d'état-major pour nous déplacer dans la nature, nous nous orientions le jour à la boussole, la nuit aux étoiles.

Venaient les grands moments d'aventure : de grandes réunions de scouts avaient lieu une fois dans l'année, ce qui fut pour moi l'occasion de découvrir la Métropole. En effet, une rencontre était prévue avec des scouts des Vosges dans le sud de la France, il fallait préparer le grand rendez-vous, mais surtout, trouver les fonds nécessaires pour effectuer le voyage, car il n'était pas question que nos parents participent financièrement. Ce fut un important moment de ma vie d'adolescent que d'œuvrer pour arriver à concrétiser le projet. J'avais entraîné dans l'aventure mon copain Yvon. Je me vois encore à Noël, en sa compagnie, présenter des cartes de vœux à vendre à la sortie des messes de la très belle cathédrale d'Oran — aujourd'hui transformée en bibliothèque par les Algériens — et de l'église Saint Esprit, Place de la Bastille. Le jour de l'An, proposer des calendriers à la vente, en uniforme de scout — short court, chemise avec écusson et foulard cravaté — rien ne nous faisait peur et surtout pas le froid piquant qui nous agressait. Nous nous louions également pour participer à des tirages de loterie nationale, qui nous rapportaient un pécule intéressant.

Excité à l'idée de prendre le bateau, le voyage tant désiré, tant attendu, arriva. Ce fut ma première traversée, effectuée sur le pont de l'immense paquebot, car l'option en cabine était beaucoup trop onéreuse. J'ai pu admirer au départ le paysage vu de la mer, une ville aux couleurs chatoyantes, avec à gauche, le ravin Raz-el-Ain, grande masse rocheuse tombant à pic dans l'eau. A droite, la montagne de Santa-Cruz et sa magnifique chapelle construite par les Oranais faisant pénitence pour sauver la ville de l'épidémie de peste, catastrophique au dix-huitième siècle. Au sud de la ville, le lac salé et la vue sur une plaine agricole. Devant moi, le port marchand, de pêche et plaisance, le fameux rocher[6] de Mers-El-Kébir, son tunnel menant aux belles plages du littoral et dans la masse rocheuse, invisible à nos yeux, la base navale antiatomique protégeant la marine nationale et nos sous-marins.

Le paquebot franchit le port, un sentiment d'inquiétude me saisit : comment est la ville que nous allons découvrir ? Comment sont les habitants de ce pays ? J'ai surtout admiré la mer que j'aime tant, le navire traçant sa route. Collé au bastingage, en méditation, je me

---

6   Appelé rocher de la vieille par sa forme

sentais transporté avec un immense plaisir dans un monde de rêves, entre le ciel et la mer, entre deux bleus concurrents et tellement complémentaires, où la fibre émotionnelle est en tous points exacerbée, dans un ressenti à la fois violent et plein de tendresse qui m'envahissait le cœur.

Le soir arrive, un coucher de soleil en mer est quelque chose de fabuleux, et pour moi d'exceptionnel. On attend avec impatience que le soleil décline, en souhaitant qu'il ne disparaisse pas, que son image se fixe et que l'on puisse l'admirer encore et encore. Mais le dégradé rouge s'accélère et bientôt il ne reste plus qu'une lueur rose puis bleutée pour finir en une ligne horizontale d'une tendre couleur, frontière entre le ciel et la mer.

La nuit, couché sur le pont, j'ai pu suivre les étoiles qui me fixaient et nous accompagnaient, elles me faisaient m'évader dans l'immensité du ciel profond plein de mystères, je crois que je n'ai pas beaucoup dormi cette nuit-là. Le lever du jour fut aussi envoûtant avec le soleil rasant puis débordant de l'horizon, dans une splendeur éclatante qui faisait cligner les yeux et réchauffait de ses rayons un corps quelque peu engourdi par le froid de la nuit.

Voici l'arrivée à Marseille, j'ai ainsi découvert un pays, la France, tant décrite, tant espérée et enfin appréhendée. La ville, une beauté de la nature, les îles dont je ne connaissais pas l'histoire, le port somptueux immense gardé à gauche par un fort et une tour de guet caractéristique, la blancheur éclatante des habitations, de grands et beaux immeubles qui s'étendaient à perte de vue. Nous sommes descendus rapidement du bateau pour rejoindre la gare Saint Charles sans avoir la possibilité de visiter la cité, puis voyage en train vers Gap, et la Roche-des-Arnauds, lieu de notre destination.

Un camp scout est toujours construit de la même façon. Chaque chef de groupe installe avec ses équipiers un lieu de vie avec un maximum d'attention. Sur une surface choisie et délimitée, chacun participe au montage des tentes, à la construction d'un coin séjour en bois, en terre, ou en roche. La douche est confectionnée avec des seaux suspendus à un arbre, les feuillets creusés un peu plus à distance. Les corvées sont distribuées à chacun et voilà l'aventure qui commence.

Il serait trop long d'expliquer en détails toutes les activités de ce mois. Ce furent des rencontres sportives, religieuses, à thèmes, et des affrontements sympathiques avec les autres scouts, attaques de forts, raids de trois jours à la boussole. Avec de la farine et de l'eau pour faire notre pain comme seule nourriture, nous devions prendre dans la nature les ingrédients pour nous nourrir, racines, salades, fruits, et si nous le pouvions, du gibier, ce qui était pratiquement impossible.

Beaucoup de très bons souvenirs, impérissables, mais de moins bons : indigestions de fruits, petites blessures et mon copain Yvon qui, victime d'un terrible coup de soleil dût rester couché avec une forte fièvre sous médicaments, très mauvais moment pour lui.

En Algérie, pays du sud, le coup de soleil ne prévient pas, je me suis trouvé dans ce cas plusieurs fois : violent mal de crâne, impossible de bouger la tête, des nausées, de la fièvre. Ma mère allait voir la charcutière du coin, Madame Devésa, qui « enlevait le soleil », pratique ancienne, mais qui semblait efficace. Elle prenait une poêle à frire ordinaire, mettait de l'huile dedans et se cachait pour faire en secret, des prières, à distance du malade. Après un grand moment, parait-il, l'huile chauffait dans la poêle et le malade était guéri. Oran gardait les traditions ancestrales amenées par les réfugiés espagnols. Il existait également le « mal de ojo »[7] : des personnes se plaignaient d'avoir subi un mauvais sort et en souffraient jusqu'à mettre en cause leur santé morale. Une fois par mois un Arabe passait dans le quartier avec une vache drapée de couleurs vives, à l'aide d'un petit tambourin et de clochettes, il appelait les gens victimes du mauvais œil, il faisait ensuite des incantations dans le but d'annihiler l'envoûtement décrit par le patient.

Quand mon père habitait Tlemcen, il a eu une maladie de cœur à dix-huit ans — une mitralite rhumatismale — et les médecins le croyaient perdu, il ne pouvait plus se déplacer, il avait les articulations

---

7   Le mauvais œil

pratiquement bloquées. Un dernier recours fut la visite chez le Marabout de Sidi-Boumédine, vieil arabe religieux qui soignait les malades: il plaçait un anneau de cuivre dans une oreille préalablement percée, il effectuait ensuite des prières et faisait boire au malade, un café très fort de sa préparation. Mon père se prêta à tout le cérémonial, même à l'interdit (le café), il serait rentré chez le Marabout porté par deux personnes et en serait sorti soutenu, mais en marchant. Deux mois plus tard il fut considéré définitivement guéri puisqu'il a été appelé pour effectuer le service militaire et fait la guerre en étant reconnu apte au service armé. J'ai très souvent entendu cette magnifique histoire, mais n'étant pas né, je ne l'ai pas vécue. Je suis allé une fois voir le Marabout, vieux personnage religieux à la barbe blanche, au parler et à la gestuelle d'une grande douceur, d'une propreté impeccable et au parfum d'encens qui flottait dans son unique pièce de vie.

Je ne m'étendrai pas plus sur le camp scout qui fut pour moi la découverte de la solidarité, de l'altruisme et de l'attachement aux principes religieux, et aussi une implication dans l'action, l'aventure, l'engagement personnel, la responsabilité, dans un pays de forêts au charme envoûtant, aux vertes collines, et aux horizons qui invitaient à l'évasion de l'esprit et à la méditation.

Le retour de cette aventure fut une nouvelle étape de ma vie d'adolescent. Je quittai le scoutisme et me lançai à corps perdu dans l'activité physique. J'ai commencé à pratiquer le sport au lycée, motivé par un professeur formidable qui m'a donné le goût de l'effort, de l'engagement et de l'esprit d'équipe.

J'ai débuté par le judo. Je revois la salle et les acteurs qui s'engageaient dans des combats aux chutes impressionnantes sur les tatamis. J'ai voulu m'inscrire dans un club, mais il fallait posséder un kimono. Mes parents n'ont jamais pu le financer, le moniteur me dit au bout de quelques séances effectuées avec un kimono prêté par le club : « pas de kimono personnel, plus de judo ».

J'ai ensuite voulu goûter à la boxe, avec des gants prêtés par un collègue, mais suite à un combat fabuleux et un KO subi tout aussi splendide, occasionné par le partenaire, j'ai juré que l'on ne m'y reprendrait plus et j'ai rapidement tourné le dos à la boxe.

Je n'allais pas m'avouer vaincu pour si peu. Je me suis tourné vers la piscine que les avantages en tant que scolaires rendaient abordables. J'ai donc pratiqué la natation une année, mais les contraintes dues à l'entraînement étaient trop grandes par rapport aux études scolaires. J'ai dû abandonner la natation avec regret.

Toujours pas découragé, j'ai tenté le sport collectif. J'ai commencé par le basket qui était une continuité du sport scolaire, j'ai joué en minime et cadet, un vrai régal ! Trop petit de taille, j'avais des difficultés à évoluer dans la « bouteille », j'étais alors préparé par l'entraîneur à effectuer dans les compétitions des tirs à distance de la raquette (ligne de tir de lancers à trois points). J'ai peu à peu délaissé le basket pour le volley-ball.

J'ai trouvé dans ce sport tout ce que je recherchais, l'envie de se dépasser lors des compétitions, l'esprit d'équipe, la solidarité, l'engagement physique, le désir de gagner et de se perfectionner. J'étais d'autant plus content que jouaient avec moi les copains d'enfance du quartier, Hilaire et Jules, qui resteront mes copains à vie et dont les fréquentations se poursuivent cinquante-cinq ans plus tard. Je revois les soirées d'entraînement à la nuit tombée, sous les projecteurs du stade, la fatigue de l'effort accompli et le bon sommeil réparateur, persuadés que nous étions les plus forts...
 Il y avait aussi les grandes séances d'athlétisme que je prenais plaisir à effectuer les samedis et dimanches : courses à pieds de vitesse et d'endurance, lancer du javelot, du disque, saut en longueur. J'étais très motivé pour l'exercice, ça n'a pas beaucoup changé actuellement, je suis toujours aussi passionné par le sport, même si je ne suis plus capable de réaliser les exploits de mes dix-sept ans.
 J'ai dû peu à peu, avec regret, délaisser le volley car étant passé senior et n'ayant pas assez grandi, j'avais des difficultés à « monter au filet » rehaussé de vingt centimètres : pour smasher. En compétition, je devais

permuter lors de mon passage à l'attaque avec un arrière qui lui était plus grand. Voilà ma grande déception !

J'ai pris ma revanche avec la natation en mer et en piscine et sur les stades d'athlétisme, jusqu'à l'âge de dix-huit ans, mais une maladie de cœur m'a forcé au repos toute une année. Elle fut sans conséquence pour mon avenir car elle a été rapidement soignée à ses débuts.

Je revois les séjours à la mer avec des cousins, dont les parents avaient un cabanon à Kristel, à quelques kilomètres d'Oran. Petite habitation construite en bois au bord des flots, sur le rocher, le cabanon était composé d'une pièce qui servait de cuisine et d'une grande chambre où nous dormions à même le sol, pas d'électricité, pas d'eau : nous devions nous équiper en conséquence. La journée se passait à faire de la plongée, admirer les fonds marins, pêcher au fusil harpon et ramasser des moules, des oursins et des crevettes que nous piégions dans un trou d'eau en déposant un morceau de viande faisandée. Le repas de midi se composait souvent de notre pêche, mais aussi de plats froids préparés par nos parents. Après le repas du soir pris à la chandelle ou à la lampe à carbure, nous entamions de grandes discussions philosophiques sur l'avenir, sur les événements et sur les filles, bien entendu...

Il était agréable de rêver le soir au bord de l'eau, de regarder le firmament, la lune, et parfois les étoiles filantes dans le ciel d'été ! Un parfum d'iode accompagnait le clapotis doux à entendre qui nous berçait et favorisait l'endormissement. Quand la mer était forte, nous entendions les vagues s'écraser sur les rochers en contrebas et le rugissement du vent qui faisait vibrer quelques planches du cabanon. Le temps de tempête n'était pas désagréable, car il donnait un peu de piment à notre séjour. Pour ma part il me procurait des sensations d'évasion, d'aventure, je retrouvais l'élément naturel qui dicte sa loi et où l'homme dans le plus grand respect, apprécie le moment de colère de notre nature et s'associe volontiers à la situation. Le temps filait beaucoup trop vite à notre gré, car nous devions rendre le cabanon aux parents assez rapidement, alors nous faisions ensemble des projets en vue de notre prochain séjour, chacun retournant à ses occupations.

Nous ne fêtions ni les anniversaires ni les fêtes car il nous était impossible d'opérer des dépenses, la morosité était reine dans notre logis et nous n'avions pas trop le cœur à fêter un événement. Je dois revenir sur un fait passé qui concrétise la tristesse des fins d'années tel que je les ressens. Un Noël comme les autres, nous avions dressé un beau sapin dans un coin de la pièce principale, près de l'établi de mon père, nous admirions l'arbre touchant presque le plafond, décoré par ma sœur et ma grand-mère et même s'il n'y avait pas de cadeaux, nous vivions la soirée avec les gâteaux habituels, les montécaos[8] toujours d'actualité chez nous, et les petits gâteaux traditionnels au vin blanc encore et toujours appréciés, une petite bouteille de vin accompagnait ces gâteries.

La nuit était bien avancée, arrive le moment d'allumer les bougies sur l'arbre, tout se passe bien puis tout à coup une chandelle tombe de son socle sur la branche au-dessous : ce fut l'incendie. Une petite flamme, un grand souffle et l'arbre qui s'enflamme entièrement, une vraie bombe ! Une vision apocalyptique qui nous fit reculer tellement la chaleur était intense, les flammes couraient au plafond, mon père se précipita pour se saisir d'un seau d'eau, nous faisons rapidement une chaîne : faitouts, casseroles, bassines, tout était bon à remplir d'eau pour jeter sur l'impressionnant brasier.

Nous avons réussi à vaincre le sinistre, heureusement sans dommage personnel, sinon quelques légères brûlures aux avant-bras de mon père et du dégât dans le petit appartement, de l'eau mélangée à la cendre formant une boue noire inonde la pièce! Quel travail pour nettoyer tout cela ! Et cette odeur de brûlé qui nous prenait à la gorge, tenace et présente plusieurs jours malgré une aération permanente. Aussi ce fut la dernière fois que nous fêtâmes Noël, encore un mauvais souvenir de fin d'année. Traumatisé par cet événement, j'ai toujours eu plus tard avec ma famille, une appréhension à dresser un arbre de Noël même si nous avions remplacé

---

8   Gâteaux espagnols

les bougies par des ampoules et le sapin naturel par un sapin artificiel.

5

La réconciliation

1954. L'année de mes quinze ans fut un grand pas dans la vie, avec des conséquences heureuses. Un beau matin, nous avons la visite d'un homme qui m'était inconnu, il s'entretenait avec ma mère. Des éclats de voix m'interpellaient : quelque chose d'important se passait. Attentif et prêt à intervenir, je fus tout étonné lorsque la discussion se calma, d'apprendre l'identité de la personne : c'était mon oncle Fernand. Je le voyais pour la première fois et le dévisageais, plus grand que mon père, la tête rasée, un visage rieur, sympathique, assez imposant de carrure, il me parla gentiment. Il me promit de m'amener chez lui à la plage avec la permission de mes parents. A son départ j'eus une explication avec ma mère : elle me raconta que mon oncle était un ancien gangster, qu'il était parti après le suicide de son père, leur avait emprunté une valise et de l'argent. Ayant ensuite « mal tourné », il avait fait de la prison et avait même reçu une balle dans le foie au cours d'un règlement de comptes. J'étais abasourdi d'apprendre cela. D'après ma mère, il s'était repenti et venait en l'absence de mon père demander pardon et renouer avec son frère.

La réconciliation acceptée par mon père fut un grand événement pour moi. Je sus que mon oncle était divorcé, avait un enfant de mon âge et vivait actuellement avec une femme nommée Henriette, il l'avait « achetée » dans une maison close, ce qui se faisait à l'époque. Les filles se prostituaient dans ces lieux sous la surveillance d'un souteneur et si un client amoureux d'une d'elles désirait l'affranchir, il fallait qu'il paie une grosse somme d'argent au souteneur et il pouvait sortir la fille du bordel, ce qu'avait fait mon oncle. Je pense que ce n'était pas par amour mais par pitié, voulant se racheter de la vie tumultueuse qu'il avait eue jusque-là. Cette femme très gentille avait un fils Claude de dix-huit ans, qui était menuisier.

Je rencontrais mon oncle assez souvent, il venait me chercher et m'emmenait à la plage dans une petite bâtisse qu'il occupait avec sa compagne et Claude. J'eus de grandes discussions avec lui et je découvris un être sensible, intelligent. Il me considérait comme son fils et voulait que je fasse des études afin d'acquérir une bonne situation. Notre relation privilégiée se prolongea l'année entière, je passais de longs dimanches chez eux, le bain, la pêche en barque à rames de mon oncle étaient mes passe-temps favoris. Invité pendant les grandes vacances, je devinais de jour en jour un être extraordinaire, il me parlait d'éducation sur la vie, la famille et les liens familiaux, la sexualité, autant de thèmes jamais soulevés par mes parents à mon encontre.

L'année suivante, en 1955, un changement intervint : Fernand s'était séparé d'Henriette, avait déménagé, passant de Saint Roch à Aïn-el-Turc et travaillait comme entrepreneur de maçonnerie. J'appris quelques années plus tard que Claude, le fils d'Henriette s'était engagé dans les parachutistes et eut une fin tragique. En 1956 lors de la guerre éclair contre l'Égypte, il sauta sur le Canal de Suez avec son commando et fut tué au cours d'un engagement contre les soldats égyptiens. Ce fut le seul mort qu'eut à déplorer l'armée française pendant cette campagne.

Mes dix-sept ans passèrent rapidement. Devant les difficultés financières qui continuaient à nous accabler, j'ai décidé de parler à mes parents, ce fut ma mère qui m'écouta. Je lui ai demandé de me mettre au courant de ses comptes et après en avoir étudié les tenants et les aboutissants, je lui ai préparé un processus de gestion des revenus de la famille. Il consistait à fractionner le montant du salaire mensuel de mon père en parts hebdomadaires, la somme de la semaine divisée en jours, avec l'obligation de respecter les prévisions de dépense du jour et de la semaine sans dérogation possible, de se « serrer la ceinture » encore plus. Je lui ai demandé de suivre impérativement le plan mis en route, en insistant sur le fait que si nous respections les prévisions, dans les huit mois à venir nous sortirions la tête de l'eau. Nous avons prévu de rembourser le dû à l'épicier en petites sommes, et obtenu son accord car nous nous engagions à ne plus prendre de produits à crédit.

Quelle aventure... Le temps passait, je voyais ma mère de plus en plus sereine, notre scénario se déroulait en suivant exactement nos prévisions. La tristesse et la peine qui marquaient son visage avaient disparu, le plan avait bien fonctionné, il ne restait plus qu'à le prolonger, ce fut chose faite. Outre les difficultés pour manger à notre faim, nous ne disposions d'aucun argent de poche, de ce fait, ma vie d'adolescent s'écoulait très simplement. Les séances au cinéma m'étaient toujours offertes par les copains Jules, Yvon, Mimile et Hilaire. Il en était de même pour le transport en car si nous allions à la plage, l'entrée du bal populaire que nous commencions à fréquenter, et les créponnés (délicieux sorbets au citron) à déguster Place de la Bastille. Pour la famille le bout du tunnel était visible et nous commencions à vivre plus décemment.

Je parle de ces faits car il est important pour la postérité, que nos enfants et petits-enfants sachent combien il est difficile, lorsqu'on est issu d'un milieu social défavorisé, d'éviter la précarité. On peut toujours s'en sortir par les études, le travail permanent, constructif, en effaçant fainéantise, fatalité, renoncement. La vie appartient aux « lève-tôt », aux travailleurs, aux persévérants et il faut pour cela, donner beaucoup de soi, ne rien attendre des autres, s'investir, se responsabiliser, ne pas hésiter à se remettre en question et recevoir l'échec comme un lien qui nous conduit à rebondir. Être ambitieux n'est pas une tare, c'est une qualité à consommer avec modération, et toujours un facteur de réussite. Pour l'homme, il est essentiel de s'assumer et de penser, qu'adolescent il doit tout mettre dans sa sarcelle pour assurer un bon avenir à sa future petite famille – il en est de même pour la femme. L'ambition est primordiale dans le bon fonctionnement du couple tant sur le plan financier que familial. Je veux tout simplement faire prendre acte à notre jeunesse qu'il est bien nécessaire d'intégrer la formidable révolution électronique, informatique, médiatique qui nous entoure et se développe, mais sans négliger l'homme, sa structure, sa pensée, sa nature, son cœur, son cerveau. Il faut savoir se détacher quelquefois de la vie matérielle, et plonger dans un humanisme et une vie sociale pour laquelle l'être humain est construit.

    Me voilà en seconde, élève moyen, motivé par un grand désir de réussir, donc très bûcheur par nécessité. Étant dans une section technique, nous avions des passages obligés en menuiserie, mécanique auto, électricité, dessin industriel, technologie, mécanique appliquée (résistance des matériaux), et des matières communes : maths, physique, français, histoire, géographie.
    Le diplôme appelé Brevet d'Enseignement Industriel, équivalent du Baccalauréat, s'étendait sur

deux années : la classe de seconde, sanctionnée par le BEI probatoire et la classe de première qui conduisait au BEI définitif. Ensuite l'enseignement supérieur se déroulait soit en Faculté soit en École Nationale Professionnelle qui se trouvait à Dellys près d'Alger ; L'ENP pouvait nous conduire en BTS[9] ou en école d'ingénieur.

Le lycée technique fut transféré en périphérie de la ville sur la route menant à l'aéroport militaire et civil de la Sénia. Il était situé en pleine nature dans un décor au terrain plat. La vue s'étendait à l'horizon sur une plaine qui menait au nord-ouest vers le lac salé de la Sebkra en direction de l'aéroport. Des cultures maraîchères et de grandes étendues d'arbres fruitiers bordaient la belle route, très propice aux balades en vélo, que nous louions quelquefois au marchand de cycles du quartier arabe.

L'établissement tout neuf était immense avec une cour très aérée et un terrain d'éducation physique moderne où nous pratiquions toutes les disciplines sportives, ce qui m'a motivé pour effectuer un sport d'équipe en club. Un internat important accueillait les élèves de tout le département. Pensionnaires à l'année, ils rentraient chez eux seulement pour les vacances scolaires. Ils passaient une partie de leur dimanche en étude, ce qui leur permettait d'effectuer leurs devoirs de la semaine – et l'autre partie à faire du sport en collectif ou en individuel. Lorsque nous avions des heures de colle, nous étions retenus essentiellement le dimanche,

---

9 Brevet Technique Supérieur

mais les collés n'avaient pas droit au sport et restaient en permanence à l'étude pour exécuter punitions ou devoirs sous la surveillance d'un pion[10]. Les pensionnaires, fils d'agriculteurs, de colons ou d'éleveurs étaient très bûcheurs, internes durant des mois, ils travaillaient bien plus que nous et les résultats étaient au rendez-vous. Ils étaient très souvent des « têtes de classe ». Les programmes, bien remplis, se déroulaient sur la semaine, samedi inclus.

Je prenais un grand plaisir à étudier et à découvrir les métiers manuels. La menuiserie fut la spécialité qui me plaisait le plus. J'avais de très bons résultats, surtout en mécanique générale (tour, ajustage, fraisage, alésage). J'étais premier toute l'année, pourtant ce fut dans cette matière que j'eus une note éliminatoire et que j'échouai à ma première année du BEI. J'avais, je pense, une bonne raison pour ne pas réussir mon épreuve d'atelier le jour de l'examen, car j'assistai à un accident choquant au point que j'ai perdu tous mes moyens.

En effet, pendant l'épreuve d'atelier, sous la surveillance des examinateurs, mon voisin doit changer de vitesse dans l'utilisation de la grande perceuse sur socle. Il faut pour cela descendre la courroie d'entraînement d'une poulie haute vers une autre située au niveau inférieur. L'élève se trouve en difficulté pour exécuter la manœuvre, l'examinateur veut l'aider et entreprend de faire le changement. Croyant l'opération

---
[10] Surveillant d'établissement secondaire (lycée et collège)

terminée, mon collègue remet le courant, la perceuse redémarre entraînant la main de l'examinateur qui hurle de douleur. L'élève figé ne sachant que faire, je me précipite pour couper le courant et je vois le pauvre intervenant pendu par le bras, la main prise dans la poulie, les doigts pratiquement arrachés, du sang partout. Il fallut du temps et de la patience pour dégager sa main meurtrie. Il fut rapidement évacué vers l'hôpital le plus proche. Très choqué par l'accident, j'ai repris l'épreuve technique en tremblant et avec la nausée, j'ai complètement raté la pièce et obtenu une note éliminatoire, ce qui m'a valu un échec et un redoublement de classe. Une réelle catastrophe, car déjà en retard d'un an, me voilà à présent redoublant.

Je passai un été désastreux ne sachant pas si je reprendrais le lycée en septembre. Je me lançai dans la peinture et je commençai à réaliser quelques toiles sur de l'isorel, sorte de carton épais, lisse coté recto et au verso, des reliefs à l'aspect d'un sac de toile en jute. Sur la partie rude, j'étalais du « Blanc d'Espagne » et j'effectuais des reproductions de tableaux que j'étais bien content de vendre pour me faire un peu d'argent de poche.

6

Les cinq doigts de la main

Depuis la date du soulèvement algérien pour l'accès à l'indépendance, en novembre 1954, nous suivions les nouvelles qui gagnaient les campagnes, par les journaux et la radio. Dans les villes le terrorisme urbain se développait, les attentats personnels à l'arme de poing (revolvers et couteaux) se multipliaient, la sécurité se détériorait. Il était dangereux de fréquenter les bals, des grenades étaient souvent jetées dans les salles de la ville, occasionnant morts et blessés.

Mes vacances se résumaient comme tous les ans à jouer aux cartes sur le palier du troisième étage de l'immeuble avec Yvon, puis à me baigner au port, et pêcher. Mon oncle venait me chercher de temps à autre pour passer quelques jours à la plage. Je l'aidais aux services de l'hôtel-restaurant, propriété de Renée, sa nouvelle femme. Nous allions parfois à la pêche, avec sa barque à rames abritée dans un petit garage mitoyen de l'établissement ; nous la sortions en la faisant rouler jusqu'à l'eau sur des rondins de bois, sa remontée vers le garage après la pêche était beaucoup plus pénible. J'aimais bien la préparation, depuis la veille au soir, jusqu'à la mise à l'eau de la barque. Il est vrai que, comme tous les plaisirs que nous prenons, la phase antérieure, celle du rêve, est enveloppée d'un sentiment de bonheur. Elle embellit à l'excès l'acte programmé, transformant nos sensations en une image vagabonde qui amène la joie au cœur et l'impatience à la vivre, même si l'on sait que la part du rêve est très souvent bien différente du vécu qui le concrétise.

La pêche commençait le matin très tôt et durait jusqu'à midi. Nous ramenions des marbres, dorades, peignes, rougets, vives. J'étais quelquefois malade d'un mal de mer imprévisible. Sans aucune indulgence, mon oncle refusait de rentrer et de clôturer la sortie, je le savais, le contrat était conclu à l'avance, il fallait le respecter. Mais que de bons moments passés car, quand le mal de mer m'épargnait, je me baignais au large après la pêche ! Mon oncle connaissait très bien la mer et parfois il me fallait lever l'ancre rapidement et ramer à toutes forces car un coup de vent survenait, que lui seul pressentait. Il ne se trompait jamais. Nous arrivions sur la plage avec grandes précautions pour éviter le chavirement et l'accident, tant les vagues étaient énormes et le courant fort. Approche délicate ; il fallait présenter l'arrière de la barque à la bonne vague puis à grands coups d'avirons, surfer sur elle jusqu'au rivage. L'erreur n'était pas admise, car un coup d'aviron mal donné, c'était un travers assuré et la vague nous prenant de côté nous conduisait au chavirage ou à des accidents corporels. C'est ce qui m'arriva deux années plus tard avec pour conséquence une grave blessure à l'intérieur de la cuisse, qui aurait pu m'être fatale.

Les soirées d'été nous prenions le frais avec toute la bande de copains du quartier : quelques balades au front de mer à la recherche d'un peu de fraîcheur. Nous discutions de la rébellion qui commençait à prendre une tournure inquiétante. Que faire contre le mouvement de libération qui voulait nous jeter à la mer alors que nous étions nés depuis plusieurs générations sur ce sol qui était aussi le nôtre ? Où était la solution ? Sous la présidence de René Coty, Guy Mollet et son gouvernement de gauche décidèrent d'amplifier la pression contre le FLN[11] et d'envoyer des renforts dans le bled où la situation se détériorait. Ils eurent recourt au contingent et rappelèrent des réservistes ; le service militaire passa de douze à dix-huit mois. Les mauvaises nouvelles arrivaient, l'enterrement de militaires tués par les fellagas était toujours sujet à interrogations : fallait-il négocier ou aller vers un durcissement ? La deuxième solution fut le choix de nos politiques.

Un copain de ma sœur, rappelé en tant que réserviste, se vit muté dans un poste militaire tenu par une Harka[12] : celle-ci, sous les ordres d'un officier, comprenait des Harkis, c'est-à-dire des supplétifs

---
11 Front de Libération Nationale
12 Troupe de milice franco-algérienne

musulmans engagés avec la France contre les fellagas et des militaires du contingent. Le groupe composé d'une trentaine de combattants, assurait la protection d'une vallée dans le sud oranais. Dans la nuit, avec la complicité des soldats musulmans, les onze militaires européens de la Harka furent abattus par des maquisards du FLN. Ce copain reçut une rafale de mitraillette dans le ventre et fut à moitié égorgé, probablement par un débutant dans la pratique. Son agresseur, détrousseur de moribonds, avait eu certainement des difficultés pour lui enlever son alliance : il lui coupa le doigt. Les secours arrivèrent, notre ami toujours vivant fut transporté à l'hôpital Baudens d'Oran où il a pu raconter son calvaire. Il est décédé une semaine après. L'enterrement des onze militaires appelés bouleversa les Oranais. Pour la première fois nous nous sentions touchés par cette guerre affreuse qui commençait à prendre de l'ampleur mais nous étions en confiance et jurions que de toutes les façons, étant nés sur ce sol, le pays nous appartenait. Il était impensable que nous le quittions. La suite nous prouva le contraire.

Je repris le lycée en septembre : encore une année de perdue ! Je n'avais pas du tout le moral en voyant les copains passer en terminale, alors que de mon côté j'allais étudier avec de nouveaux collègues plus jeunes. Je retrouvais deux voisins qui habitaient dans le quartier, Pierrot Darnaud qui résidait dans l'immeuble en face du nôtre, et Charly Dubois. Ils m'aideront à intégrer avec un minimum de difficultés un groupe de lycéens qui avait ses habitudes et ses ententes. Me voilà parti pour une année de bachotage. Je me remis dans les études de plus belle. Étant redoublant, j'obtins de meilleurs résultats scolaires.

Que dire de l'année scolaire, sinon que je travaillais comme il le fallait en me faisant de nombreux camarades dans la nouvelle classe. Je continuais à étudier en bibliothèque et fréquentais toujours le copain Arrocéna qui avait changé de classe après son succès à l'examen. Je côtoyais son quartier de St Eugène et j'appréciais toujours autant les beaux tableaux du facteur peintre. Je poursuivais les leçons de peinture en me faisant inviter souvent chez les Mondéjar.

Dans mon quartier, de nouvelles connaissances avaient complété notre groupe : avec Yvon, Jules, Mimile — voisin d'une rue au-dessus de la nôtre — et Hilaire, nous formions un groupe de cinq copains inséparables.

Yvon déjà cité dans les débuts du livre fut mon premier ami, nous nous sommes connus très jeunes, il était mon compagnon de jeux. Petit dernier d'une fratrie de cinq enfants, il fut gâté par deux grandes sœurs et deux frères. Les parents retraités étaient toujours accueillants, son père au sourire généreux et à la bonhomie des plus sympathiques, sa tante vivait également dans le même appartement situé au troisième étage de notre immeuble.

Nous avons grandi ensemble, nous fûmes séparés pendant deux années lors de son entrée en secondaire et nous nous sommes retrouvés en quatrième au collège Ardaillon. Comme c'était un « beloteur » confirmé, nous partagions cette passion pendant nos vacances. Seul bémol, il détestait l'eau et avait une grande peur de la mer, sujet de séparations temporaires. Sensible à mon manque de moyens financiers et toujours discret, il était présent pour m'offrir quelques gâteries que nous partagions avec grand plaisir.

Yvon fit un début scolaire parfait et arrêta les études au baccalauréat pour présenter un concours à la poste. A notre adolescence, il fut le confident de mes petites amourettes. Nous avions convenu d'un signal pour nous appeler. Dans la cour, les voisins entendaient souvent un sifflement qui montait dans les étages, signe de ralliement des deux complices. Plus tard nous avons transmis ce bip de contact aux nouveaux camarades.

Dans le groupe Yvon était le sage, très écouté de tous et lors de nos débats ses conclusions étaient le plus souvent adoptées. A 19 ans, à la réussite à son concours, il nous quitta pour rejoindre son poste de fonctionnaire à Vialar, ville située dans le sud Oranais. Nous nous revîmes à Alger où il faisait le service militaire avant l'indépendance. Il retourna à Oran et fut rapatrié en automne 1962.

Très bon élève, Jules avait quitté l'école après le brevet. Ses parents, réfugiés espagnols avaient fui le régime de Franco. Sans ressources financières, il leur était impossible de payer les frais d'études de leur fils. Jules fut le premier à entrer en vie active : il « pesait le vin » (mesure du degré d'alcool) dans les citernes des bateaux en partance pour la Métropole. Ce vin de grande qualité et haut en degrés était destiné à chaptaliser les vins de métropole faibles en alcool.

J'ai toujours en tête les qualités des Calafell, les parents de Jules. Son père s'était engagé dans la légion étrangère pour pouvoir acquérir la nationalité française, avait participé à la guerre de 1939/45 et effectué plusieurs campagnes. Très discret sur le sujet, il n'en parlait que si nous l'interrogions, voulant, je suppose, annihiler un passé douloureux qu'il tentait d'oublier. A la Libération, cet ancien « ministre républicain Espagnol » avait trouvé du travail en qualité de serrurier chez un patron. Mme Calafell fabriquait à domicile des cartables en toile et en plastique pour une entreprise privée. Je trouvais chez eux un accueil chaleureux, une joie de vivre malgré leurs difficultés d'adaptation en France et les enfants à élever sans grands moyens financiers. J'appris ce qu'était la gentillesse, la compréhension, l'écoute, la chaleur humaine, la discrétion, le courage, l'abnégation, la politesse, je n'en finirais plus d'énumérer leurs qualités. Je rejoignais souvent Jules chez lui à la sortie du travail et partageais le casse-croûte qui lui était destiné. Monsieur Calafell, féru d'échecs, m'apprit à jouer et je disputais avec lui ou son fils de passionnantes parties le dimanche. La seconde fois que quelqu'un me parla d'éducation sexuelle, ce fut après mon oncle, le père de Jules.

Très strict sur les horaires, nous devions souvent parlementer avec lui pour que Jules puisse sortir le soir ou être autorisé à rentrer au logis un peu plus tard que l'heure permise. Il avait une conception de la vie très latine, mais en constant respect des traditions françaises. Il se sentait redevable de sa naturalisation et son souci majeur impliquait de ne décevoir personne dans les actes et les paroles. La sœur de Jules était née en Algérie : elle était donc Française, alors que Jules, né en Espagne était considéré comme étranger, ce dont il souffrait beaucoup. Problème qui sera résolu un peu plus tard, j'en reparlerai.

Mimile, le troisième pote, avait également arrêté les études, il travaillait comme secrétaire dans une petite entreprise privée. Son père, Mr Deuleuzière, était officier de police en civil : nous l'admirions comme un personnage symbolisant le « justicier » dans une vie rocambolesque, il faisait errer notre imagination dans un milieu de corruption, de banditisme voire d'espionnage. Nous le regardions passer, toujours droit, claudiquant légèrement, silhouette impressionnante forçant le respect et l'admiration. Pourtant dans l'intimité, c'était un personnage affable, secret sur son métier, communiquant facilement au sujet de nos préoccupations d'adolescents.

Je pense à une anecdote qui aurait pu être tragique, et qui reflète bien la bêtise de l'être humain. Comme d'habitude nous nous prenions pour des grands et nous avons fait tout ce qu'il ne faut pas faire ! Les parents de Mimile étant absents, tous deux dans l'appartement, nous parlons du beau métier de son père. Mimile prend dans une armoire le revolver de service, un beau 9/43 que nous manipulons chacun à notre tour. Il retire le chargeur, enlève le cran de sûreté, me vise au ventre, appuie sur la détente. Un petit clic anodin s'ensuit, nous avons ri mais lorsqu'il arme à nouveau le pistolet, nous voyons avec stupeur une balle s'éjecter : elle était engagée dans le canon. En ramassant la balle au sol nous constatons la marque du percuteur qui avait frappé la douille juste au-dessus de la capsule de mise à feu. Un grand frisson nous parcourut tous deux, voyant quelle catastrophe nous venions de frôler. Il a fallu plusieurs jours pour s'en remettre, cela restera un grand secret entre nous, plus jamais nous n'en n'avons reparlé. Mimile fréquentait assidûment une gentille fille de La Marine[13], Maryse, qu'il épousa en 1962. De retour de voyage de noce le 5 juillet à Oran, ils échappèrent au massacre par miracle. Rentré en France, il intégra le service des Douanes et finit sa carrière à Marseille comme inspecteur.

J'en viens à Hilaire : il cherchait une voie scolaire sans trop de convictions, et fréquentait des écoles privées, essayant de se motiver, poussé par son père qui déconseillait de faire le même métier que lui. Monsieur Martinez, ancien boulanger, avait changé complètement

---

13   Un quartier du port d'Oran

de profession. Après avoir acheté une petite propriété à l'Est d'Oran, il s'était installé comme agriculteur, se spécialisant dans la culture fruitière. Nous avons découvert un homme courageux face au rude travail de la terre, donnant sans compter, sympathique, très simple, droit, intelligent et à l'écoute de notre petite bande. Il nous aimait beaucoup et aurait voulu que son fils fasse des études. Il enviait Yvon et moi-même car nous étions pour le moment, les seuls lycéens et ne comprenait pas pourquoi son fils n'avait pas le goût des études. Nous avions de grandes conversations avec lui, essayant à chaque fois de lui faire comprendre que chacun d'entre nous avait une vocation différente et que celle de son fils n'était pas forcément les études. Pour preuve, il réussit plus tard sa vie professionnelle. Après une carrière militaire bien remplie, honorée par deux citations pour faits d'arme, il intégra la vie civile et termina sa carrière comme cadre en entreprise.

Hilaire, émancipé, avait le droit de conduire la voiture de son père et l'aidait dans les activités de la propriété située près de la Montagne des Lions. Une grande plaine s'étendait auprès de ce mont, la ferme localisée dans l'étendue était composée de dépendances en dur et d'un cabanon où les outils étaient entreposés, un gardien arabe en assurait le gardiennage.

Des champs de vignes constituaient le paysage alentour. Je me revois avec Hilaire en possession d'une petite carabine, chasser la grive entre les ceps. Il était agréable de se déplacer dans cet espace, où se mêlaient les parfums caractéristiques de raisin gorgé de soleil et celui de la terre surchauffée, l'association de senteurs s'exhalait dans une atmosphère sèche, au ciel d'un bleu profond et procurait un sentiment d'évasion et d'épanouissement propre à ce pays. Qu'elle était belle la terre rouge et fine dans ce paysage grandiose avec pour horizon la Montagne des Lions aux contreforts garnis de forêts ravissantes ! J'en rêve encore...

S'étendaient aux abords, des champs de pêchers aux fruits hybrides, énormes, croisement de plusieurs variétés dont le secret était bien gardé par le père d'Hilaire. Nous dégustions les fruits jaunes et rouges au poids impressionnant, au parfum subtil, à la chair ferme et douce, qui faisaient notre joie et celle des commerçants de la ville. Quelle belle reconversion réussie pour l'ancien boulanger ! Mais il sombra dans le désespoir en voyant tous ses efforts déjà convoités par le gardien arabe de la propriété. Malade, monsieur Martinez cessa de se battre, il rentra en France et décéda en 1961. La propriété fut réquisitionnée à l'Indépendance par les Algériens.

7

Le grand saut

1957. Dix-huit ans déjà. J'avais énormément de travail scolaire, avec de bons résultats. Je ne pouvais pas étudier le soir, n'ayant ni la place ni la tranquillité pour le faire dans un appartement de quarante-cinq mètres carrés, composé d'une petite chambre où nous dormions à cinq et d'une petite salle à manger qui faisait office de chambre pour mes parents. Je n'avais qu'une solution, c'était de me lever tôt, de m'enfermer dans la minuscule cuisine pour y travailler.

Je possédais un réveil peu ordinaire : notre petite chatte Moussia. Elle connaissait mon heure de lever. Dans notre chambre, elle montait sur la table de nuit qui se trouvait près de la sortie et du lit de la grand-mère, et avec ses deux petites pattes, entourant le loquet de la porte, elle le tournait et le retournait, me signalant la fin de ma nuit. J'ouvrais la porte et rejoignais la cuisine en sa compagnie. Elle se plaçait souvent sur mes genoux et ronronnait de plaisir sous les caresses. J'appréciais encore plus sa compagnie l'hiver quand il faisait froid car il n'y avait pas de chauffage dans le logement, et elle me réchauffait couchée sur mes cuisses, de sa belle fourrure d'un noir brillant.

Elle avait juste une petite tache blanche sous la gorge, petite Moussia qui, quand les colères de mon frère contre ma mère le poussaient à hurler dans l'appartement, bondissait de mur en mur et finissait par lui sauter dessus, le poil hérissé et soufflant pour montrer sa détermination à défendre sa maîtresse. C'était la gardienne des lieux. Dans la cour de l'immeuble les souris attirées par la farine de la boulangerie devaient bien se tenir. Elle chassait également les gros cafards. Elle fut ramenée d'Algérie après l'Indépendance et s'est perdue en promenade un beau jour dans la forêt de Lesquin aux environs de Lille, lieu de rapatriement de mes parents suite à l'Indépendance de l'Algérie. Nous l'avons cherchée pendant trois longs jours sans succès. Ce fut une bien triste fin pour notre petite Moussia.

A côté des études, il fallait penser à se distraire. Quand les devoirs scolaires le permettaient je sortais en balade avec les amis. Le dimanche nous allions en « surprises-parties » chez les voisines de Jean Arrocena et du peintre facteur à Saint Eugène. Nous ne pouvions plus nous rendre dans les bals de la ville, car des grenades étaient jetées parfois au milieu des danseurs, semant la destruction et la mort. C'était une période difficile pour les jeunes, au cours de laquelle l'amusement le plus anodin pouvait à tout moment se transformer en catastrophe vu l'insécurité régnante.

Nous continuions à aller à la mer sans nous éloigner des plages du littoral voisines d'Oran car c'était prendre le risque d'être enlevé et assassiné. Je passais également des dimanches chez mon oncle Fernand, l'aidant à l'hôtel restaurant, au bar, ou en terrasse, trouvant quand même le temps de me baigner. Puis toujours les parties de cartes avec le copain Yvon et les parties d'échecs chez les Calafell.

Le dimanche soir, invariablement, j'écoutais avec mon père « l'heure du mystère », pièce policière à la radio. Mon frère se joignait quelques fois à nous. J'attendais ce moment avec impatience. La télévision n'existait pas encore et nous profitions de ce plaisir qui aujourd'hui semble totalement désuet. Nous possédions un poste radio, cette merveille bricolée par mon père, fonctionnait fort bien et avait une bonne qualité de son. Nous avions l'oreille collée au haut-parleur, car tout le monde dormait dans la famille. Nous suivions les pièces policières du commissaire Maigret ou d'Agatha Christie. Dans le silence de l'appartement, les bruits d'une porte qui grince, de pas dans l'escalier, le souffle d'une victime qui court nous transportaient dans un monde particulier et le détachement du quotidien faisait un bien évident. A chaque fois il fallait résoudre l'énigme, ce qui n'était pas toujours facile, la solution arrivait ensuite, laissant de bout en bout une place importante au mystère. Quand le sommeil me prenait ou bien devant me lever tôt le lendemain, je partais me coucher laissant à mon père le plaisir de me raconter les séquences que je n'avais pas entièrement écoutées la veille. Nous suivions aussi des émissions de variétés, des pièces classiques, des contes.

Je prenais également un grand plaisir à assister dans les cinémas de la ville à des projections avec conférences d'explorateurs de passage. Je m'évadais en suivant les films et les débats qui les accompagnaient, sur l'Afrique, l'Océanie, l'Asie, l'Australie, le Grand Nord, le Sahara, de bons souvenirs qui donnaient une grande envie de partir vers des contrées extraordinaires et mystérieuses. Le conférencier, souvent l'explorateur Mahuzier, commentait le film muet en ajoutant des remarques qui embellissaient encore plus l'image des paysages sublimes représentés. Il donnait à l'assistance une grande part de bonheur. C'était pour moi, à la fois une révélation sur le monde inconnu des peuplades indigènes, leurs façons de vivre, leurs croyances, et une soif de connaissance des pays de notre planète. Après la projection, je suivais la conférence, les débats intéressants nous apportaient les explications complémentaires aux sujets évoqués. Nous avions également l'occasion, avec le lycée, de voir les grandes œuvres classiques au cinéma, pièces de théâtre filmées : Polyeucte, Le Cid, Phèdre, Hamlet.

Notre vie de famille se déroulait avec les soucis quotidiens : les difficultés financières et les querelles permanentes entre ma mère, ma sœur et ma grand-mère. La promiscuité dans laquelle nous vivions était certainement une cause favorisant les accrochages entre nous. Ma sœur souffrait de crises de tétanie très spectaculaires, et chaque contrariété amenait le déclenchement de l'attaque, c'est dire qu'il fallait ménager nos paroles et laisser faire les choses pour éviter le problème. Certainement elle en profitait.

Ma mère avait souvent des malaises et s'évanouissait fréquemment. Il n'était pas question de consulter un praticien à cette époque, la protection sociale n'était pas ce qu'elle est aujourd'hui, et faire appel à des médecins ou dentistes était un luxe. Je pense à ma mère ou ma grand-mère souffrant d'abcès dentaires sans se faire soigner, attendant, avec une figure déformée par le mal, que l'abcès se vide. Ma grand-mère avait perdu presque toutes ses dents, il ne lui en restait que deux devant. Je la revois manger avec difficulté, grignotant le morceau de pain du bout des deux incisives. Une fois les deux dents disparues, elle arrivait à mâcher en se servant de ses gencives, qui à la longue, s'étaient renforcées jusqu'à présenter la solidité du cuir. Plus tard, alors que les moyens financiers le permettaient, elle a toujours refusé de se faire placer un dentier, cela m'était difficilement compréhensible.

Cette même année fut très difficile, je passais une visite médicale de routine auprès du médecin scolaire et surprise, il m'annonça que j'avais un problème cardiaque. Il ordonna une visite chez un spécialiste, mes parents peu fortunés refusèrent et un généraliste consulté constata un souffle au cœur sans gravité. Il n'en était pas de même pour le médecin scolaire qui contesta le diagnostic du généraliste, mit mes parents en demeure d'interroger un cardiologue et, en attendant une réponse, m'interdit l'accès aux cours. Le spécialiste diagnostiqua la même maladie que mon père avait eue au même âge, une atteinte mitrale due aux angines à répétition mal soignées. Me voilà interdit de sport pendant un an avec un lourd traitement à la pénicilline pour arrêter l'infection. Ce fut pour moi un vrai « coup de bambou ». D'une part je devais dire adieu pour un an au sport scolaire et en club ; d'autre part, j'étais inquiet car il fallait que la valve mitrale infectée retrouve sa forme initiale pour permettre une évolution favorable de la maladie et la guérison. Je comprenais difficilement ce qui m'arrivait, je me demandais si je m'en sortirais, de grosses idées noires m'envahissaient l'esprit. Je devais continuer à suivre mes cours au lycée et supprimer le sport, ce qui était très dur vu mon tempérament de compétiteur.

L'été, ne pouvant pas exercer d'activités physiques je refusai d'aider mon oncle Fernand à l'hôtel restaurant de la plage. Mon frère me remplaça et fit la connaissance de nos cousines par alliance, Malou et Marcelle. Il faut que je m'explique sur ces cousines venant de Toulouse.

Mon oncle s'était remarié et ma nouvelle tante par alliance, Renée — veuve et mère de deux enfants Jean Louis et Martine — recevait ses nièces toulousaines. Renée avait une sœur oranaise Louisette, mariée à un Aveyronnais Lucien. Louisette et Lucien avaient quatre enfants : Malou, Marcelle, Christian, et Philippe. Il est nécessaire de mentionner ici cette famille toulousaine, qui prit par son action, une précieuse initiative dans l'accueil et le réconfort de nombreux exilés lors de l'Indépendance de l'Algérie.

Traumatisé par la maladie je refusais tout contact, je me renfermais sur moi-même supportant très mal le handicap occasionné par l'affection cardiaque. Je me rendais au contrôle du cardiologue, qui n'ayant pas les moyens radiographiques d'aujourd'hui, dessinait le cœur sur un papier transparent au vu d'un écran radio et constatait de visu que l'orifice mitral déformé reprenait lentement sa forme d'origine. Je vivais ces instants avec inquiétude, me demandant si je m'en sortirais, si le mal serait terrassé. L'année fut très longue. Heureusement un beau jour, avec les résultats encourageants qui s'enchaînaient, le cardiologue me déclara guéri et m'autorisa à reprendre le sport. Je me sentais amoindri et n'envisageais plus l'activité sportive dans un esprit compétitif. Ce problème cardiaque fut le déclencheur d'un changement radical dans la confiance en mon corps et mon esprit. Je l'ai vécu longtemps comme une sorte de handicap psychologique, pensant à tout moment que ma vie était fragilisée et qu'il me fallait me préserver en gardant une vie sédentaire. Ayant arrêté le sport, le moindre essoufflement me faisait craindre une rechute, l'anxiété m'a cruellement tenu compagnie et j'ai dû beaucoup lutter pour me sentir à nouveau comme tout le monde.

Les résultats scolaires furent satisfaisants, je passais la première partie du diplôme avec succès et commençais en septembre une terminale avec empressement, me demandant si je devais continuer dans le supérieur ou partir en vie active à la fin du cycle secondaire. Je n'en étais pas encore là mais la préoccupation était présente. L'année scolaire se déroulait normalement, bûchant pour rester en tête de classe et toujours avec la même soif d'étudier, de comprendre, de penser à l'avenir, je commençais à préparer la sortie du lycée. Il était clair que si je devais effectuer des études supérieures, Oran n'ayant pas de Facultés, il me faudrait partir pour Alger. Mais comment faire avec le peu de moyens financiers de mes parents ? Est-ce que j'aurais accès aux bourses ? Je restais dans l'incertitude.

La guerre prenait une grande ampleur et je me demandais si je devais participer un jour au conflit. L'armée offrait aux jeunes lycéens des stages d'initiation dans les unités opérationnelles. Me posant tant de questions sur cette guerre, je décidais de tenter l'expérience, de voir sur le terrain les travaux de pacification entrepris par les jeunes appelés du contingent. Le premier stage fut très physique : je suivis pendant une semaine dans un bataillon commando de marine, leur vie guerrière. Je ne participais pas directement aux opérations, mais je vivais leurs moments forts, tristes ou enragés. Ils partaient deux ou trois jours à sept, pour débusquer les fellagas, vivant comme eux, en pleine nature, risquant à tout moment de tomber dans une embuscade. Le soir au cours de veillées, ils nous racontaient leurs déboires, leurs peines quand un des leurs était tué, leur joie quand ils avaient réussi à accrocher et à abattre des fellagas. Cela paraît déplacé, mais c'est la loi de la guerre où l'affrontement est permanent : certains se battent pour l'Indépendance et d'autres pour défendre trois départements, français depuis cent trente ans. Une logique mise en place par les politiques, dont les conséquences sont souvent désastreuses pour le petit peuple.

J'eus l'occasion de voir les commandos arriver après quatre jours de baroud dans un paysage de montagne, — hostile mais ô combien beau ! — exténués, sales, pas rasés, racontant leurs vaines tentatives pour accrocher une bande. J'ai eu la chance de ne pas assister à des pertes humaines. J'eus également l'opportunité de partir en patrouille en EBR[14] sur des pistes de terre où le danger de l'embuscade planait en permanence.

Le second stage eut lieu près de Tiaret dans une SAS[15]. Les SAS étaient composées d'un médecin militaire, d'un officier commandant l'unité, d'un sous-officier appelé ou engagé, d'un radio, d'une infirmière musulmane, d'un interprète et d'un groupe de supplétifs musulmans. Elles étaient constituées très souvent d'anciens rebelles ralliés à la France ou de jeunes musulmans pro-français dont les parents, frères ou sœurs avaient été égorgés par les rebelles. La base de la SAS se

---

14   Engin Blindé de Reconnaissance, genre de petit tank monté sur pneus
15   Section Administrative Spécialisée

trouvait en plein bled, près d'une montagne dans le Sud Oranais. Durant la journée, l'objectif de la SAS était de se déplacer dans les douars environnants pour soigner les villageois, leur apporter réconfort, médicaments, aliments, lait pour les enfants et de marquer par leur action, la présence française. Ce fut une expérience formidable. Dès l'arrivée dans le douar, les supplétifs se positionnaient sur les hauteurs autour du village, fusil mitrailleur en batterie, près à éventer toute attaque terroriste, tandis que le médecin et l'infirmière commençaient leurs activités auprès des enfants qui souffraient de conjonctivite, de glaucome, de paludisme et de maladies de peau. Beaucoup de monde se précipitait pour bénéficier des soins gratuits. L'ambiance était très chaleureuse et le chef du village nous offrait un thé à la menthe accompagné de pâtisseries locales.

Dans un autre douar[16], nous fûmes invités à manger. J'eus la chance de déguster un couscous au petit lait et raisins secs, présenté dans un plat unique. Nous étions assis au sol en cercle, en compagnie du chef du village : une cuillère en bois passait de l'un à l'autre. Il suffisait de se servir cette belle graine dans la main, et la porter à notre bouche. Ce fut pour moi une initiation gourmande et très appréciable. Pendant ce temps, une viande de mouton, qu'il nous tardait de déguster, grillait sur un feu de bois, à l'écart. Le tout était accompagné d'un délicieux pain cuit dans la cendre, et une outre de

---

16 Groupement d'habitations en campagne

chèvre contenant du petit lait au goût aigrelet constituait notre boisson.

Les relations entre les Berbères et la France étaient ambiguës. Très souvent les douars constitués en autodéfense avaient choisi le camp de la France et leurs occupants étaient armés pour se défendre contre les Indépendantistes. Mais les musulmans fidèles à la France se sentaient coupables vis-à-vis de leurs coreligionnaires rebelles, et ignoraient totalement ce qu'allait être leur avenir.

Certains chefs de douars usaient du double langage : ils composaient avec la France le jour, et dialoguaient avec les rebelles la nuit, ils les approvisionnaient en nourriture et leur remettaient les médicaments qui leur avaient été distribués par l'armée.

Un soir je fus réveillé par de puissants tirs d'artillerie : je me levai pour aller aux nouvelles et je vis le canon de 75 sans recul pointer et tirer vers un piton. Renseignements pris auprès de l'officier, il me désignait un coin de montagne où un fellaga imprudent avait allumé un feu, se signalant, ce qui avait entraîné une réaction immédiate de la batterie française. L'officier me confirma que très souvent ils pouvaient voir dans la nuit, sur les hauteurs, les déplacements de groupes de fellagas[17] cigarettes aux bouts de leurs doigts, se déplaçant. Ces derniers essuyaient automatiquement des

---

17 Combattants indépendantistes algériens

tirs à distance au mortier et au canon de l'armée française.

Un autre fait m'a beaucoup marqué. Un matin, l'infirmière musulmane passe devant ma chambre avec une enfant qui se plaint dans les bras. Elle la dépose sur la table d'auscultation et la jeune patiente est aussitôt prise en charge par le médecin militaire. Celui-ci entre dans une colère terrible, je suis étonné de sa réaction. Il entreprend une longue consultation de l'enfant avec l'infirmière et prodigue rapidement des soins attentifs. Je suis toujours dans l'ignorance, assistant de loin aux actes thérapeutiques. Un peu plus tard l'infirmière musulmane me donne des éclaircissements : la petite fille de onze ans, mariée à un touareg adulte, avait subi des rapports sexuels forcés qui lui avaient déchiré le vagin. Nous nous trouvons au début du Sahara où la pratique bédouine du mariage arrangé avec de très jeunes filles était courante. Les blessures se soignaient avec un mélange de terre, d'excréments de chameau et de plantes médicinales. La fillette était complètement infectée, et j'ai vu l'infirmière pleurer en me narrant l'état du bas ventre de la malheureuse. L'enfant est décédée dans les heures qui ont suivi, d'une septicémie aiguë, les antibiotiques administrés trop tard n'avaient été d'aucun secours.

Cette journée pleine de tristesse nous a marqués. Les discussions furent animées du matin au soir. L'incompréhension de cette pratique barbare qui sévit encore de nos jours dans les coins retirés du Maghreb et du Grand Sud Saharien, fut partagée même par le personnel musulman, impuissant à proposer des changements à ces usages.

Le lendemain, l'officier fut informé d'un problème important qui se déroulait dans une autre partie du territoire qu'il administrait. Il m'invita à l'accompagner et m'expliqua ce qui se passait. Pour combattre les katibas rebelles, l'armée avait créé un no man's land, c'est-à-dire une grande zone aux mains des fellagas, interdite à toute présence humaine. Les rebelles n'ayant plus de support logistique fourni par la population, n'avaient aucune chance de combattre l'armée française avec efficacité.

Les autorités françaises avaient fait construire, dans une zone sécurisée transformée en autodéfense, des petites habitations pour loger les personnes déplacées. Quelques jours auparavant, ces habitations avaient été distribuées et nous nous trouvions face à une grande manifestation organisée par les nouveaux propriétaires, dont le motif échappait à l'officier SAS.

Arrivés sur place nous apercevons effectivement tous les habitants, hommes, femmes avec leurs enfants dans les bras, hors de leur masure et très en colère. Le chef du village s'adresse à l'interprète qui restitue les doléances des plaignants et nous explique la contestation : les nouveaux propriétaires refusent les logements qui leur sont attribués parce qu'il y a des fenêtres et que les murs de clôture du patio intérieur ne cachent pas les femmes qui sortent dans la cour. Nous restons perplexes et sans solution immédiate. Ces habitations de qualité auraient rendu jaloux les mal-logés d'Algérie et de métropole. Le responsable du village, très irrité, conteste les nouvelles modifications que l'officier s'engage à mettre en place. Ce refus d'occuper ces nouveaux logements vient certainement d'un ordre du chef FLN du secteur.

L'armée française a beaucoup misé sur la pacification. Cette guerre moderne se décompose en deux actions majeures : l'une consiste à effectuer des opérations de maintien de l'ordre dans les villes et des actions psychologiques dans les campagnes. La seconde, militaire, a pour objectif de protéger les populations contre les actes de guérilla du FLN qui, par la lutte armée revendique l'indépendance de l'Algérie.

L'armée de métier[18] et le contingent[19] composent la force d'intervention militaire. Le corps d'armée constitué en régiments, bataillons, compagnies et brigades assure la sécurité du pays et répond à la guérilla du FLN en déclenchant des opérations de destruction de bandes, des embuscades, des occupations de villages, avec ce double objectif : conserver la protection de la population indigène favorable à la France, et assurer la sécurité des routes et des campagnes. Les actions essentiellement militaires sont soutenues par l'aviation et les blindés si le besoin s'en fait sentir.

---

18   Gendarmes et militaires de carrière
19   Français de souche européenne et musulmane appelés sous les drapeaux

Parallèlement l'action psychologique est développée dans les campagnes. Elle consiste à se rapprocher des populations pour ne pas laisser le FLN maître du terrain. L'accueil est toujours bon mais avec l'hypothèse que les mêmes personnes recevront dès notre départ la visite des insurgés qui ont besoin de médicaments et de nourriture pour subsister. Dans cette action, la France se heurte à des limites en prodiguant des soins à la communauté arabe très refermée sur elle-même, dominée par la religion et les principes ancestraux depuis des millénaires.

Le médecin vaccine, soigne les yeux, car nombreux sont ceux qui ont un glaucome ou diverses maladies engendrées par une hygiène souvent douteuse. La femme arabe se tourne en priorité vers l'infirmière musulmane mais accepte si nécessaire, l'auscultation du médecin français.

La population bénéficie également d'une distribution de vivres, reçoit du matériel pour effectuer des travaux de maçonnerie, et, en complément, des outils adaptés à la culture maraîchère ainsi que des graines à ensemencer pour la culture potagère.

Malheureusement ces actions sociales et humanitaires ne se passent pas toujours bien : il arrive parfois qu'avec la complicité de certains Arabes indépendantistes, une embuscade soit dressée au retour du groupe de visiteurs et que les bienfaiteurs, surtout Européens, soient massacrés dans d'affreuses conditions.

Dans certains villages formés en autodéfense, les habitants rejettent l'idée d'indépendance ; ils sont armés et se défendent des attaques des fellagas avec l'appui de soldats du contingent et d'un officier français. Des classes primaires sont ouvertes. Au début, une certaine réticence des musulmans à scolariser leurs enfants se manifeste, puis de plus en plus d'élèves commencent à fréquenter l'école à la grande satisfaction des autorités locales de tous bords. Nous voyons naître à cet effet un nouveau corps d'enseignants, appelés « instructeurs », qui sont nommés dans le bled. L'Éducation Nationale, sur la base du volontariat, recrute sur titre des bacheliers et des titulaires du brevet élémentaire pour dispenser l'enseignement primaire dans les villages retirés. Il faut rendre hommage à ces jeunes, de toutes confessions, venus de métropole ou d'Algérie, les remercier du travail qu'ils ont fourni dans des conditions très difficiles, sans formation, avec un cœur, une volonté et une motivation exemplaires. Après l'indépendance, ils seront reconnus par leur administration et reclassés dans le corps des instituteurs, apportant dans leur nouveau poste en métropole, un savoir-faire, une expérience et une disponibilité qui leur firent honneur. Malheureusement quelques-uns ont payé de leur vie leur dévouement à l'action de notre pays dans une Algérie encore française

8

Le bloc couronne

1958 – 1959. De retour de ces formations dispensées par les militaires, j'ai repris les études avec un sentiment d'incompréhension face au déroulement des événements tragiques qui touchaient notre pays.

En métropole les gouvernements successifs n'arrivent pas à résoudre le problème algérien malgré un changement impressionnant de Premier Ministre. D'immenses rassemblements organisés par les européens s'étendent dans toute l'Algérie.

A la suite de l'assassinat de trois militaires français prisonniers en Tunisie, fusillés par le FLN, de grandes manifestations éclatent à Alger Oran et Constantine. Par peur d'un débordement ingérable, l'armée crée un Comité de Salut Public le 13 Mai 1958, avec des élus et les Pieds-noirs d'Algérie qui, dans un immense sursaut d'espoir, font appel au Général De Gaulle. Comme tous les lycéens d'Oran et les étudiants d'Alger, je suis embrigadé dans des manifestations monstres. Notre rôle à Oran consiste à attaquer les CRS[20] et les gendarmes, fidèles au gouvernement en place, depuis notre quartier. De violents affrontements ont lieu. Je participe avec

---
20 Compagnie Républicaine de Sécurité

d'autres lycéens à des actions de harcèlement contre les forces de l'ordre, qui se terminent en faisant rouler depuis le haut de ma rue, de gros fûts de vins vides pris à la cave vinicole Sénéclause.

Le gouvernement démissionnaire sollicite le Général De Gaulle, qui est investi des plus hautes fonctions de l'État, au grand désespoir des Anciens Combattants de la Deuxième Guerre Mondiale, et des Européens d'Algérie, qui ont un avis contraire quant au choix du Général pour régler le problème algérien. En effet, il existe un contentieux important entre De Gaulle, les Pieds-noirs et les musulmans.

En fait De Gaulle n'aime pas les Français d'Algérie, car, sous le commandement du Général Giraud au début de la guerre de 1939, ils sont restés un moment fidèles à Pétain, avant de rallier le Général de Lattre et d'effectuer — avec l'Armée d'Afrique — la glorieuse campagne de France jusqu'en Allemagne

Mais De Gaulle fait naître un espoir formidable. Il se développe dans le bled et dans les villes, une fraternisation de grande ampleur entre musulmans et européens. Les phrases prononcées par notre nouveau Président sur le forum d'Alger après son élection « Je vous ai compris », « la France de Dunkerque à Tamanrasset » nous donnent de l'assurance devant sa détermination à garder l'Algérie Française et sa volonté à intégrer le peuple musulman dans la France. Sur le terrain, les rebelles essuient de gros déboires militaires.

Dans un premier temps le discours de De Gaulle et la réaction favorable des musulmans posent des problèmes au GPRA[21] exilé en Égypte ou en Tunisie

    La situation politique évolue, devient notre préoccupation majeure, et arrive le moment où je dois faire un choix sur mon avenir. Nous développons, entre élèves, de grandes concertations sur notre orientation après le diplôme de fin d'études secondaires. Le souci se situe au niveau des études supérieures : elles se déroulent à Alger, et exigent des moyens financiers importants. Déjà, certains d'entre nous commencent à chercher la branche dans laquelle ils entreront en vie active. Connaissant la réalité économique de mes parents, il m'est impossible de songer à entreprendre des études supérieures. Pourtant le temps passe et les résultats scolaires en progrès me permettent de postuler à l'entrée en classe préparatoire en école professionnelle. Les professeurs souhaitent que j'établisse un dossier pour intégrer l'Ecole Nationale Professionnelle de Dellys. Nouvelles discussions avec mes parents qui aboutissent toujours au même problème : avec quels moyens ? J'envisage deux scénarios : le premier consiste à présenter le dossier d'admission ainsi qu'une demande de bourses et si je suis retenu, de chercher du travail les deux mois d'été pour ramasser le pécule nécessaire, le second à présenter en juin, un concours administratif. Je me trouve dans l'incertitude pour les deux mois restants.

---

21   Gouvernement Provisoire de la République Algérienne

Le résultat de l'inscription à Dellys me parvient: je suis retenu avec quatre autres élèves ; il faut pour cela, réussir l'examen final au lycée. Mauvaise nouvelle : je ne suis pas boursier car j'ai deux années de retard dans mes études. En solution de secours, au mois de juin, je passe le concours d'agent des installations téléphoniques aux PTT[22] en espérant un succès et une intégration en cours d'année.

Je suis content de la tournure des événements et j'attends avec impatience la fin d'année scolaire, qui me conduit vers mon rêve : celui d'entreprendre des études supérieures.

Voici le grand moment tant attendu : j'obtiens mon diplôme ! La joie m'envahit, un sentiment de justice me traverse car j'avais beaucoup travaillé pour cela, après un faux démarrage scolaire et un redoublement, deux épreuves qui m'ont fait rebondir. J'ai dix-neuf ans et le retard dans les études est compensé par la réussite dans mes objectifs, cela est important.

Je n'ai jamais baissé les bras, bûchant pour avoir un emploi et un niveau social supérieur à celui que nous avions. Je voulais surtout éviter à ma future famille les passages très difficiles que traversaient mes parents. C'est à ce moment que l'on se rend compte de l'importance de la prise de conscience ; s'investir pour tirer vers le haut les données intellectuelles, sociales et familiales qui sont les nôtres ; faire constamment le point et tenter

---

22   Poste Télégraphe Téléphone qui va devenir Poste et Télécommunications, (aujourd'hui Orange)

d'améliorer sa condition sans espérer un quelconque secours ou une assistance programmée ; ne pas hésiter, pour sortir d'une situation précaire, à s'engager personnellement tant et plus et ne rien attendre des autres ; se promettre de ne plus subir les moments de disette par manque de moyens financiers pour faire vivre une famille. Ce sont en tous cas les objectifs que je me suis fixés. Mon père n'y est pour rien dans sa propre vie d'ouvrier : orphelin à treize ans, apprenti mécanicien à quatorze, il ne doit sa situation qu'à son énorme courage et à sa détermination pour élever notre grande famille. Je suis encore reconnaissant des efforts considérables qu'il a entrepris en permanence pour essayer de subvenir à nos besoins.

Je demande un sursis pour études et m'empresse de chercher un emploi pour les deux mois d'été. Embauché dans une usine qui répare les moteurs américains de camion de marque GMC[23] vendus à l'armée française, j'occupe un poste de rectifieur-aléseur. Ces véhicules utilisés pendant la Seconde Guerre Mondiale puis en Indochine finiront leur service sur le sol Algérien. Un manœuvre me dépose le bloc moteur sur la table de la machine-outil de précision et je dois calibrer les cylindres du moteur pour leur donner une seconde vie. L'accord positif de l'autorité militaires à propos de mon sursis d'incorporation me parvient dans les jours suivants.

---

23 Camions militaires construits par Général Motors et Cie

Concernant la poursuite en internat de mes études supérieures à Dellys, je reçois la facture à payer. Soucieux, ne pouvant rien espérer de mes parents, je me tourne vers l'oncle Fernand qui exploite un hôtel restaurant aux Sablettes en bord de mer sur la plage de Bouisseville. Lieu où j'ai passé une partie des vacances d'été l'année précédente. Il m'engage les samedis et dimanches en qualité de serveur au bar et au restaurant ce qui me permet de rajouter un petit pécule à mon salaire de rectifieur, mais cela ne suffit pas. Mon oncle promet de m'aider si sa situation financière le permet après son bilan d'été.

Je continue à travailler chez lui jusqu'à la fin des vacances d'été, ce sera un tournant de ma vie. En effet je fais la connaissance de Marcelle, la nièce de sa nouvelle femme Renée venant de Toulouse passer ses vacances à Bouisseville. Une idylle platonique est née entre nous, elle aura une grande importance.

La saison de plage terminée, il fallut bien me rendre à l'évidence : je n'avais pas le budget nécessaire à la poursuite des études. Avec une grande rancœur je vis en Septembre le copain Pierrot partir pour Dellys et Charly intégrer une école d'ingénieur en métropole.

Dans le même temps, le contrat qui me lie à l'entreprise se termine. Je languis de connaître le résultat du concours administratif. Je suis reçu, j'attends la convocation pour une formation de six mois, qui se déroule à Alger. Je suis rémunéré immédiatement, logé par la Poste dans un centre d'accueil administratif pour stagiaires et je dois rejoindre Alger fin novembre pour commencer ma formation le premier décembre.

DEUXIEME PARTIE

La prise de conscience

9

Les sables mouvants

Une nouvelle période de ma vie et de nouveaux événements vont changer mon existence et me conduire sur un parcours riche en rebondissements.

Des faits importants plongent le pays dans un dilemme sans suite positive, il s'agit des conditions insurrectionnelles que nous vivons. Nous sommes en fin d'année 1959, des bombes explosent, les attentats individuels se multiplient dans les villes d'Algérie. Dans le bled, les forces de l'ordre réagissent aux attaques de postes et embuscades menées par les dissidents algériens et leurs alliés communistes, par des opérations de ratissage[24]. Sur le plan politique, cela ne va pas mieux, l'État est incapable de prendre une ligne salvatrice face aux événements douloureux qui déchirent la France. Au niveau international, notre pays est rejeté, considéré comme un état colonisateur refusant d'admettre les mouvements d'indépendance qui éclatent dans le monde, en Afrique, au Moyen Orient, en Asie.

---

24 Éléments militaires déployés qui ratissent le terrain pour débusquer les fellagas

Je me dois de faire un retour dans le passé pour tenter d'expliquer la situation dans laquelle nous nous trouvions et quelles issues se présentaient à nous.

L'Algérie a subi des occupations de toutes sortes jusqu'à l'invasion française déclenchée à la suite d'un différent entre notre pays et le Bey[25] d'Alger en 1830. Les Français ont délivré les Algériens de l'occupation turque et occupé l'immense pays, peuplé d'environ cinq millions d'habitants. La contrée était alors habitée essentiellement de paysans, logeant dans des mechtas, — habitacles en terre —, possédant quelques troupeaux, et vivant dans des conditions assez misérables. C'était également un pays tribal, qui, avec ses responsables, beys, sultans, caïds[26] représentait une élite disparate, respectueux de la religion et de l'éducation familiale, très inspiré du Coran dans les actes du quotidien.

La France a pensé trouver en ce pays un Eldorado qui lui permettrait d'agrandir les possessions hors hexagone et de conforter son empire colonial d'une grande partie de l'Afrique et du Sahara. Elle transforme le pays en souveraineté française jusqu'à intégrer cette possession dans la Constitution. L'Algérie est alors divisée en quatre grandes régions : L'Algérois, capitale Alger - l'Oranie, capitale Oran — le Constantinois, capitale Constantine — et la région du Grand Sud Saharien. La France donne au même moment le statut de

---

25 Haut dignitaire musulman
26 Chef arabe religieux et administrateur

Protectorat à la Tunisie et au Maroc, promettant protection et aide aux deux pays toujours menacés par l'envahisseur turc. La voilà donc, en grande nation colonisatrice, possédant toute l'Afrique du Nord et le Sahara.

Il est important de replacer les choix effectués par la France dans le contexte de l'époque : la course à l'extension des empires coloniaux entreprise par des nations fortes, comme l'Angleterre, le Japon, l'Allemagne, la Chine, la Russie.

Installée en Algérie en 1830, la France a commencé à construire routes, ponts, hôpitaux, villes. Elle encourage l'immigration. En 1870, la guerre perdue contre l'Allemagne a favorisé la migration vers l'Afrique du Nord des Français — Alsaciens et Lorrains dont mes ancêtres font partie — qui ne voulaient pas subir l'annexion de l'Alsace Lorraine par l'Allemagne. Voilà une aube nouvelle pour l'Algérie qui voit arriver des milliers d'expatriés. Ceux-ci s'empressent de défricher le pays, créer des structures de commerce, développer l'agriculture, l'élevage, la pêche, l'industrie chimique, la prospection des métaux rares, de bâtir des routes, des hôpitaux, des barrages, des canaux d'irrigation. Un déplacement considérable de population s'en est suivi : Espagnols, Maltais, Italiens, Juifs de divers pays.

Les Européens, en vrais initiateurs, construisent un pays nouveau avec un entrain, une volonté, une persévérance et un courage sans aucune mesure. Les maladies, les fièvres et la fatigue ont eu raison de beaucoup de ces pionniers qui ne pensent qu'à faire prospérer le beau pays qu'ils découvrent. La France envoie également en exil en Algérie, les indésirables : malfrats, déportés politiques ou condamnés de droit commun.

Bientôt s'est constituée dans le pays, grâce à l'ingéniosité des migrants, une activité céréalière qui exporte son blé vers la France. Avec l'irrigation, de grandes plaines autrefois stériles ont commencé à produire des vergers immenses : pommes, pêches, abricots, oranges, poires, prennent naissance dans les grandes étendues désormais fertiles. Légumes potagers, vignes, champs d'orge, d'avoine, de blé s'étendent à perte de vue sous un ciel d'azur. Dans le sud saharien les palmeraies mieux entretenues produisent d'abondantes récoltes de dattes. Les grandes plaines de la Mitidja Algéroise deviennent le grenier de l'Algérie et de la France.

En Oranie, les plaines du Sig sont arrosées à grande échelle et fournissent l'agriculture nécessaire à tout le secteur. La région de Tlemcen, appelée la petite France de par son climat et sa végétation, devint une énorme productrice de cerises et de bigarreaux.

Il est certain que la prospérité n'a pu se faire sans l'aide de la population algérienne, toute contente de se trouver autant de protecteurs dont le savoir-faire lui permet d'évoluer dans ses connaissances. Mais en même temps, le peuple très sédentarisé et empreint d'un sentiment religieux qui est son vecteur de vie, se retrouve au rang permanent de subalterne. Le colon européen emploie un groupe d'autochtones confiant à l'un d'entre eux la bonne marche du service en le responsabilisant comme contremaître. Les basses besognes deviennent le lot des nouveaux bâtisseurs, une grande partie de la main d'œuvre part vers les villes et travaille dans le bâtiment, les réseaux routiers, les ports. La pêche connaît également un essor important.

La situation se stabilise pendant plusieurs dizaines d'années, puis les deux grandes guerres vont apporter leurs malheurs aux populations européennes et musulmanes dévouées envers un pays dont elles se sentent les artisans, et partenaires à égalité avec le peuple français de métropole. Après la guerre de 1914, celle de 1939 est aussi révélatrice du dévouement sans borne du peuple d'Algérie envers le pays frère. Elle permet un moment de fraternisation important entre Musulmans et Européens, une véritable alliance émane des épreuves. Notre génération, native d'Algérie depuis trois décennies, a vécu ce rapprochement avec naturel.

Cette entente nous réunit, à l'école, dans nos jeux de tous les jours, nos échanges de culture, de nourriture, de principes familiaux.

Tout cela s'est atténué en grandissant pour des motifs divers.

En effet, il n'est pas bien vu que les Musulmans fassent des études secondaires, non seulement du point de vue des parents, qui privilégient l'École Coranique, mais également des dirigeants européens qui ne veulent surtout pas d'une élite musulmane importante.

La bigamie, et la natalité des Musulmans trois à quatre fois supérieure à celle des Européens d'Algérie, contrarient beaucoup les aspirations égalitaires qui régissent les deux communautés.

De plus, les Musulmans vivent très sobrement et se nourrissent bien différemment. Il leur faut peu de ressources pour subsister ce qui inquiète les Européens, raisonnement simpliste et pas du tout humaniste : à salaire égal, les musulmans ayant moins de dépenses dans leur quotidien s'enrichissent plus vite.

Ces allégations impliquent que les Européens d'Algérie restent confrontés à une peur de l'Islam et à la natalité galopante du peuple musulman.

Les gouvernements successifs ont compris la disparité et la peur de l'hégémonie toute relative du peuple autochtone. Ils essaient malgré tout de donner des responsabilités aux Musulmans. Nous voyons apparaître des Maires, des Gardes Champêtres, tandis qu'une élite arabe commence à prendre naissance : professeurs, instituteurs, députés, fonctionnaires.

Vient la guerre d'Indochine. De nombreux Algériens d'origine Musulmane s'engagent et partent défendre l'Indochine Française. Puis souffle un vent d'indépendance en Algérie, les événements de Sétif que je rappelle brièvement sont des éléments favorables à ce début d'insurrection : massacres d'Européens, et la répression sanglante de l'armée française, qui se solde par des milliers de morts musulmans. Suit la défaite de l'armée française en Indochine et l'indépendance du Vietnam qui sont un véritable déclencheur pour les mouvements indépendantistes du monde entier.

Les prisonniers Français-Musulmans subissent un traitement de faveur, sont endoctrinés par les communistes vietnamiens et préparés à la lutte armée dans le but de favoriser les mouvements d'indépendance des pays colonisés d'Afrique du Nord.

Cela est actualisé sur le plan international par des intérêts financiers importants, d'autant plus que la France vient de découvrir du pétrole au Sahara à Assi Messaoud. Une grande nappe qui promet l'indépendance énergétique pour notre pays, et une raison qui dresse automatiquement les grandes nations comme les Etats-Unis, l'URSS, l'Angleterre, contre la France.

L'insurrection est déclenchée en terre algérienne le premier novembre 1954, jour de la Toussaint. Un car transportant des voyageurs est arrêté sur une route de Kabylie, un couple d'instituteurs européens agressé, l'enseignant et un maire musulman sont exécutés. Au même moment dans différents points d'Algérie, des bombes explosent sans faire trop de dégâts, mais le mouvement indépendantiste par ces actions, prouve son existence et va se développer. Ces attentats sont signés par le FLN.

Pour l'État français, cela ne peut être que l'action d'une bande de malfrats qu'il est très facile de maîtriser. On fait appel aux forces de l'ordre, gendarmes, policiers, le résultat est peu satisfaisant et l'armée de métier intervient pour tenter de rétablir l'ordre. L'action subversive provoquée, parfaitement organisée, parait peu résistante. On déchante vite. La situation se détériore, les violences des fellagas s'intensifient contre tout ce qui représente la France : les militaires subiront des embuscades meurtrières. Les attentats individuels contre les civils s'étendront, de même que « les assassinats programmés » de Musulmans : anciens combattants, garde-champêtres, caïds. Les attaques de fermes tenues par des Européens se développent dans tout le pays, et se concluent dans des conditions atroces par le massacre des occupants, hommes, femmes, enfants. Les populations des villages arabes francophones sont exterminées par les mêmes fellagas, comme à Melouza, village martyr où trois cent quinze hommes, femmes, enfants sont massacrés dans des conditions épouvantables par une katiba[27] du FLN.

Les dirigeants français commencent à prendre les choses au sérieux. Sur le plan politique, la situation demeure ambiguë. L'extrême gauche et les intellectuels fustigent le gouvernement, les socialistes au pouvoir promettent de garder à jamais l'Algérie française, partie

---

27 Unité de l'armée algérienne de la valeur d'une compagnie (100 à 150 Hommes)

intégrante de la France. Ils décident de durcir l'action militaire, on ne parle pas encore de guerre, mais de « pacification ». Les hommes âgés de vingt ans effectuent un service militaire obligatoire de dix-huit mois : ils constituent les appelés du contingent que l'on envoie en renfort en Algérie. On rappelle des militaires des classes libérées. Le service militaire est étendu à vingt-quatre mois puis à vingt- sept. Quatre cent mille jeunes appelés partent chaque année de 1954 à 1962 défendre les départements, français par la Constitution.

Sur le terrain, la situation se durcit : les fellagas recevront l'aide de pays étrangers, des voisins directs, la Tunisie et le Maroc où des camps d'entraînement se développent au-delà de ces deux frontières. Des pays communistes fournissent armes et munitions aux insurgés.

Sur le plan diplomatique, les rebelles instaurent, en exil, un Gouvernement Provisoire de la République Algérienne (GPRA) avec l'assentiment de nombreux pays et la France est mise au banc des accusés à la Société des Nations. Sur le terrain, l'ALN, s'organise, crée des katibas de cent cinquante combattants, unités très mobiles qui bénéficient de la complicité de la population locale arabe, de la bonne connaissance du terrain. Cela leur donne un certain avantage dans les combats livrés contre les troupes françaises. Les rebelles tendent des embuscades aux petits détachements français, en corvée d'eau ou de ravitaillement. Les postes militaires disséminés dans le pays sont attaqués, toujours de la même façon. Les combattants de la katiba utilisent l'effet de surprise contre des éléments militaires français esseulés. Par leur nombre, ils ont rapidement le dessus, ne leur laissent aucune chance de survie, et se délectent à infliger des tortures atroces aux blessés avant de les égorger. Leurs attaques fulgurantes exercées, les rebelles décrochent très rapidement, et vont se disperser au maximum ne donnant aux détachements militaires français aucune possibilité de poursuite. Les prisonniers qu'ils font sont emmenés dans les caches, violentés, torturés et égorgés.

Les troupes françaises réagissent à la tactique de guérilla : elles montent immédiatement après les attaques, des opérations d'envergure avec la légion étrangère. Les commandos marines, les parachutistes, le contingent (appelés) et les Harkis, bouclent de grandes surfaces autour du lieu de l'agression, mettent en place un ratissage, suivit de fouilles de terrain, de grottes, et tentent d'éliminer physiquement l'ennemi du secteur.

Les frontières marocaines et tunisiennes sont verrouillées par un important dispositif de surveillance, patrouilles mobiles et construction d'un réseau électrifié, ce qui diminue considérablement les franchissements de frontières par les hors-la-loi.

D'importantes opérations dites « jumelles » sont menées sur tout le territoire sous le commandement du Général Challe : on occupe le terrain pour déranger l'ennemi et lui rendre la vie difficile, on monte des embuscades, on le poursuit lorsqu'il est repéré par l'aviation. Le fellaga n'est plus maître chez lui, on ne lui permet aucun repos, on le prive de ravitaillement en armes, en munitions et en vivres. En parallèle se développe l'action psychologique auprès de la population arabe pour tenter de la détacher du combattant rebelle, tactique qui commencer à porter ses fruits.

Pourtant la situation des Algériens de toutes origines se dégrade, car les populations se sentent abandonnées par les politiques. De grandes manifestations en faveur de l'Algérie Française éclatent dans tout le pays, une réelle fraternisation prend forme entre musulmans Algériens et Pieds-noirs.

L'armée veut garder la situation en main. Le 13 mai 1958 sous la pression de la rue, le général Massu prend le pouvoir à Alger et suscite la création d'un Comité de Salut Public.

La venue au pouvoir de De Gaulle est plébiscitée, le gouvernement français, dépassé par les événements, abdique et investit le Général dans les plus hautes fonctions de l'État. Pour les Français d'Algérie, la majorité des musulmans et l'armée, c'est une aubaine. Cette arrivée nous fait croire que l'Algérie restera française. De Gaulle, investi de tous les pouvoirs, vient à Alger et proclame « *Algérie une et indivisible de Dunkerque à Tamanrasset* ». Le « *Je vous ai compris* » était un immense espoir pour le peuple algérien de tous bords et pour l'armée à qui on a demandé de garder le pays, à tout jamais terre française. Ces nouveaux événements créent une formidable dynamique d'espérance et de joie pour les habitants. Le FLN accuse le coup et son moral est au plus bas.

Dans les villes algériennes, on fait appel aux civils européens et musulmans de trente-cinq à cinquante ans pour suppléer l'armée. Ils sont constitués en sections de « territoriaux » en arme chargés du maintien de l'ordre. Ces hommes, pères de famille pour la plupart, sont mobilisés un jour par semaine. Ils patrouillent avec les gendarmes et procèdent à des bouclages dans les cités, dans le but d'entraver l'action du FLN.

Dans les campagnes, la pacification prend forme. On crée des SAS : ces petites unités mobiles parcourent le bled en prodiguant soins, conseils, aides techniques, elles distribuent du matériel, de l'outillage, des vivres, dans les mechtas[28]. Sur le plan scolaire, les enfants arabes fréquentent à nouveau « l'école française ».
Parallèlement, l'armée intensifie les opérations contre les rebelles, elle conçoit des villages d'auto défense en armant les musulmans fidèles à la France, décrète des zones interdites dans les territoires aux mains du FLN et déplace les populations arabes pour les installer dans des villages aux infrastructures flambant neuf. Elle a alors tout loisir de « nettoyer » la zone libérée de combattants ennemis.

---

28 Habitations rurales et montagnardes arabes

Malheureusement les belles demeures ne sont pas construites dans la configuration souhaitée par les musulmans attachés à leur Charia[29]. Beaucoup de villageois sont retournés dans leurs mechtas après de difficiles négociations avec l'armée française. C'est, pour le FLN, une victoire acquise sans effort, sans combattre.

Malgré les contraintes religieuses auxquelles elle se heurte, l'action psychologique continue à se développer pour le grand bien du peuple musulman trop souvent abandonné par le gouvernement français. L'armée trouve par la même occasion, une solution pour les appelés, objecteurs de conscience, qui refusent de se battre. Ils sont employés dans l'action psychologique, ils saisissent dans l'activité humanitaire une bonne raison pour satisfaire les sentiments philanthropiques qui les animent et peuvent aider en bonne conscience la population arabe.

Sur le plan militaire apparaissent de nouvelles unités combattantes françaises, les « harkas », dont le soldat est appelé « Harki ». Essentiellement composées de musulmans, les unités comptent dans leurs rangs des rebelles ralliés et de jeunes Arabes dont des parents, frères, sœurs, femmes, enfants ont été massacrés par les rebelles pour leurs sentiments pro français. Le harki est un combattant redoutable, sans pardon, sachant très bien se battre et répondre à la sauvagerie de ses adversaires par une brutalité tout aussi inhumaine que celle utilisée

---

29 Code de conduite islamique

par les rebelles. Les trois cent mille harkis engagés avec la France paieront un lourd tribut au moment de l'indépendance de l'Algérie, car ils seront abandonnés en partie par l'armée française, sur ordre du gouvernement français.

Le politique se détache du militaire, le gouvernement est incapable de suivre une ligne directrice cohérente. Il est vilipendé de l'extérieur par toutes les nations, et abandonné de l'intérieur par la gauche qui rejoint l'extrême gauche et devient tout à coup « indépendantiste ». Les Français d'Algérie et les musulmans francophones ne sont plus écoutés. Les discours politiques sont pleins d'ambiguïté, on parle d'autodétermination, l'armée est dans l'expectative, à Alger, c'est la révolte. Nous sommes en janvier 1960. De grandes manifestations sont organisées et des barricades sont dressées le 24 Janvier. Les territoriaux se joignent aux insurgés, des escarmouches entre les forces de l'ordre et les manifestants éclatent et on relève de nombreux morts et blessés de chaque côté, l'épreuve de force est entamée avec le gouvernement.

De Gaulle envoie son premier ministre Michel Debré, fervent partisan de l'Algérie Française, négocier avec les insurgés. L'armée française, composée de parachutistes retirés du bled et de quelques compagnies d'appelés, bouclent Alger et remplacent les forces de l'ordre, (CRS et gendarmes mobiles). Face aux insurgés, Debré demande que l'armée fasse évacuer les barricades.

Devant la détermination des manifestants armés et prêts à mourir pour l'Algérie Française, l'armée refuse de tirer sur des Français qui défendent leur pays. Les parachutistes évitent l'affrontement, c'est l'impasse. Debré retourne à Paris et communique à De Gaulle la réponse des Généraux qui constatent le flou politique du gouvernement et excluent de continuer le combat contre l'ALN (Armée de Libération Nationale) dans ces conditions. Ils demandent au chef de l'État et à son gouvernement d'avoir une position plus claire dans sa détermination à garder ces départements français.

De Gaulle cède provisoirement aux désirs des insurgés et des militaires et leur fait encore croire à une Algérie française, mais on sent des faiblesses dans ses discours et dans ses actes. Il ne laisse aucun doute sur son désir de mettre en avant le principe d'autodétermination du peuple algérien. Ce choix ne peut que conduire à l'Indépendance.

A Alger les esprits s'apaisent. Les parachutistes négocient la reddition des insurgés. Lagaillarde, le représentant des étudiants, et Ortiz le responsable des civils en armes et des territoriaux, se rendent avec les honneurs après avoir eu l'assurance que l'Algérie restera Française, propos faiblement prononcés par le gouvernement. Ils déposent les armes, ne subissent aucune condamnation mais, comme sanction, ils vont rejoindre des unités combattantes dans le bled.

Sur le terrain, la situation militaire s'améliore, des luttes intestines déciment les rangs des combattants de l'ALN. Le MNA[30] de Messali Hadj, de tendance modérée, se heurte au dur FLN qui règne sans partage, et des luttes fratricides entre les deux factions se déroulent dans le bled. D'importants combattants du MNA sont égorgés tandis que le même combat se produit également en France métropolitaine. Les collecteurs de fonds ne savent plus à qui ils ont affaire. Une formidable épuration décime les rangs du MNA qui disparaît pratiquement de la scène politique et militaire. Certains Moudjahidin[31] rescapés rallient les forces françaises et intègrent la petite armée de combattants musulmans (commando Cobra) commandée par le Bachaga[32] Boualem, qui défend l'Algérie française. De Gaulle préconise la paix des braves et demande un ralliement sans conditions, des combattants rebelles musulmans. Le résultat n'est pas un franc succès.

Bien au contraire, le GPRA très soutenu par la politique internationale, demande aux combattants d'intensifier la lutte armée. Le terrorisme urbain prend des proportions importantes dans les villes, des bombes explosent aux arrêts de bus, dans les cafés, les restaurants, les morts européens se comptent chaque jour par dizaines.

---

30 Mouvement Nationaliste Algérien
31 Soldat musulman de l'armée de libération nationale algérienne
32 Dignitaire musulman

Le nombre d'attentats individuels s'accroît énormément : de jeunes musulmans armés d'un pistolet automatique abattent des ouvriers qui se rendent à leur travail. Ces violences aveugles sont terribles et démoralisantes, l'armée réagit et la bataille d'Alger est engagée. La Casbah d'Alger, fief des activistes du FLN, est investie par les parachutistes du général Massu. Une véritable lutte antiterroriste prend naissance, avec ses excès, la torture est dénoncée. Cet acte infligé aux prisonniers pour soutirer des renseignements n'est pas défendable, mais il faut comprendre le contexte du moment. Il est nécessaire d'obtenir par n'importe quels moyens et très rapidement des renseignements, pour éviter les prochains attentats meurtriers dans lesquels des centaines d'innocents perdront la vie si rien n'est fait.

Les actes de torture sont couramment pratiqués par les combattants de l'ALN sur les prisonniers français qu'ils capturent lors des embuscades ; les blessés sont égorgés et les prisonniers subissent des supplices atroces qu'il est difficile de décrire tant ils sont abjects. Le principe est simpliste : faire peur aux combattants français, qu'il faut impressionner en leur montrant ce qui les attend. Oui la torture a existé dans les deux camps, elle n'est pas excusable, je pense qu'elle continuera à être employée par de sombres individus aux attitudes, aux idées, aux raisonnements qui n'ont pas leur place dans un monde civilisé et ne méritent aucune considération.

En métropole, le monde intellectuel s'affirme partisan d'une Algérie souveraine et indépendante, la colonisation est mise à l'index. Les « rats » quittent le navire et changent de camp. Des Français transportant des fonds récoltés auprès des Algériens les remettent en toute impunité aux tueurs du FLN. On les appelle les « porteurs de valises ». Ces derniers à Alger aident les terroristes à déposer leurs bombes dans les cafétérias, les restaurants et d'autres lieux publics. On déplore de nombreuses victimes parmi les Pieds-noirs.

Les communistes français, fervents partisans de l'indépendance, deviennent des activistes du FLN. Dans le maquis on assiste à quelques désertions, des appelés communistes rejoignent les combattants musulmans. Ainsi l'Aspirant Maillot déserte son poste en mai 1956 à Miliana avec un camion bourré d'armes et de munitions pour rejoindre les combattants du FLN. Il sera responsable de la meurtrière embuscade de Palestro montée par le FLN, où dix-neuf militaires rappelés furent abattus et retrouvés atrocement mutilés. Trois ont disparu, un seul qui avait été enlevé est retrouvé lors de l'assaut donné par les parachutistes qui ont encerclé et décimé les responsables du forfait. L'Aspirant félon est abattu au cours d'une embuscade montée par le Bachaga Boualem et ses harkis le 5 juin 1956. Tous les ans le parti communiste et ses alliés de gauche vont se recueillir sur la tombe de « l'assassin » des dix-neuf militaires tués dans d'affreuses conditions. C'est cela l'équité ? Des intellectuels comme Camus ou Raymond Aron optèrent pour une Algérie indépendante, ce fut leur choix, mais ils n'ont jamais aidé le FLN.

L'opinion publique commence à changer en faveur d'une paix négociée, le contingent qui embarque à Marseille pour venir combattre en Algérie est quelque peu infiltré par les communistes qui les invitent à déserter.

La situation n'est pas favorable aux Généraux qui combattent la rébellion et auxquels on a demandé un engagement militaire sans faille. La population française d'Algérie sent venir un courant défaitiste et s'insurge. De Gaulle reparle d'autodétermination.

Le 23 Avril 1961, un putsch militaire éclate à Alger, l'armée prend le pouvoir en Algérie, quatre généraux, Challe, Salan, Jouhaud natif d'Oran, et Zeller de Constantine, aidés par les parachutistes du 1er R.E.P.[33] investissent le Gouvernement Général et la Délégation Générale. Ils prennent les commandes de l'Algérie. La population est à la fête, Européens et Musulmans se réjouissent, mais la joie ne dure pas. L'armée ne suit pas dans son ensemble, le contingent s'oppose : le putsch est un échec.

A la suite de cette déconvenue on se doute que l'Algérie ne restera pas française. De Gaulle montre sa force, sa détermination à continuer sa politique de destruction et condamne les généraux du putsch. La

---
33 Régiment Etranger Parachutiste : légionnaires de toutes nationalités

déception des Français d'Algérie est grande, le désespoir les gagne. Le Général Challe se rend, il est aussitôt jugé et condamné à mort. Il est gracié par le chef de l'Etat sous la pression de plusieurs députés de la majorité présidentielle. Les Généraux Salan, Zeller et Jouaux entrent dans la clandestinité, ils créent l'O.A.S.[34] tout à fait légitime pour les partisans de l'Algérie française, c'est à dire la totalité des Européens, de nombreux Musulmans, des officiers, officiers supérieurs et un grand nombre militaires de carrière.

Si, encore aujourd'hui, l'organisation est mise au rang des pestiférés à cause des assassinats et des diverses actions terroristes qu'elle a perpétrés, elle était à l'époque, légale dans son contexte car elle défendait l'Algérie terre Française, contre les politiciens au pouvoir, mal inspirés qui ont déclenché la guerre avec FLN, et d'autres fervents adeptes d'une « Algérie française de Dunkerque à Tamanrasset » (Cf. De Gaulle en 1958). Je cite pour exemple le commentaire de Michel Debré alors Premier Ministre du Général de Gaulle, dans le Courrier de la colère du 6 décembre 1957 : « *Que les Algériens sachent surtout que l'abandon de la souveraineté française en Algérie est un acte illégitime, c'est à dire qu'il met ceux qui le commettent et qui s'en rendent complices hors-la-loi, et ceux qui s'y opposent, quel que soit le moyen employé en état de légitime défense*». Le désespoir des Européens d'Algérie est immense et leur engagement dans l'O.A.S. en est une des conséquences.

---

34   Organisation Armée Secrète

La suite sera tragique pour l'Algérie, la France, les Pieds-noirs, les harkis, les musulmans. La France politicienne est totalement responsable du fiasco qui suivra, incapable de prévoir les événements, et de changer de politique au moment opportun pour éviter le désastre.

Trois faits importants autour de la date charnière de l'Indépendance vont marquer l'histoire.

Le 26 mars 1962.

Le 5 juillet 1962.

Le massacre de 100.000 Harkis.

Je reviendrai plus loin sur mon sentiment et sur le déroulement des événements auxquels j'ai pris part. Cette douloureuse période sera le vécu et le souvenir pénible de l'épopée que chaque Français d'Algérie a traversée avec courage et détermination, sans oublier de garder en permanence, une pensée pour toutes nos victimes de la barbarie abandonnées par « obligation » sur la terre algérienne.

10

L'ordre militaire

1959 — 1960. Surviennent des problèmes imprévus qui vont marquer ma vie. Je reçois par l'autorité militaire la résiliation du sursis pour étude, car je n'ai pas pu fournir un certificat de scolarité. Elle est suivie de la convocation pour la présélection à mon incorporation comme appelé du contingent. Celle-ci dure trois jours, se compose d'une visite médicale très poussée pour voir s'il n'y a pas d'interdiction à l'activité physique et pour nous classer dans une catégorie de 1 à 5. La première correspond à un coefficient idéal pour l'activité militaire et elle est déterminée par une péréquation entre le poids, la taille, le souffle, le tour de poitrine etc... Il est permis pour le titulaire de porter les plus gros poids (fusil mitrailleur, caisse de munitions) et d'être opérationnel sans problème. Le coefficient 5 est le plus faible, il conduira le candidat à effectuer une activité réduite et sédentaire : travail de bureau, intendance, cuisine, et fourrier[35]. Nous subissons ensuite des tests écrits, techniques et psychologiques pour déterminer le niveau d'accès à la formation militaire. Incorporé avec deux copains de la Place des Victoires, nous sommes

---

35 Préposé à l'habillement

sélectionnés aux épreuves donnant l'accès au peloton préparatoire aux écoles E.O.R.[36]. Je ne sais pas encore ce que cela veut dire, mais je le saurai assez tôt.

Dans les jours qui suivent, je reçois à la suite du concours administratif que j'ai passé avec succès, la convocation pour le cours de formation d'agent des installations aux Postes et Télécommunications. Parti pour Alger, je commence des études techniques difficiles, à la suite desquelles au sortir de l'école, il n'est pas évident de plonger rapidement dans le contexte de l'entreprise. La formation est scolaire : maths, physique, électricité, la pratique consistait à construire des circuits électriques en basse tension pour des tableaux téléphoniques. Nous avons, comme au lycée, des contrôles continus de connaissances : il faut obtenir la moyenne dans chacune des épreuves écrites mensuelles, orales et pratiques, et cela durant les six mois d'études. Nous percevons un salaire classé au premier niveau de la catégorie deux[37]. En cas d'échec, le licenciement est immédiat. Une fois la formation acquise, suit la mutation en national sur un poste technique. Elle est attribuée en fonction du classement obtenu au mérite : les mieux classés de la promotion peuvent effectuer leur choix en priorité sur la liste des postes proposés.

---

36 Élève Officier de Réserve.
37 Dans la fonction publique il existe trois catégories qui sont respectivement 1 pour la fonction de cadre, 2 pour celle de technicien, 3 pour désigner les agents.

Je ne connais pas Alger et je découvre la ville avec un plaisir évident, mais plein de tristesse. Les attentats terroristes journaliers se développent et il n'est pas rare de voir un européen au sol tué d'une balle dans la tête, ou d'entendre l'éclatement d'une bombe ou d'une grenade jetée dans un bar faisant de nombreuses victimes innocentes. C'est malheureusement le quotidien dans cette ville en guerre et cela me change beaucoup d'Oran où le terrorisme est, dans le même temps, moins virulent.

Une lettre de mes parents me parvient, et va changer le cours des choses: je viens de recevoir ma feuille de mobilisation pour le 23 décembre 1959. Je suis déçu car la formation dans mon administration, devait finir en mai. Devrai-je interrompre mon stage au bout d'un mois ? J'entreprends immédiatement une demande de validation du sursis pour études qui m'avait été accordé : refus de l'autorité militaire qui me somme de respecter la date de mon incorporation. Je suis dépité, mais que faire ? Je ne connais personne pour bénéficier d'un petit coup de « piston » qui me permettrait de terminer les cours aux Télécommunications.

Je suis donc de retour à Oran le 20 décembre ; je retrouve ma famille et j'effectue une demande pour intégrer l'armée après Noël et le jour de l'An. Surprise: la requête est acceptée ! J'ai donc la chance de passer Noël et le Premier de l'An en famille. Les fêtes de fin d'année des deux années suivantes seront exclusivement consacrées aux activités militaires.

Pendant les fêtes j'ai peu de contacts avec les copains du quartier : Jules engagé dans l'aviation pour obtenir la nationalité française, est entré à Rochefort avec son B.E.P.C.[38] et finira Lieutenant-colonel après une carrière brillante bien remplie. Yvon a quitté le lycée avant le baccalauréat et, après avoir présenté avec succès un concours de contrôleur à la Poste, est nommé dans l'Oranie. Hilaire a intégré une école privée et étudie l'électricité. Seul Emile travaille dans une compagnie d'assurances et s'occupe également de la comptabilité de mon oncle qui tient le restaurant à la plage des Sablettes à Bouisseville près d'Oran.

Encore une fois, une fin d'année triste qui ne change pas des fêtes difficiles passées. Je l'ai déjà exprimé, elles sont pour moi un recueil de situations plus ou moins douloureuses, dans lesquelles la peine et la précarité enferment notre famille. Elles me placent dans une situation de mal-être permanent.

2 Janvier 1960. Je reprends le train pour Alger avec mon avis de mobilisation. Je suis affecté au 45° Régiment de transmission, ce qui est normal car je suis stagiaire aux PTT. Je découvre le peloton préparatoire aux écoles EOR. Sur les 80 élèves, 78 sont métropolitains, puis il y a moi, le « Pied-noir », matricule 59 920 02317, et un musulman, Abdala C. Réception des stagiaires, mise au placard des effets civils et dotation d'un uniforme militaire de

---

38 Brevet Enseignement Premier Cycle

combat : treillis, casques lourds et légers, guêtres, grosses chaussures de 1939 cloutées, au cuir extrêmement dur, impossible à « casser, » et plaque d'aluminium prédécoupée à l'horizontale, avec l'inscription du matricule sur les deux parties de chaque côté de la pré découpe. Elle est à porter au cou comme un collier pendant toute la durée de la guerre, la partie détachable à enlever en cas de décès et l'autre restant avec le collier sur le corps du futur défunt pour identification. Puis distribution des habits de parade : tenue militaire de sortie, calot et chaussures basses, linge de corps et chaussettes. Il va sans dire que nous sommes auparavant passés chez le coiffeur qui joue de la tondeuse à merveille, ne nous laissant que le strict minimum de cheveux, car comme dans toutes les armées du monde, nous avons trop peur des poux.

Nous entrons en possession d'une chambrée commune immense de quarante stagiaires. Commence alors le rituel du jeune soldat, la fameuse piqûre T.A.B.T.T qui doit nous immuniser de tout... - Diphtérique Typhoïde, Hépatite, Tétanique etc... - Piqûre très douloureuse, suite à laquelle huit appelés sur dix tombent « dans les pommes » tellement la souffrance est grande. Et dire qu'il y a un rappel un an après... Je me revois sortir de l'infirmerie et viser un banc sous un platane dans la cour de la caserne pour m'asseoir et respirer, tant l'élancement dans le dos est violent. Après quelques minutes me voilà à nouveau dans un état normal, mais le mal à l'épaule a persisté deux à trois jours encore.

J'ai eu quand même un moment pour fêter les lendemains de la nouvelle année et vivre les instants difficiles où chacun, pour oublier la famille, les amis et la vie civile, boit plus qu'il ne faut. Je découvre les beuveries sans fin de quelques jours, où beaucoup finissent à l'infirmerie tellement ils ont abusé de l'alcool. L'activité reprend rapidement, je ne m'attarde pas sur les repas en caserne peu appréciés pour leur goût et leur présentation. Le midi, nous avons le droit chaque jour au comprimé de Nivaquine pour combattre le paludisme. Dans le vin servi à table, surnagent des traces de bromure, que l'on retrouve également ajoutées au café, boisson du matin. Il est de tradition de calmer les ardeurs sexuelles des militaires en leur faisant ingurgiter ce breuvage. Je ne m'étends pas plus sur « l'hôtel trois étoiles » qui nous héberge…

La formation militaire et la préparation au concours d'entrée à l'école d'officier de réserve commencent. Lever 6h et footing d'une demi-heure à jeun, habitude que je garderai plus tard au retour dans la vie civile. Beaucoup de sport, de grandes marches de quarante kilomètres avec un sac à dos de vingt-cinq kilos, instruction militaire, information sur la stratégie de la guerre subversive, présentation complète de cette guerre dont nous sommes les animateurs obligés. Visionnage de photos très pénibles à supporter, nous montrant les corps de nos camarades tués au cours d'embuscades ou faits prisonniers et torturés dans d'affreuses conditions avant d'être égorgés. Cette guerre n'est pas conventionnelle puisque nous faisons face à une rébellion, aucun traité international ne peut s'appliquer, les rebelles en profitent pour satisfaire leurs instincts sauvages.

Apprentissage de l'étude de terrain, marche à la boussole de jour puis déplacement de nuit, apprendre le commandement, le tir aux différentes armes… Je n'insiste pas plus sur la formation militaire, car il y aurait de quoi écrire un livre complet sur le sujet.

Je reviens sur le côté physique très pénible, surtout les marches épuisantes au bout desquelles certains d'entre nous arrivent les talons en sang à cause des grosses chaussures, avec des plaies et des infections qui s'ensuivent. Chaque épreuve est éliminatoire, et nous constatons tous les jours le parcours difficile pour l'admission à l'école d'officiers. Pour moi, le grand problème réside dans les épreuves scolaires de transmission. Mon niveau d'étude est restreint et j'ai de grandes difficultés à rivaliser avec tous les concurrents, la plupart ingénieurs de formation. Je suis le moins diplômé. Les postes radios, petits et grands sont à étudier à fond, il faut apprendre par cœur jusqu'aux plus petits boulons, les fils, les fréquences et les capacités qui les composent, une vraie forêt de chiffres à retenir. De plus nous savons que sur les huit admis, quatre bénéficient d'une faveur : fils d'officiers supérieurs, époux de

Madame X, de la fille de... Je suis démotivé et je jalouse les deux copains d'Oran versés dans les tirailleurs, dont l'instruction basée sur la tactique du combat et le commandement m'aurait bien satisfait : ils seront tous deux admis aux EOR sans difficulté. J'aurais tant voulu apporter une contribution plus active à la défense du pays qui est le mien et être nommé dans une unité plus exposée !

Le quotidien suit, lessive, vaisselle, douches, parties de cartes égayent un peu nos soirées après le labeur. Partage entre nous de colis familiaux, et, si les résultats de la semaine ne sont pas trop mauvais, une petite permission nous est accordée le dimanche après midi. La vie militaire a ses attraits, on découvre différents milieux sociaux et culturels, car même si nous effectuons le peloton « élève officier », nous rencontrons d'autres appelés de notre classe 59/2C. De nombreux musulmans sont également en formation. Que pensent-ils de la situation ? Les relations sont un peu tendues et certains jours quelques accrochages entre eux et les métropolitains ponctuent nos journées. C'est peut-être surprenant mais aucun incident n'éclate entre Musulmans et Pieds-noirs, un respect mutuel s'établit entre nous et nous avons même des échanges amicaux en parlant du pays.

Dans le peloton en formation militaire, les hommes se côtoient avec des aspirations très différentes, des caractères et des attitudes particulières. La découverte de l'autre est une richesse à exploiter et à entretenir. Nos formateurs sont aussi appréciés malgré les moments difficiles qu'ils nous font subir.

Des amitiés naissent et disparaissent, des groupes se forment, d'autres s'affrontent, tout ce qui caractérise la société est en éveil permanent. De nombreux candidats sont mariés, certains sont pères de famille et se plongent dans un monde distinct, en retrait, souvent occupés par l'échange d'un courrier familial conséquent.

Un exemple agréable à décrire : la distraction d'un collègue de notre section, cadre de la Poste dans le civil. Il a pour passion la prestidigitation, et possède un matériel considérable enfermé dans deux petites malles cadenassées. Tous les jours il doit s'entraîner pour « garder la main ». Il place un paravent au fond de la salle et effectue des tours de sa composition. Il nous est interdit de voir la préparation mais ensuite, il nous montre son numéro. Avec grand plaisir nous assistons à ses tours quelquefois ratés, mais si souvent réussis. Il nous entraîne dans le monde merveilleux de l'enfance où l'extraordinaire et le fantastique nous tiennent en haleine, un petit bain de jouvence pour notre promotion. Il y a également des musiciens et leurs instruments. Pour moi ce fut le dessin et il m'arrivait de « croquer » de temps en temps. Mon loisir favori est le jeu d'échecs, je trouve toujours un partenaire pour partager les moments de solitude.

L'instruction militaire se poursuit sans me passionner, ce n'est pas du tout ce que j'avais souhaité :

effectuer ce même peloton EOR dans une unité combattante! Mais voici que les événements vont se précipiter.

Le mot « autodétermination » a été prononcé par les politiques du pays, cela a suffi à mettre le feu aux poudres en Algérie. Une énorme manifestation prend naissance à Alger. A sa tête Lagaillarde, leader des étudiants de la faculté d'Alger et Ortiz responsable des territoriaux. Le grand rassemblement patriotique dégénère et des barricades sont montées par les manifestants. Nous sommes le 24 Janvier 1960. J'ai expliqué plus haut dans un résumé les faits qui ont traversé l'Algérie de 1954 à l'Indépendance ; je vais me trouver au cœur des événements.

Devant l'ampleur de la manifestation les pouvoirs publics font appel à l'armée pour rétablir l'ordre. En urgence, plusieurs unités se disposent dans Alger en attendant qu'un régiment de parachutistes cantonné en zone opérationnelle arrive en renfort. Dans notre régiment on sollicite le peloton EOR. Nous avons juste le temps d'enfiler la tenue de combat, nous recevons un fusil MAS[39] année 1939 sans munitions et des camions nous amènent aux barricades.

Nous sommes en face des insurgés dans un calme tout relatif après les affrontements sanglants qui la veille ont fait plusieurs morts. Pour nous, pas de provocation, nous devons montrer simplement nos armes. En face

---

39   Manufacture d'Armes de Saint Etienne

règne également un grand calme car nous sommes dans la phase de dialogue entre les autorités et les meneurs de la manifestation. Nous passons une journée de quiétude et une nuit « blanche » à nous reposer à tour de rôle sur un matelas de foin dans un hangar voisin désaffecté.

Seul Pied-noir dans le groupe, je me sens très mal à l'aise, avec une idée dans la tête : si l'affaire tourne mal, je ne resterai pas passif, j'irai rejoindre mes compatriotes en face. De temps à autre des Algéroises viennent nous voir et de grandes discussions s'engagent. Elles nous demandent de ne pas tirer, disant que les manifestants sont des Français, que nombre d'entre eux sont allés en 1940 défendre la France contre l'occupant nazi. Pour couronner le tout, nous avons droit aux cafés, aux gâteaux Pieds-noirs. La fraternisation prend une plus grande ampleur quand elles apprennent qu'un natif d'Algérie est dans le groupe : à partir de ce moment nous sommes encore plus choyés.

J'ai également de grandes discussions-débats avec les collègues EOR, quelques-uns comprennent ma détresse et souhaitent comme moi que tout s'arrête rapidement et dans le calme. Heureusement, c'est ce qu'il advint : un régiment de parachutistes investit Alger, les manifestants retranchés veulent éviter la guerre civile et déposent les armes après avoir reçu l'assurance des politiques que l'Algérie restera terre française. L'armée rend les honneurs militaires aux insurgés avec, à leur tête, Lagaillarde et Ortiz. Pour éviter un nouvel embrasement de la situation, il n'y aura aucune sanction contre eux, ils seront comme de nombreux civils qui ont participé à la manifestation sanglante, dans l'obligation de s'enrôler dans des unités commandos pour combattre le FLN, telle sera leur punition.

Nous rentrons rapidement dans nos quartiers avec un grand soulagement. Je reste perplexe quant au pourquoi et au comment nous en sommes arrivés là, je pense que cela est encore une conséquence de la politique désastreuse de nos gouvernants. Dans un contexte particulier, loin de chez moi, de ma famille, de mes compatriotes, je suis les événements comme les autres métropolitains, à la différence que ce n'est pas la vie de leur pays de naissance qui est en jeu.

La formation se poursuit, je participe aux épreuves sportives avec enthousiasme : marches de jour, de nuit et courses de fond. Les examens arrivent après deux mois d'épreuves. Comme c'était prévu, six reçus sont des « pistonnés », les deux autres sont incontestablement les meilleurs du groupe, un seul redoublant, le copain arabe Abdala. On se doute de la raison : il faut qu'il soit admis à la formation pour intégrer l'école de Cherchell, obtenir le grade d'officier et rejoindre la future armée algérienne après l'indépendance. Je reviendrai plus loin sur ce qu'il est advenu de ce musulman.

Après trois mois de préparation au concours d'entrée à l'école d'officier et suite à mon échec, je suis versé dans une formation de télégraphiste, comme tous les autres candidats malheureux. J'entre à l'école de transmission du régiment et j'entreprends quatre mois de stage de transmetteur en graphie. Je retrouve avec plaisir le morse de mon enfance, celui de la période scout décrite plus haut. Ce système de transmission est à l'époque le moyen international et national le plus utilisé en temps de guerre, les messages sont envoyés codés d'un lieu à un autre, réceptionnés puis transmis à la section groupement appelé « chiffre ». Les messages déchiffrés traduits en clair sont ensuite portés en secret aux États Majors pour les suites à donner.

Les unités opérationnelles dépêchent des bilans journaliers concernant les activités militaires : embuscades subies, pertes amies et ennemies, demandes de renforts, de munitions, de matériels, et toutes sortes de besoins pour la troupe en opération ou en maintien de l'ordre. Le transmetteur a une formation en graphie, il communique en alphabet morse les messages en traits points en appuyant de haut en bas sur un manipulateur dont le bouton en matière isolante pris entre trois doigts établit un contact électrique. Le contact plus ou moins long sert à décrire l'alphabet morse. Les messages sont construits par groupe de cinq lettres ou chiffres à décoder. Plus tard le manipulateur sera remplacé par un vibreur, ce qui consiste à mettre en rapides vibrations deux lames sur une simple pression latérale effectuée par le pouce et le majeur, le poignet étant posé sur la table. La vitesse de transmission est alors multipliée par trois sans fatigue de la main.

Le radio graphiste utilise un autre moyen de communication à l'aide d'un poste de radio porté ou installé sur un véhicule, l'émetteur-récepteur peut communiquer en graphie (morse) et en phonie (en clair). Le fantassin transmetteur possède un poste, essentiellement en phonie, d'un poids de quinze kilos, portable comme un sac à dos. La communication en phonie présente un inconvénient majeur : l'ennemi peut intercepter les messages et être renseigné sur les actions de l'armée française. Elle n'est donc utilisée que pour des actions militaires ponctuelles, opérations-éclair, embuscades, escortes diverses, communication avec l'ALAT[40] qui soutient les combattants au sol.

Les cours de formation théorique et pratique ne nous empêchent pas de participer aux tours de garde, corvées, et maintien de l'ordre. Celui-ci consiste à patrouiller dans les rues d'Alger avec un gendarme. Nous sommes déposés par un camion dans un quartier d'Alger, armés d'une carabine USM1 à répétition (chargeur de 30 cartouches), ou d'une mitraillette. La carabine USM1 qui était l'arme des Marines américains pendant la Deuxième Guerre Mondiale a été vendue à la France et fut également utilisée pendant la guerre d'Indochine. Nous avons le choix entre cette arme, un fusil, ou une mitraillette, la carabine est mon arme préférée. Nous défilons, le gendarme au milieu de la rue et quatre militaires de chaque côté le long des édifices, espacés entre nous de quelques mètres. Les attentats

---

40 Aviation Légère à Appui Tactique

individuels contre les Européens sont fréquents (une vingtaine par jour), l'arme des terroristes est le pistolet automatique. Des bombes également déposées dans les bars très fréquentés, les abris bus et les compteurs EDF[41] installés aux bords des immeubles, font de nombreuses victimes.

Notre rôle est de rendre confiance à la population, et de sécuriser les Algérois par notre présence. Le gendarme que nous accompagnons est chargé de contrôler les suspects. Parfois des terroristes embusqués sur les toits tirent sur les patrouilles, puis disparaissent. Nous devons donc être très vigilants et surveiller les toits des immeubles qui nous entourent. Ce fut pour moi un devoir d'effectuer ces rondes, je n'ai jamais hésité une seconde quand on a fait appel aux volontaires et je n'ai jamais vu ou entendu une réticence quelconque de la part des autres appelés métropolitains ou musulmans. L'ambiance avec les gendarmes est également très bonne. Par leur savoir-faire et leur expérience, ils nous enseignent les devoirs du soldat en maintien de l'ordre, les pièges à déjouer, la concentration, l'observation et les attitudes à adopter en cas d'accrochage avec des terroristes.

Si la première fois avec nos vingt ans, une certaine peur nous saisit, par la suite nous prenons de l'assurance. L'accompagnement de militaires de métier dans les patrouilles nous rassérène et nous pouvons

---

41   Electricité De France

alorstransmettre une sensation de tranquillité aux habitants d'Alger que nous côtoyons et protégeons.

11

Le Comte

Dans la continuité de ma formation militaire, j'obtiens mon premier brevet de transmetteur. Je prépare le second qui consiste à réceptionner et transmettre des messages en alphabet morse à grande vitesse. Si cela est fastidieux pour certains, ce n'est pas mon cas, bien au contraire.

Au cours de la formation, un fait nouveau survient et va avoir une conséquence heureuse dans les deux années suivantes. Je continue à jouer aux échecs pendant les temps de loisirs et à cette occasion, je fais la connaissance d'Alain un Comte originaire de Paris, également transmetteur. Nous avons souvent après nos parties, de grandes conversations sur la politique de la France en Algérie et sur les événements que nous vivons. Si un respect mutuel est de rigueur dans nos conversations, nous ne sommes pas souvent d'accord sur l'attitude de nos dirigeants face au problème algérien. A force de l'entendre dénigrer les Français d'Algérie, je lui propose une invitation à Oran dans ma famille, ce qu'il accepte avec grand plaisir. Je préviens mes parents de la visite d'un militaire métropolitain, nous posons ensemble une permission de quarante-huit heures qui est acceptée.

Nous partons pour Oran en tenue militaire de ville, sans arme et prenons le train Alger-Oran : cinq cents kilomètres. Le début du voyage se passe sans encombre, mais au milieu du parcours, le convoi saute sur une mine, ce qui se produit souvent. Les trains de marchandises ou de passagers sont protégés. Placés devant leur tracteur, des wagons « suicides » chargés de pierres et de béton, déclenchent les mines posées sur les rails. Le train est alors immobilisé, les rebelles, forts de cent à deux cents moudjahidines l'encerclent, semant la mort et se retirent rapidement, ils enlèvent des Européens qu'ils traînent de douars en douars, les torturent avant de les égorger. Les deux derniers Européens qui furent enlevés à ce jour étaient deux sœurs, qui n'ont jamais été retrouvées, l'une d'elle était enceinte de sept mois.

Ce n'est heureusement pas le cas cette fois : le train est arrêté sans perte humaine. L'escorte, sous les ordres d'un officier, saute du train et se déploie de chaque côté du convoi. L'officier place les militaires sur les hauteurs alentours, en position de défense, fusil mitrailleur en batterie en attendant un train venant d'Oran qui effectuera le transbordement. Beau voyage en compagnie du Comte qui est témoin d'un des fréquents aléas que nous endurons depuis l'insurrection !

Nous arrivons le samedi en soirée avec quatre heures de retard sans autre ennui. Oran est une grande agglomération qui possède un port superbe et une mer bordée de corniches et de plages de toute beauté. Je promets de lui faire visiter une petite partie du centre-ville le lendemain, car plusieurs jours sont nécessaires pour découvrir le grand Oran. J'ai averti le Comte avant qu'il ne pose sa permission qu'il va séjourner deux jours avec notre famille dans une grande simplicité. Il n'est pas déçu. Après les présentations des parents, de ma grand-mère et de mon frère, je vois dans son regard qui balaie la pièce principale, un grand étonnement. Comme je l'ai décrit plus haut, nous n'avons qu'un deux-pièces et une petite cuisine qui sert également de salle de propreté, puis, dans la cour intérieure de l'immeuble, des latrines à la turque utilisées également par nos voisins.

Il découvre notre intérieur des plus modestes, pas de glacière, ni de cuisinière, mais depuis deux ans nous avons l'eau douce, c'est un plus ! Après « un bon repas du cru » qu'il apprécie, même si les couverts sont d'une grande simplicité, quelques discussions concernant les événements sont mises sur le tapis. J'avais averti mes parents et mon frère de ne pas trop discuter politique, leur précisant que le militaire était là pour découvrir notre façon de vivre et faire connaissance avec des familles natives du Pays. Tout s'est bien passé, c'est surtout lui qui pose beaucoup de questions concernant notre passé, nos origines, sans parler de l'indépendance. Ne voulant surtout pas nous choquer, il évite tous les propos qui peuvent nous blesser. Intelligent, il est d'une grande correction et d'une sensibilité extrême vis à vis de mes parents et de ma grand-mère, et les a beaucoup surpris. Nous sommes tous deux en désaccord sur l'avenir de l'Algérie, mais rien de ce qui nous oppose n'est évoqué. Il est conscient de notre souffrance, respecte nos convictions, et son attitude tout au long de ce court séjour lui fait honneur. Je me demande comment il vit en métropole et par moments j'ai un peu honte de le recevoir dans ces conditions, sachant que sa position sociale est bien au-dessus de notre petite vie de famille d'ouvriers.

La nuit venue, nous allons faire une petite promenade au centre ville qui se trouve près de l'appartement, sans trop nous éloigner car les attentats sont fréquents. Les Oranais prennent le frais dehors en ce beau mois de mai, assis sur des chaises posées à même le trottoir devant l'entrée des immeubles. Ils commentent les événements de la journée, parlent fort, les enfants à leurs pieds chahutent bruyamment. Nous allons jusqu'au boulevard du front de mer, où la vue sur le port et la Méditerranée nous invitent au rêve, à l'évasion, à la détente. Jusqu'à quand ?

Après cette agréable promenade nocturne, nous sommes de retour à l'appartement. Le couchage est folklorique, il va s'en souvenir longtemps : mes parents dorment dans la grande pièce qui sert de salle à manger, nous quatre dans la petite chambre, mon frère dans son lit pliant. Je prête le mien au Comte et je me couche sur des coussins posés au sol. Ma grand-mère a son lit. Les lits d'appoint déployés, nous ne pouvons plus bouger. Je ne sais pas si notre invité a été sincère quand, le lendemain, il nous dit avoir bien dormi. Il a ensuite goûté au petit déjeuner familial, composé de pain, de margarine et de café au lait. Depuis son incorporation dans l'armée, il avait perdu l'habitude de déguster des petits déjeuners de familles aisées. Il souffrait beaucoup de la cuisine militaire. De nombreuses fois je lui ai remonté le moral, car n'ayant pas reçu de colis de ses parents, il ne voulait pas se mettre à table. Il était très maigre et je le poussais à manger même si ce n'était pas appétissant.

Nous partons assez tôt faire une petite visite dans la cité et il peut découvrir la belle ville peuplée en majorité d'Européens. Le quartier musulman se trouve en périphérie de la ville et il est impossible, avec les violences, de s'en approcher, en raison du risque d'attentats ou d'enlèvements. Avant le repas de midi nous sommes reçus par nos voisins qui sont également de condition très modeste, vivant à quatre dans un appartement d'une pièce-cuisine. Nous rendons également visite à d'autres résidents un peu plus fortunés. Il se rend compte des conditions de vie du petit peuple oranais dont les origines sont espagnoles, marocaines, et de souche métropolitaine. Comme notre famille, beaucoup d'exilés de la guerre de 1870 ont choisi l'Algérie et notamment Oran, pour fuir la France occupée. Les Espagnols aux noms évocateurs : Ruiz, Martinez, Lopez, Garcia, Rodriguez, Ramirez, Fuentes, Montésinos, sont des réfugiés de la guerre d'Espagne. Ceux de la guerre du Rif (Maroc) ont également choisi l'Algérie comme terre d'exil. Ces courageux acteurs :

commerçants, fonctionnaires, agriculteurs, ouvriers, entrepreneurs, composent avec les colons et la population musulmane, un ensemble dynamique qui fait prospérer le pays.

La visite du Comte dans notre famille a pour objectif de lui montrer nos conditions de vie en opposition avec la propagande indépendantiste des intellectuels français. Si trente-cinq mille colons exploitent le pays, en comptant cinq personnes par famille, ils sont moins de deux cent mille alors que la population européenne se chiffre à un million cent mille âmes. On continue encore de nos jours à faire l'amalgame entre le prodigieux travail du colon, qui est le grand acteur du développement rural du pays, et la colonisation.

Les discussions politiques avec le Comte, souvent passionnées mais toujours intéressantes et chaleureuses, se résument, à son sens, à un avenir très incertain pour nous. Si la politique de nos dirigeants n'est pas encore en cause, sur le plan militaire la France doit avoir le dessus. Pour lui une seule chose importe : la question financière. Il me démontre l'enjeu financier du conflit : les banquiers français commencent à prendre de la distance dans leurs investissements. Ils ne souhaitent pas supporter plus longtemps les énormes charges du coût de la guerre car ils ne voient à l'horizon aucun signe positif. Son père est directeur de banque et les entretiens secrets entre banquiers sont sans ambiguïté : il faut « lâcher » l'Algérie

Mon étonnement est grand et difficile à concevoir. J'ai du mal à comprendre comment les finances d'un pays mises à mal par des banquiers, peuvent bloquer les investissements et déterminer l'issue d'un conflit armé. Mais l'argument se défend car l'adage « l'argent est le nerf de la guerre » est toujours d'actualité. De plus, le conflit n'est pas une guerre conventionnelle mais une insurrection armée qui peut durer des années encore sans affaiblir financièrement l'adversaire. Ce dernier se bat avec peu de moyens mais avec une efficacité redoutable, une aide locale et internationale permanente, et des principes religieux en exergue. Nos débats sur cette lutte se poursuivront plus tard, car mes relations avec le Comte ne vont pas s'arrêter là.

Nous voici à nouveau en caserne, notre retour s'est passé sans encombre. Le Comte très satisfait de notre voyage, a découvert une famille du pays et une ville d'Algérie qu'il n'aurait jamais eu l'occasion de connaître.

TROISIEME PARTIE

L'espoir déçu

12

La résidence secondaire

J'ai repris la formation Niveau II de transmetteur et réussi le second diplôme. Nous sommes fin juin je suis en attente de mutation. Elle m'arrive début juillet : je suis nommé au 145° bataillon de transmission qui comprend trois compagnies opérationnelles, deux dans l'Algérois et une au Sahara. Mon affectation est la ville de Douera. Ne connaissant pas du tout l'Algérois ce sera pour moi, une découverte.

Douera à soixante kilomètres d'Alger est une petite ville de toute beauté, mais positionnée en zone dangereuse. Le PC[42] du bataillon se trouve à l'Est de la localité avec la 3ème compagnie. A l'Ouest, la 2ème compagnie, mon lieu d'affectation, est située hors de la ville. Elle protège l'axe routier, le côté Ouest de l'agglomération, et des fermes agricoles. Des bâtiments en dur composent la Compagnie : ils comprennent les ateliers, l'armurerie, les chambrées, les cuisines, le mess, un bâtiment de détente avec douches, latrines, buanderie, et le local du fourrier. Le tout est ceinturé d'une clôture grillagée, renforcée de barbelés. Une guérite avec une

42 Poste de Commandement

sentinelle présente en permanence protège l'entrée du cantonnement sur la route principale. Sur les deux côtés opposés qui dominent un ravin, deux miradors, hauts de huit mètres gardent chaque angle et servent de protection et d'observation. La vue s'étend assez loin depuis les hauteurs du campement. De nombreux véhicules militaires sont rangés dans la cour : camions — jeeps, 4X4, 6X6, armés de fusils mitrailleurs ou de mitrailleuses. Dans les bâtiments se situent les logements du commandant de la Compagnie, de son adjoint et de leurs épouses.

Nous sommes six nouveaux militaires mutés dans cette unité, je suis le seul transmetteur. Nous sommes présentés aux officiers, et pris en main par le fourrier qui nous attribue un équipement de combat : treillis et vestes soigneusement coupés, calots, casques légers et lourds, sacs à dos, linge de corps ; enfin de bonnes chaussures de marche, appelées rangers[43], très souples, étanches et assez hautes qui protègent les chevilles. Les armes nous seront distribuées à chaque intervention contre les rebelles.

Je me trouve pour deux longues années dans le lieu où je dois tout découvrir et m'investir dans la spécialité de transmetteur mais aussi de combattant. Nous fêtons assez rapidement le départ de quelques quillards[44] dont nous sommes la relève. Ce sont des appelés comme nous, ils ont fait vingt-huit mois de

---
43 Chaussures montantes de l'armée américaine
44 Militaires appelés qui sont libérables

service remplis de bons et mauvais moments et participé à de grandes opérations avec des bilans mitigés.

Nous avons des chambrées plus petites qu'au régiment, l'ambiance semble bonne, beaucoup de camaraderie. Le soir certains racontent leurs aventures guerrières, d'autres parlent de leur petite amie, les maris de leur épouse, et certains même de leurs enfants.

Après quelques jours de formation militaire qui expliquent notre participation aux actions à entreprendre pour maintenir l'ordre dans notre secteur, suivent des séances de tir à balles réelles aux trois armes (pistolet mitrailleur, fusil mitrailleur et pistolet automatique). Je commence à effectuer les gardes de deux fois deux heures, de jour ou de nuit sur les miradors ou dans la guérite située à l'entrée de notre camp. Celles de nuit sont les plus difficiles : nous prenons notre service dans le poste de 18h à 6h du matin. Une veille est de rigueur avant de procéder à la mission de surveillance : jeux de cartes, lectures, discussions toujours accompagnées de café, sont nos habitudes pendant les moments d'astreinte. Quand le sommeil nous prend, nous nous couchons tout habillés sur des lits de camp. A tour de rôle nous sommes réveillés pour assurer ces guets répétés sur les miradors ou à l'entrée. Le réveil pour la prise de garde en pleine nuit est pénible. Malgré la dégustation d'une bonne tasse de café censée nous réveiller, il faut rester vigilants et observer l'extérieur du camp. Il y va de la sécurité de nos collègues.

Dans la nuit noire, même en juillet, le froid nous saisit après quelques minutes de stationnement debout, puis la fatigue et le sommeil nous pénètrent ; on lutte pour ne pas s'endormir. A l'écoute d'un bruit suspect, on s'inquiète, la mitraillette est armée, mais souvent ce n'est qu'un animal qui passe. Quelquefois une lumière scintille, les frissons et la peur surviennent subrepticement. Est-ce un fellaga ? Non, un feu follet. C'est toujours impressionnant lorsque l'on prend la garde pour la première fois, puis on s'habitue. Quand le moment des lucioles arrive, il faut redoubler de vigilance, toute la nature est illuminée par les petites bestioles. Plus tard dans le civil, j'ai eu plus d'une fois en montagne la nuit, à la vue des petites lumières produites par les lucioles, de brefs frémissements qui m'ont parcouru le corps, conséquence certaine des moments d'angoisse vécus pendant les gardes.

Les nuits de pleine lune sont d'un grand danger pour le militaire posté, car il est une cible facile à l'adresse d'un assaillant caché dans la nature. Par contre c'est un vrai bonheur de contempler le ciel superbe, parsemé d'étoiles avec en apothéose, le passage d'une étoile filante. Que la guerre est imbécile ! La nature devrait nous mettre au-dessus de tout conflit, il est tellement agréable de détailler en partage avec le monde entier le paysage, de reconnaître les constellations, de les admirer, de sentir en même temps les odeurs de cette terre que nous nous disputons et qui exhale, comme pour nous inviter à nous aimer, ses parfums de thym, de bruyère, de lentisque, d'humus. J'ai rêvé très souvent dans les belles nuits étoilées, d'un avenir joyeux plein de bonheur, jusqu'à en oublier que j'étais là pour surveiller, protéger des êtres humains et à la moindre alerte, allumer le projecteur, armer ma mitraillette et tirer, s'il y avait danger.

La vie est bien difficile. Pourquoi tout cela ? Comment finira le conflit ? Que sera notre avenir dans l'embrouillamini où se débat mon pays qui a vu naître mes parents, mes grands-parents et arrière-grands-parents ? Devrons nous l'abandonner pour un autre pays qui ne sera jamais le nôtre, le vrai, le beau, le réel, celui que je contemple à ce moment avec un plaisir qui me transporte, léger comme une plume ? Je navigue alors en de douces arabesques, dans un univers de calme, de tendresse, d'amour, de beauté, à la découverte de cet exceptionnel « jardin d'Éden ».

Mais il me faut revenir sur terre rapidement car rien ne se déroule comme je le souhaite, le passage du chef de poste qui fait sa ronde me ramène à la dure réalité du moment, nous sommes en guerre et tout cela n'est que chimère, deux longues heures écoulées, la relève arrive, retour au poste, tasse de café et repos en attendant ma prochaine vacation de garde.

Nous sommes en septembre. Dans les jours qui suivent, je suis envoyé dans une unité du régiment du train pour passer le permis de conduire militaire qui est obligatoire lorsque l'on sert dans une unité opérationnelle. Je pars pour un mois à Hussein-Dey, près d'Alger, lieu où se déroule la formation. J'apprends le fonctionnement moteur d'un véhicule, le dépannage, le code de la route et la conduite. Celle-ci se fera sur des gros GMC, camions militaires américains de la Deuxième Guerre Mondiale vendus à la France. L'école de conduite s'effectue ainsi : le matin cours théorique sur les moteurs puis apprentissage du code et l'après-midi, conduite.

Je n'ai pas vu le temps passer, tant c'était intéressant. Nous devons également assurer des gardes. Elles consistent à surveiller les prisons où sont enfermés des combattants algériens capturés par l'armée au cours d'opérations militaires, et qui doivent subir des interrogatoires « musclés ». Je me souviens de les avoir traités avec décence, leur apportant sur leur demande de l'eau le soir pour faire leurs ablutions intimes quotidiennes prônées par l'Islam. Combien de ces prisonniers vont retrouver la liberté ? Encore une interrogation qui fait rager et qui rejoint la perpétuelle inquiétude quant à notre avenir commun, que nous soyons Français de souche ou Musulman. Nous avons la même terre depuis cent trente ans, devons-nous continuer à nous battre pour nous la partager et vivre ensemble ? Il semble que oui, tel est le verdict apparent de nos dirigeants et des belligérants.

Je termine ma formation, la réussite du permis poids lourd me dispense de passer les autres permis, VL[45] et transport en commun. Je dois le confirmer en effectuant 500 kilomètres de conduite sur un camion Simca chargé de ferraille et de blocs de béton, en respectant la conduite en charge maximale de transport autorisé et les kilomètres parcourus, conformément à la législation qui régit le code de la route. Pendant ces « balades » sur les voies départementales et dans les petites villes et villages que nous traversons, nous sommes accompagnés par une escorte militaire qui assure notre sécurité. La formation à la conduite automobile dans un régiment du Train (corps d'armée qui organise la logistique et le transport) est la seule qui autorise à effectuer la transformation du permis militaire en civil, action que j'ai réalisée sans difficulté à ma libération.

De retour à Douera, je reçois un dodge[46] équipé d'un poste radio graphie et phonie. Mon travail de transmetteur se limite à effectuer des vacations en graphie depuis un shelter, centre radio posé sur un camion GMC.

Les shelters sont des bâtiments en préfabriqué étanche transformables en petits appartements, pièces servant de PC, de toilettes, de douches, etc. De fabrication américaine, vendus à la France, ils ont été très

---

45   Véhicule Léger
46   Véhicule 4X4 tout terrain de marque américaine

exploités pendant la guerre d'Indochine. Equipés en centre radio, ils sont facilement transportables sur les lieux d'une opération militaire, lorsqu'une bande rebelle est accrochée par l'armée.

Ils serviront aussi de BM[47] qui, par définition, aideront à calmer les pulsions sexuelles des combattants. Et oui, l'armée fait passer périodiquement dans les unités opérationnelles, les BM composés de filles rétribuées pour proposer des passes gratuites. Il est entendu que les demoiselles sont contrôlées régulièrement par des médecins militaires.

Les communications effectuées en graphie permettent un contact permanent et secret entre les unités et l'Etat-major, P.C de l'opération. Les vacations radios opérées au repos dans la Compagnie se résument à un contact en alphabet morse à des heures déterminées sur Paris, Toulon et l'Afrique du Sud une fois par jour. Le bulletin météo est toujours de rigueur. Mon trinôme, comme le polynôme à trois lettres, est « TST » – Le transmetteur s'identifie en envoyant les trois lettres de son nom de famille, deux lettres extrêmes et une lettre du milieu. Des échanges sympathiques clôturent quelquefois le bulletin journalier.

Outre les gardes et les vacations radio, les activités dans la compagnie ne manquent pas : nous devons aussi nous occuper de nos véhicules, de nos postes radio et des escortes de civils. Notre unité assure la sécurité de la

---

47   Bordel Militaire

route nationale reliant Douéra à Alger. Nous avons pour mission, de sécuriser la route fermée à la circulation à partir de 19h et escorter le car de la ville qui effectue le transport des passagers. Je suis désigné comme tout le monde pour effectuer cette activité. L'escorte est composée d'une jeep munie d'une mitrailleuse, de son servant, d'un chauffeur, et de deux autres militaires armés de pistolets mitrailleurs, dont l'un en vacation radio permanente avec le PC, prêt à donner l'alerte en phonie en cas d'accrochage.

La liaison routière est une ligne régulière et il ne faut pas changer les vacations horaires du transport. Nous partons de Douéra toujours à la même heure, habitude imprudente. Le côté folklorique réside dans le fait que les jeeps tiennent mal la route, ce qui ne permet pas de rouler vite. Au départ, nous passons devant le car pour effectuer l'ouverture de route. Lorsque les endroits propices aux embuscades se présentent, le chauffeur du car craignant une attaque rebelle, nous klaxonne en rageant, roule à fond avec son engin et finit par nous doubler. Il nous est impossible de l'accompagner. Dès que la route est plus sûre, il ralentit pour nous attendre. Je suis parfois désigné pour conduire la jeep et je me suis bien rendu compte de l'impossibilité de suivre le car tant la jeep semble instable à grande vitesse. Nous avons eu de la chance, cette liaison n'a jamais subi d'attaque.

Nous effectuons également des opérations militaires, souvent montées sur renseignements. Nous sommes affectés au bouclage, et la légion étrangère au nettoyage du terrain. Le bouclage consiste à encercler le lieu à ratisser, en position d'attente sur les hauteurs, fusils mitrailleurs en batterie, le but étant de couvrir les légionnaires à la recherche de caches et de fellagas, et d'éviter en cas d'accrochage, que les rebelles ne s'échappent du dispositif.

Si l'opération doit durer plusieurs jours, nous recevons un équipement de survie : des repas de combat composés de boites de viande, de biscuits durs comme la pierre et difficilement mangeables sauf — à nous étouffer — de jus de fruit, d'eau, d'une pharmacie, sans oublier la capote anglaise, préservatif à utiliser non pas à des fins sexuelles mais pour protéger le canon de notre arme en cas de pluie.

Parmi les différentes activités du bataillon, nous faisons également des patrouilles à pied dans le but d'occuper le terrain. Pour accomplir le déplacement du groupe avec le maximum de précautions et éviter une embuscade, un volontaire est demandé pour tenir le rôle de voltigeur de pointe. Ce dernier doit s'engager au-devant de la patrouille avec prudence et étudier le terrain avant de donner l'ordre de progression. Je me suis plu à accepter le volontariat de voltigeur pour deux raisons : pour mon pays que je chéris, et pour le sens d'observation du terrain, développé lors des raids effectués dans mes activités passées de scout.

Vers la fin de l'été, lors d'une opération, je suis désigné comme transmetteur radio « attaché » au commandant de Compagnie et équipé d'une radio phonie portable en sac à dos de quatorze kilogrammes et d'un PA[48].

Il fait une chaleur épouvantable, nous quittons les véhicules et commençons une grande marche. Le commandant décide de monter au sommet d'une colline pour avoir une meilleure visibilité sur le terrain à ratisser. Je crois que je n'ai jamais souffert autant depuis mon incorporation. J'ai compris ce jour-là ce qu'est l'épuisement ! Pourtant j'avais une bonne forme physique, mais que c'était dur ! Je n'y voyais plus clair, je n'avais même plus la force d'admirer le paysage qui devait certainement être beau, pas une goutte d'eau à boire. Nous nous trouvons séparés du groupe, réunis seulement en phonie à l'aide du poste radio que je porte. Si nous avions été attaqués à ce moment-là par des rebelles, j'aurais renoncé à me défendre tellement j'étais épuisé. Je n'étais pas le seul à souffrir, l'officier également, mais lui ne portait aucune charge.

Quelques jours plus tard, départ en opération au lever du jour dans plusieurs véhicules, tous assis, l'arme à la main et le casque sur la tête. Il fait froid dans les camions bâchés et la route est longue pour arriver sur le lieu du raid. Au début, chacun raconte sa vie, ses passions, ses désirs. L'impatience grandit et voilà qu'avec le froid, l'envie de nous soulager nous prend. Nous demandons un arrêt au chef de groupe qui appelle par radio le chef du convoi. Impossible de nous arrêter : nous

---

[48] Pistolet Automatique

sommes dans des Gorges, lieu propice à l'embuscade. Chaque cahot nous fait souffrir, certains n'en peuvent plus. Nous sommes comme des malades recroquevillés avec une douleur à la vessie difficile à contenir. Par sécurité, il nous est interdit de débâcher pour assouvir notre besoin naturel. Des insultes fusent, des gars veulent sauter du camion. Enfin l'ordre d'arrêt est donné. Le véhicule stoppe, je n'ai jamais vu cela : vingt types se jettent hors du camion, les mains sur le bas ventre abandonnant leurs armes, pour rapidement se soulager. Si l'ennemi était en embuscade, aucun de nous ne se serait défendu, tellement le besoin était impérieux. Nous avons gardé des douleurs à la vessie encore un grand moment.

Un autre souvenir m'a marqué. Au retour d'une opération réalisée avec la Légion, les légionnaires ne sont pas rentrés dans leur campement distant de cinquante kilomètres et sont restés au repos dans la Compagnie. Nous les avons logés et nourris. Pendant le repas je fais la connaissance d'un légionnaire natif d'Oran : deux Oranais qui se rencontrent dans ces conditions, ça bouscule ! Nous avons fini la soirée au mess, mais le gars ne sait plus s'arrêter de boire. Impossible de le faire sortir du bar. Je le quitte avec difficulté et me cache, pensant qu'il sera tenté de me suivre. Il me cherche partout. La nuit tombe et malgré le couvre-feu, j'apprends qu'il veut sortir et visiter un douar. Je le retrouve mais sans pouvoir l'empêcher de quitter le camp en arme, et de franchir le poste de garde. L'alerte est donnée et une patrouille sort à sa recherche et le ramène.

Le lendemain en allant aux nouvelles, j'apprends qu'il est en punition dans un trou profond de quatre-vingt centimètres qu'il a dû creuser, une tôle recouvrant la fosse. Avec la chaleur de midi sa situation est intenable. J'essaie d'intercéder en sa faveur auprès de l'officier de la Légion, je lui explique que la joie de notre rencontre est ce qui l'a poussé à tant boire. Rien n'y fait. L'officier me déclare qu'il n'a pas fini sa peine et risque une sanction bien plus importante : il a failli à la discipline de la Compagnie en sortant du camp après le couvre-feu, mettant en danger sa propre vie et celles des militaires de la patrouille qui sont allés le chercher. Il est resté dans le trou deux jours jusqu'au départ de la Compagnie de légionnaires, je ne l'ai plus revu.

Autre activité qui nous était demandée : l'embuscade de nuit. Nous devons comme les rebelles, ne pas laisser le terrain inoccupé, il faut que les fellagas ne se sentent plus en sécurité dans leurs déplacements. Pour cela, la Compagnie programme des embuscades sur renseignements pour tenter l'interception des combattants ou pour marquer le terrain en surveillant les douars et leurs alentours.

Nous sommes avisés au dernier moment de la journée de notre participation à cette action. L'embuscade est conduite par un militaire d'actif, officier ou sous-officier. Elle comprend sept appelés du contingent. On nous réveille vers minuit, direction l'armurerie : prise des armes et munitions. Un camion nous emmène à trois ou quatre kilomètres du lieu de l'embuscade, près du douar à surveiller où nous espérons intercepter des combattants venus se ravitailler auprès de l'habitant, collecter des fonds, ou simplement porter des messages. Il faut éviter de déclencher l'éveil, les chiens du douar pourraient aboyer et donner l'alarme. Le déplacement de nuit est le problème majeur. Nous marchons, cherchant le chemin des yeux dans l'obscurité, progressant en file indienne, le chef de groupe le plus expérimenté, ouvrant la marche. Pas de lumière, pas de bruit, des pas feutrés, une vigilance en éveil, et l'arme en avant, prête à être utilisée.

Je m'imagine cinq ans en arrière quand j'étais scout et que je m'entraînais à la marche de nuit avec ma patrouille. Et oui, je n'ai que j'ai vingt ans, le temps du scoutisme n'est vraiment pas loin ! La marche de nuit est difficile pendant le premier quart d'heure, puis les yeux s'habituent au noir, on arrive facilement à reconnaître le terrain. C'est même très agréable de marcher dans ces moments, de contempler le ciel éclairé par une myriade d'étoiles, de sentir la terre que nous foulons, exhaler ses odeurs de buis, d'humus et autres parfums méditerranéens qui se dégagent plus encore avec la fraîcheur de la nuit.

La condition essentielle de la réussite de l'action réside dans le fait que l'embuscade ne se retourne pas contre ceux qui la montent, car l'adversaire peut nous attendre et nous n'aurons dans ce cas aucune chance de nous en sortir. Après une longue progression, nous arrivons sur le lieu qui avait été décidé, les ordres sont donnés à chacun quant à l'emplacement à tenir sur le chemin : allongé sur le bord du fossé, l'arme en avant posée sur l'herbe, prête à servir. Je suis également étendu près du chef de patrouille, le poste radio à mes côtés, allumé. Je suis en veille permanente à l'écoute avec le transmetteur radio du bataillon.

Commence alors une longue attente dans le silence de la nuit, le corps tendu, l'œil qui observe le chemin, l'oreille attentive au moindre bruit. Dans ces conditions, la perception humaine est décuplée, le moindre froissement, le plus petit bruit lointain, l'appel d'un chacal ou d'un animal sauvage se transforme en une sensation d'inquiétude. Serait-ce un signe de présence ennemie ? Un signal convenu ? Le chef de groupe aguerri nous rassure, et nous nous replongeons dans l'attente, le corps toujours aussi crispé et l'esprit rempli d'incertitude.

L'heure supposée du passage du collecteur de fonds qui nous a été transmise est échue. Rien en vue que le chemin désert et peu rassurant. Nous finissons par souffrir, le corps ankylosé, le froid nous pénètre et le sommeil nous gagne. Après une heure et demie d'attente, le chef de groupe, avec la permission du P.C que je contacte en silence avec ma radio, donne l'ordre du départ. Nous rentrons encore une fois sans avoir intercepté ni accroché l'adversaire, les renseignements sont-ils erronés ? Ce n'est pas la première fois ni la dernière que cela arrive. Pour ma part je n'ai jamais eu d'accrochage lors de mes participations aux embuscades.

Retour au petit jour et nous repartons dans le camion venu nous chercher. Arrivés à la Compagnie, nous remettons nos armes à l'armurerie et direction les cuisines. Un cuistot en attente de notre arrivée nous sert à manger, nous avons droit à un repas complet pour ceux qui le souhaitent, un bon beefsteak grillé est de rigueur. Le jour se lève, nous partons nous coucher. Le soir, nous sommes dispensés de garde, mais nous pouvons être désignés pour effectuer la protection de l'autobus de liaison à destination d'Alger.

La fin de l'année est là, le froid aussi. Notre temps d'activité est toujours affecté aux mêmes actions : escortes de car, embuscades, gardes, opérations, visites de douars, et entretien de nos véhicules, du matériel radio, séances de tir. Pour le moment le secteur est calme, la Compagnie n'a pas de pertes humaines. Aux fêtes de fin d'année, pas de permission et une garde à assurer à Noël ou au jour de l'An. Nous avons la chance d'avoir un bon cuistot et les repas sont améliorés les jours de grandes fêtes, mais comme d'habitude en ces circonstances, l'alcool fait quelques dégâts parmi les jeunes de vingt ans, éloignés de leurs parents, leurs amis, leurs aimées, un an loin de leur lieu de vie, à courir derrière un ennemi qui sait se battre et disparaître ensuite, se transformant en paysan innocent de tout méfait. Nos débats sur la guerre, sur le pourquoi, le comment, sur l'avenir du pays, sont quelquefois animés, mais un état d'esprit formidable nous stimule, nous les appelés, qui subissons les péripéties avec courage et détermination.

13

La crevasse

1961 : nouvelle année. Que va-t-elle nous apporter ? Sera-t-elle déterminante ? Et dans quel sens ? Celui de la fin de la guerre ?

Pour moi elle est déjà prometteuse en changement : du nouveau survient riche en événements. Je suis convoqué fin janvier auprès du chef de bataillon, qui me désigne pour une formation complémentaire de transmission en graphie. Je dois prendre les messages à grande vitesse, l'écriture à la réception chiffrée s'accomplit non plus à la main mais à la machine à écrire. La transmission s'effectue avec un vibreur trois fois plus rapide que le manipulateur actuel. Je suis détaché à Alger à la Délégation Générale, de l'inconnu pour moi.

Je pars pour la caserne d'Hussein-Dey près d'Alger. Je rencontre un nombre important de militaires, employés à la DG[49], toutes fonctions confondues : secrétariat, chiffre, radio hertzienne, et phonie. Le chiffre est un service qui code le message en émission, le décode en réception pour éviter que l'ennemi, en l'interceptant, ne puisse en aucun cas comprendre l'information échangée entre deux unités militaires. Je découvre la

---
49 Délégation Générale

caserne, qui sera mon lieu de résidence, avec chambrées pour douze hommes, lits et placards individuels, tout le confort et les loisirs internes, salle de lecture, de jeux divers, cartes, échecs. J'apprends que je vais travailler au service radiographie avec des horaires spéciaux. Je prends mon service après le repas de midi, jusqu'au soir 18h, puis retour à la résidence. Le lendemain les horaires sont 6h-12h, repos l'après-midi, reprise à 18h jusqu'à 6h du matin suivant. J'ai ensuite deux jours et demi de repos, cela en permanence et indifféremment, jours fériés ou non. Je suis très étonné, mais en réfléchissant, j'ai beaucoup de temps libre. De toute façon, je n'ai pas le choix. Un camion non bâché nous prend à la caserne, et nous emmène à Alger sur notre lieu de travail. Voilà un côté intéressant, car j'ai le droit, à chaque voyage, à une petite balade dans Alger la blanche.

Je suis reçu par l'officier qui me conduit à mon nouveau poste et là, je tombe des nues ! La DG est un immense souterrain composé d'une multitude de couloirs et de pièces où s'activent de nombreux civils et militaires. Dans le dédale des couloirs l'animation est grande, le personnel apparaît très décontracté, en bras de chemise, le visage serein, le sourire aux lèvres. Quelle différence avec l'environnement des unités combattantes ! Il semble qu'ici les militaires soient en « repos de détente ». Ce n'est pas le cas, je m'en apercevrai plus tard. Les employés, civils[50] et militaires, sont des acteurs

---
50 Fonctionnaires des Postes et Télécoms détachés dans l'armée

très précieux dans le processus de guerre révolutionnaire qui nous concerne, par leur activité, leur compétence, leur professionnalisme, leur sens du devoir et leur efficacité.

Arrivé dans la salle de transmission, très surpris, je suis présenté à deux femmes en civil, l'une âgée d'environ quarante ans et la seconde la cinquantaine : elles sont mes instructrices. J'apprends que le service est composé de ces deux PFAT[51] qui travaillent dans la brigade où je suis intégré. Nous tournerons à trois dans notre groupe, une autre équipe prendra la relève à notre départ. Me sont également présentés deux sous-officiers d'actifs employés au chiffre, qui besognent dans une salle à côté. Ils sont en contact permanent avec notre section de transmission. L'un est quinquagénaire, le second un peu plus jeune.

Je commence mon stage le lendemain. Mon premier service consiste à apprendre à écrire sur une machine de type azerty sur laquelle je m'exerce en écoutant les conseils éclairés de mes collègues féminines. Je dois m'entraîner à taper des centaines de fois sur l'engin la phrase : « *voyez le brick géant que j'examine près du wharf* » Cette phrase contient les vingt-six lettres de l'alphabet et permet d'exercer les dix doigts à se positionner sur les touches du clavier. Je m'initie également à réceptionner les messages et à les transmettre en utilisant le fameux vibreur que je découvre. Il me faudra beaucoup d'entraînement pour

---

51   Personnel Féminin de l'Armée de Terre

envoyer des messages de qualité à l'autre bout de la France et du monde. Nous avons des vacations permanentes avec Paris, Toulon, l'Afrique du Sud, et les unités opérationnelles. Celles-ci nous transmettent des BRQ[52] en clair ou chiffrés par le Poste de Commandement. Les messages reçus acheminés vers la DG, sont souvent très tristes car ils font état de bilans concernant nos pertes militaires. Nous sommes les premiers à connaître les données chiffrées : le nombre de compatriotes tués sur tout le territoire au cours, d'une opération, d'un accrochage, d'une embuscade tendue par les rebelles ; celui des militaires, des civils musulmans et européens enlevés, torturés et massacrés.

Nous devons envoyer également l'état des lieux des actions criminelles perpétrées par les terroristes dans les grandes villes d'Algérie : les bombes déposées et les grenades jetées dans des lieux publics, ainsi que les attentats individuels à l'arme blanche ou à l'arme à feu dont les Européens sont les victimes.

J'ai beaucoup de mal à m'habituer au désastre qui touche mon pays. Je suis peut-être trop sensible. Je sens les gens qui m'entourent assez détachés dans leur rapport avec la mort, si présente, sans qu'ils n'éprouvent le besoin d'espérer des jours meilleurs, certainement parce qu'ils assurent le service depuis des années.

Les messages codés sont confidentiels et transmis au bureau du chiffre, mais nous sommes couramment

---

52 Bulletins Régionaux Quotidiens

avisés par le binôme de sous-officiers, des informations contenues dans les messages après décodage. Les deux militaires sont un peu trop souvent dans notre salle, je discerne des histoires de cœur entre eux et les PFAT qui sont pourtant mariées. Mais le cœur a ses raisons que la raison ignore...

Le mois d'apprentissage passe assez rapidement, et je n'ai pas encore la vitesse de transmission idéale. Les transmetteurs civils ou militaires à l'autre bout me reconnaissent à ma manipulation désastreuse et me mettent quelquefois en « boite ». Je reçois des « HI HI HI » qui sont une moquerie de transmetteurs, mais cela n'est pas bien méchant.

La brigade que nous relevons est composée d'un cadre fonctionnaire des PTT âgé d'une cinquantaine d'années. J'arrive parfois en avance au bureau et je le vois transmettre les messages à une vitesse extraordinaire, qui dépasse largement la capacité de transmission des PFAT. Il me donne alors des cours en attendant l'arrivée de notre équipe. Je l'envie beaucoup. Il me propose de rentrer dans le service civil de transmission à ma libération ; il pense que je ferai un bon transmetteur.

Trois mois passent, j'ai pris mes habitudes dans la chambrée de la caserne, je suis « copain » avec des Marseillais, des Varois et des Parisiens. Nous avons beaucoup de temps de loisir et l'autorisation de sortir dans Alger quand nous ne sommes pas de service. C'est vraiment une situation idéale. Les sorties dans la ville sont devenues très dangereuses, les attentats sont permanents et la liste de victimes prend des proportions inquiétantes. Aussi avec le beau temps, je vais à la plage avec d'autres passionnés des bains de mer. Je ramasse des oursins pour mes collègues, qui très souvent intègrent la chambrée avec des épines dans le postérieur ou dans les doigts.

Mais dans la vie de tous les jours qui se déroule tant bien que mal, j'ai un gros problème. Je supporte très mal le décalage horaire, qui m'amène à dormir le jour et travailler la nuit. J'envie mes collègues qui, rentrent des vacations nocturnes après le petit déjeuner, se couchent et dorment tranquillement jusqu'à 13 heures, moment du deuxième service du repas du midi. Je passe souvent la matinée sans pouvoir dormir, à lire ou écrire. Le manque de sommeil me fatigue énormément.

Le service de nuit se décompose en veilles organisées par les PFAT. Je tiens la vacation de 18h à 2h du matin puis je me couche en salle de repos jusqu'à 5h. Pendant le service, n'étant pas encore bien formé, les collègues m'aident souvent, puis vont dîner avec les sous-officiers. Je ne me suis pas trompé, elles se retirent ensuite dans des chambres individuelles qu'occupent les deux galants militaires et me rejoignent à 2h pour prendre le relais. Voilà c'est dit, mais ça ne m'embête pas du tout. Chacun mène sa vie comme il l'entend et je suis bien content de les aider. D'autant plus qu'elles sont reconnaissantes du service que je leur rends en prenant quelquefois une vacation difficile à ma place, et souvent la plus âgée me prépare des crêpes bretonnes. J'ai également droit aux gâteaux « maison ». Je n'ai pas à me plaindre, loin de là.

Je m'entends bien avec elles, moins avec les deux sous-officiers. A mon avis ils sont un peu jaloux de ma présence permanente auprès de leurs dulcinées. Sauf le soir, ils sont très sympathiques quand ils viennent les retrouver pour les moments intimes... Dans les discussions sur les situations que nous traversons, j'ai des points de vue très différents de ceux des deux militaires. Je comprends qu'ils n'aiment pas beaucoup les Pieds-noirs et je ne leur en tiens pas rigueur. Quant aux deux femmes, elles me paraissent assez neutres.

Je fais également la connaissance d'un autre sergent de carrière du service du chiffre d'une trentaine d'années, JF, originaire de Toulon, un fervent de l'Algérie Française, et avec qui je sympathise rapidement. Nous sortons parfois dans Alger et nous passons des après midis à la plage avec d'autres garçons et filles. Les événements se précipitent et je vais revoir tous les personnages qui viennent de défiler dans ce court moment de ma vie militaire, sous un autre angle.

Le 21 avril 1961 je prends le service à 18h comme à l'accoutumée. La soirée semble une soirée pareille aux autres. A 2h du matin, les PFAT me libèrent. Je me rends à la salle de repos pour dormir les trois petites heures habituelles, je rentre sans faire de bruit car un jeune musulman, fonctionnaire des PTT est également venu se reposer comme à l'ordinaire. Je dors tranquillement quand je suis tout à coup réveillé par un grand bruit de porte que l'on force. La lumière s'allume, et des militaires, le Pistolet Mitrailleur à la main, nous ordonnent par leur geste, de lever les bras. Nous sommes faits prisonniers par des légionnaires du 1°REP (Régiment Étranger Parachutistes) qui ne parlent pas notre langue. Nous nous demandons ce qui se passe mais impossible de nous faire comprendre. Un sous-officier de la Légion arrive, il nous annonce que l'Algérie n'est plus sous les ordres de De Gaulle mais du Général Challe. Nous sommes le 22 avril 1961, il est 3h30 et les généraux Challe, Jouhaud, et Zeller ont pris le pouvoir à Alger en décrétant l'Algérie Française. Le Général Salan les rejoindra le 23 avril.

Je suis fou de joie et le collègue musulman également. Nous nous congratulons en dansant dans le dortoir. Je me mets à la disposition du chef de groupe des paras, lui annonçant que je suis d'Algérie et que j'adhère pleinement au coup de force des Généraux. Je le vois sceptique car entre temps les militaires du contingent sont retenus dans une salle en attendant de mettre en place le plan les concernant, prévu par les Généraux. Ce plan consiste à renvoyer tous les appelés métropolitains dans leur foyer et rappeler trois classes de réservistes Pieds-noirs pour compenser les départs des appelés métropolitains.

Je demande à rejoindre le lieu de travail et à reprendre l'activité, ce qui est accepté par l'officier légionnaire responsable. Je m'installe dans la salle radio, mais toujours sous la surveillance d'un légionnaire, pistolet mitrailleur en main, susceptible de connaître la transmission radio en morse. Je commence les interceptions de messages que s'échangent les différents corps d'armée dont certains ignorent complètement ce putsch militaire décidé par les quatre généraux.

Je teste le légionnaire qui me surveille, en envoyant des messages le dénigrant aux collègues en Afrique du Sud. Il n'a aucune réaction. Mon doute est confirmé : il ne connaît pas l'alphabet morse. J'avise son responsable et l'invite à retirer le militaire de faction. Il accepte et reconnaissant mes bonnes intentions, me demande de continuer les interceptions radio. Je suis chargé de transmettre des messages aux différentes unités en poste dans toute l'Algérie, très content de participer à ce fait historique plein de promesses pour mon pays. A l'inverse des autres appelés qui rejoignent la caserne d'Hussein-Dey en attendant leur rapatriement en France, je reste en poste sur place avec le sous-officier JF aussi heureux que moi de la tournure que prennent les événements

Le même jour, j'assiste à une scène qui me fait mal. Dans les couloirs j'entends des cris et je sors pour apercevoir un lieutenant de la Légion en conversation avec l'officier supérieur, chef de centre de la Direction Générale. Très excité, le légionnaire arrache les décorations du chef de centre, l'insulte et le gifle car celui-ci ne veut pas se rallier aux Généraux. C'est peut-être à partir de ce moment-là qu'une contestation ouverte s'est développée localement parmi les appelés métropolitains, qui sont rejoints par des cadres militaires d'actifs de la D.G. outrés par l'attitude du jeune lieutenant parachutiste.

Assez rapidement nous nous apercevons que de nombreux régiments, auxquels on a demandé un ralliement aux Généraux, tardent à rejoindre le putsch. Le jour suivant, plusieurs unités en zone opérationnelle refusent de s'associer au mouvement. Vient le discours de De Gaulle qui demande aux militaires de tous bords, la désobéissance aux ordres du « quarteron de Généraux en retraite ». Immédiatement certaines unités ralliées aux Généraux se désistent. Lentement, durant les deux jours qui suivent, l'espoir que le putsch réussisse, s'amenuise, les Généraux sont très inquiets. Michel Debré demande la mobilisation des Parisiens car un parachutage des militaires félons sur Paris les menace.

Le lendemain, un message radio intercepté nous apprend que la flotte militaire de Toulon s'apprête à appareiller pour Oran dans l'intention de faire face aux putschistes. Une demande est aussitôt envoyée à la cinquième flotte américaine qui croise dans les parages, de faire barrage à la flotte française. La réponse nous parvient, aussitôt transmise aux Généraux : elle est négative. L'affaire devient dramatique. Faut-il continuer et arriver à l'affrontement ? A la guerre civile ?

Une ample activité se développe dans les couloirs de la DG, des débats s'engagent entre les militaires et les légionnaires. La tension est élevée, une atmosphère pesante s'installe. Qui est pour qui ? Qui est avec qui ? Je vis cela avec une grande appréhension, je redoute l'échec. Je continue à prendre des messages d'unités franchement opposées à l'action des Généraux. D'autres officiers supérieurs engagés avec les Généraux rappellent leurs troupes qui se dirigent sur Alger pour relever les légionnaires.

La situation devient catastrophique pour les putschistes. Je suis attristé de la tournure que prennent les actions. Que faut-il penser ? Les gouvernants de gauche et de droite ont défendu longtemps le principe que l'Algérie, département français, reste à jamais française. Les Généraux putschistes ont gagné le combat armé, ils ont convaincu les combattants européens et musulmans de la détermination de la France à garder l'Algérie française. Ils sont effectivement en âge de bénéficier de la retraite et de prétendre à une vie dorée, mais ils ne supportent plus le lâche reniement des autorités gouvernantes sur la parole tant de fois donnée. Ils ont alors engagé un combat perdu d'avance car sur le plan diplomatique, aucune nation ne nous soutient. L'indépendance de l'Algérie est programmée, favorisée par les Etats-Unis et l'URSS qui perçoivent ce pays avec son pétrole et son gaz, comme un Eldorado. Le plan de Constantine, un ambitieux complexe sidérurgique décidé et mis en place par nos gouvernants, va transformer l'Algérie en un solide partenaire pour les grandes nations industrielles. L'ONU condamne notre action en Algérie en permanence, aucun indice extérieur ne nous est favorable.

Le 25 avril au matin, la situation est désespérée pour les responsables du putsch. Je m'entretiens tous les jours avec JF, le sergent de Toulon qui s'est engagé activement avec les putschistes. A ce jour, notre moral n'est pas au beau, il m'annonce que des décisions vont être prises rapidement par les Généraux et qu'il me tiendra informé.

Toujours fidèle à mon poste je continue à intercepter des messages qui ne sont pas du tout en notre faveur. Au milieu de la matinée, JF vient me voir et m'annonce la fin du putsch. Il décide de prendre le maquis avec un groupe de militaires, légionnaires et civils et me demande si je suis volontaire pour partir avec eux. Je lui donne mon accord, je suis décidé à me joindre à eux pour continuer mon engagement dans la lutte pour que l'Algérie reste française. Il me dit de rester à la radio, qu'il va me préparer un équipement de combat et viendra me chercher le moment venu.

Mais quelques minutes plus tard j'entends des bruits de courses dans les couloirs. Je n'ai le temps de rien faire, un grand coup contre la porte me fait me retourner et le sous-officier du chiffre, le plus âgé, pistolet en main me menace. Il m'annonce qu'un groupe de militaires fidèles à De Gaulle a repris le contrôle de la Direction Générale, qu'ils ont fait fuir les légionnaires. Je n'ai plus rien à espérer, sinon de me rendre. Me voilà une nouvelle fois menacé par une arme et en désespérance. Pourquoi tant de malchance ? A quelques minutes près, je partais avec le groupe de déserteurs dans un Maquis.

La joie de la victoire règne dans la DG, chacun raconte de quelle façon il a fait fuir les légionnaires parachutistes, ou comment il s'est caché pour ne pas suivre les putschistes, et a retourné la situation en sa faveur. C'est incroyable le nombre de héros qui fanfaronnent auprès de qui veut bien l'entendre.

Je retourne librement dans ma caserne, je rejoins les appelés qui festoient. Je suis triste, je me couche, épuisé de ces jours et nuits sans véritable sommeil. Je commence à être chahuté par quelques abrutis, je reste très calme. Heureusement d'autres, un peu plus intelligents, soulignent la bonne raison de ma détermination à vouloir maintenir l'Algérie Française et s'interposent dans ce qui aurait pu être un affrontement, d'où il est vrai, je ne serais pas sorti vainqueur. Je m'attends à un jugement et à une condamnation de la part des autorités militaires pour ma participation active dans ce putsch.

Après une nuit des plus agitées, je me lève normalement et à ma grande surprise, on me dit de reprendre l'activité l'après-midi comme si rien ne s'était passé. Je me retrouve à mon service radio avec les deux PFAT et les deux sergents. Les conversations concernant les événements des trois derniers jours vont bon train, mais hors de ma présence. Ils n'ont quand même pas l'indécence de m'accabler un peu plus que je ne le suis après cet échec douloureux.

Dans les deux jours qui suivent, j'apprends que je ne suis pas inquiété pour mes actes, le sergent le plus âgé m'en donne la raison : le chef de centre de la DG, qui s'est affronté avec le lieutenant parachutiste le premier jour et qui a reçu la gifle, nous a couverts pour toutes les actions menées par les civils et militaires avec les putschistes. J'apprendrai plus tard que l'officier supérieur qui nous a disculpés a été mis en forteresse avec d'autres officiers putschistes. J'ai su également que la centaine de légionnaires, civils et militaires qui ont pris le maquis dans les montagnes constantinoises, sans logistique et munitions, ont été décimée par les gendarmes mobiles aidés d'éléments FLN. Très peu ont survécu, je ne sais pas ce que fut le sort de JF, je n'ai jamais plus eu de ses nouvelles.

Que sont devenus les Généraux ? Challe s'est rendu aux autorités françaises le 25 avril, Jouhaud l'Oranais, Zeller le Constantinois et le Général Salan sont entrés en clandestinité dans les villes d'Alger, d'Oran et de Constantine. Ils créent l'OAS, qui devient la « bête noire » du FLN et de nos dirigeants. Plus loin je reviendrai sur ce qu'est l'Organisation d'Armée Secrète, sa composition, son objectif et ses moyens civils et militaires.

Je reprends mon travail de transmetteur, je n'ai plus aucune confiance en l'avenir. La situation de notre pauvre Algérie est dans un marasme épouvantable. Le FLN lutte pour son indépendance, le gouvernement français exige un arrêt des combats avant d'entamer toute négociation avec les belligérants, l'indépendance devient le leitmotiv de la majorité des partis politiques. Mais sur quels critères va s'effectuer le vote d'autodétermination prévu ? Rattachement à la France ? Association ? Indépendance ? L'OAS prend les armes pour garder l'Algérie à la France. Nous nous enfonçons dans une logique politico-militaire qui ne présage rien de bon.

14

L'électrochoc

Un mois s'est écoulé. Pendant les moments de repos je partage mon temps entre la plage et les visites chez ma sœur qui habite maintenant Alger. Ma Compagnie me réclame : je repars à Douéra fin mai avec grand plaisir. L'atmosphère à Alger devient intenable entre les attentats, la politique, et le milieu dans lequel j'évolue.

La reprise à Douéra commence par l'attribution d'un shelter radio de toute beauté. Ce grand centre de transmissions est dressé sur un camion et je dois le conduire au cours d'opérations importantes déclenchées conjointement avec la Légion. Je vais mettre en pratique la formation reçue à Alger afin d'effectuer les échanges de messages à grande vitesse de transmission avec les unités combattantes. J'ai à cœur de soigner ce beau centre itinérant. J'effectue des vacations permanentes avec Paris, Toulon et Conakry. Cela ne m'interdit pas de prendre le service de garde et les escortes de car.

Une nouvelle activité nous est demandée par les colons, la protection des moissons. J'effectue cette assistance : elle consiste à se poster avec des jeeps armées à chaque limite du champ et à surveiller les alentours, l'arme à la bretelle, pour assurer la sécurité des ouvriers arabes et du patron européen qui moissonnent. Il fait chaud, la journée est longue, je prends un immense plaisir à être au grand air, à respirer l'odeur de blé que l'on manipule, ces épis surchauffés par le soleil généreux. Le colon nous prépare de bons casse-croûtes et nous fournit la boisson. Mais la vigilance ne doit jamais être relâchée : nous sommes certainement observés par les rebelles cachés quelque part et ils attendent un moment de faiblesse de notre part pour effectuer leur mauvais coup. La moisson dure quelques jours, nous n'avons jamais été accrochés par les combattants du FLN.

Un petit intermède dans la longue narration des souvenirs — j'ai toujours le sourire quand j'y pense. Avant et après la surveillance des fermes pendant les moissons, nous allons rendre visite à un duo d'anciens légionnaires perdus en pleine nature. A leur retraite, ils ont décidé de se retirer dans une bâtisse située dans une petite plaine, au milieu d'une vaste étendue de terre aride, où les cailloux, la terre sèche et le ciel bleu forment un environnement lunaire, sans un arbre aux alentours. Ils ont une mule qui loge au rez-de-chaussée de leur batisse transformée en fortin et sont heureux de leur vie d'ermites, refusant d'intégrer un lieu sécurisé. Nous ne pouvons pas les y obliger, mais notre mission consiste à passer les voir, nous assurer qu'ils sont toujours vivants et vérifier s'ils ont besoin de munitions.

Ils ont fortifié leur masure avec des plaques d'acier placées aux portes et aux fenêtres. A la tombée du jour ils s'enferment dans le bastion jusqu'au petit matin. Ils sont armés de fusils, de pistolets mitrailleurs, de grenades et de fusées de détresse et attendent de pied ferme une attaque des rebelles. Ils vivent en couple, toujours plein d'humour dans leurs propos, se nourrissent de peu de choses et s'occupent de leurs chiens, leurs poules et leur mule, peu soucieux de l'hygiène corporelle. Nous avons un grand plaisir à les revoir et écouter leurs exploits guerriers et « autres » — je tairais les propos paillards de leur vie intime, qu'ils ne cessent de nous narrer. Après avoir écouté leurs confidences, nos chastes oreilles de vingt ans ne sont plus étonnées de rien. Ils sont heureux, enjoués, une joie de vivre toujours présente qui exprime dans un certain sens, une ouverture sur la vie simple, dénuée de superflu et dont les fondements, même s'ils paraissent futiles, donnent un sens profond au bien-être qu'ils ressentent. Je garde à jamais en mémoire l'heureux souvenir de leur rencontre, ce fut certainement le seul moment plaisant que j'ai croisé dans les vingt-sept mois de guerre.

Revenons à notre base et à ma vie dans notre Compagnie. Je fais la connaissance d'Alain B., nouvel arrivant dans notre camp. Nous avons rapidement sympathisé. Originaire du centre de la France, il est rejoint par son épouse à Alger, où il a loué un petit appartement. Coureur motocycliste professionnel dans le civil, il possède une moto de grosse cylindrée, qu'il a ramenée de métropole. Quand il est de repos, il part sur Alger retrouver sa femme. Il m'a proposé de m'emmener lors de ses voyages, j'ai immédiatement accepté et je profite de l'occasion pour passer quelques soirées conviviales chez ma sœur. Nous partons en cachette après le couvre-feu vers la capitale, à une allure impressionnante avec son gros bolide sur la route déserte. J'ai peur de la vitesse, mais il est très sûr de lui et prend le risque d'aller aussi vite pour contrarier l'embuscade rebelle. Je garde un excellent souvenir de nos escapades tout en pensant aux énormes risques que nous avons pris à ce moment-là. Je ne le reverrai plus car je vais quitter Alger dans des conditions rocambolesques que j'explique plus loin.

Lorsque je ne pars pas pour Alger, je troque ma tenue de combat contre ma tenue de sortie. Je traverse le cœur du village, son café tenu par un Européen que nous visitons souvent, et je me rends au bataillon distant. Je rejoins des copains pour jouer aux échecs ou pour nous promener dans le village en échangeant de grandes discussions sur tout et rien.

Un jour, je gagne le dortoir du bataillon où je retrouve les collègues et nous décidons de faire un tour en ville. Deux d'entre eux se préparent, un troisième déjà prêt nous demande de le rejoindre au café du village, nous invitant à une partie de baby-foot. Nous partons une petite demi-heure plus tard en quête de notre camarade. Nous descendons la grande rue du bataillon qui domine le bourg, quand tout à coup nous entendons une explosion : nous reconnaissons le bruit d'une grenade défensive. Nous accélérons le pas en direction du centre du village. Nous apercevons notre copain qui remonte la côte, venant à notre rencontre. Il nous informe que la grenade a été lancée par un terroriste dans le café où il se trouvait, il nous dit avoir vu de nombreux blessés. Il est très pâle et nous montre le haut de son front, il a un minuscule trou qui ne saigne pas, et pense avoir reçu un petit éclat de grenade. Nous lui demandons comment il se sent, il dit être choqué, veut se rendre à l'infirmerie et refuse notre aide.

Nous partons rapidement vers le café pour apporter notre secours. Les ambulances, des pompiers sont là, ainsi que des médecins. Plusieurs blessés sont immédiatement dirigés vers l'hôpital de Douera, les plus atteints vers les hôpitaux d'Alger. Les dégâts matériels sont également très importants. C'est la première fois que nous subissons un attentat dans le village. J'avais pris l'habitude d'entendre les explosions quand je travaillais à Alger, mais je n'aurais jamais pensé qu'un village sécurisé par une garnison militaire pouvait être touché par les attentats terroristes. Nous remontons au bataillon et nous retournons dans la chambrée prendre des nouvelles de notre collègue. Son absence nous inquiète, nous apercevons ses affaires civiles posées sur son lit ainsi que la plaque d'aluminium personnelle du combattant, ce qui indique que notre copain n'est plus de ce monde... Renseignement pris, il est décédé, foudroyé par une hémorragie cérébrale consécutive à l'éclat de grenade qui avait pénétré profondément dans son crâne. Un camarade discret, sensible, que nous avions plaisir à rencontrer, ce fut le premier copain de ma classe mort à vingt-et-un ans pour la France, et malheureusement ce ne fut pas le dernier.

Quelques jours plus tard un autre appelé du bataillon a mis fin à ses jours avec son arme de service, sans que l'on sache trop pourquoi. Chagrin d'amour ou la difficulté à supporter la séparation d'avec sa famille ? Dépression nerveuse ? On ne le saura jamais. Ses collègues n'ont pas vu venir l'acte désespéré du pauvre gars qui devait être dans une grande souffrance et dont personne dans son entourage n'a perçu les appels au secours.

Je passe sur les moments douloureux pour parler de quelque chose de plus gai : je pense à ma demande de permission pour aller dans ma famille. Chaque militaire bénéficie d'une seule permission de trois semaines dite « permission de détente ». Je la prévois pour le mois de juin car je souhaite rencontrer ma fausse cousine Marcelle, ma « marraine de guerre », avec laquelle j'ai eu un échange de courrier durant toute la durée de mon incorporation. Je pose la permission en espérant qu'elle soit acceptée.

Dans l'attente je reprends mon activité habituelle en comptant sur la grosse opération militaire qui me donnera l'occasion de mettre à l'épreuve la formation que j'ai suivie à Alger. Je suis nommé Caporal et depuis je ne prends plus la garde comme sentinelle, mais en tant que chef de poste, et voilà qu'une circonstance se présente et va me procurer la première « épreuve du feu ».

Un soir je prends le service de garde, en tenue de combat arme en bandoulière, et j'effectue la relève montante avec mon détachement. Il est 19h, j'ai avec moi huit militaires que je place dans les trois miradors de surveillance, puis à la guérite d'entrée, ce qui permet à la garde descendante de rejoindre les quartiers et le repos. J'inspecte le poste, dépose nos armes dans le râtelier que je ferme avec une chaîne et un cadenas, et je mets la clé dans ma poche. Puis nous commençons une partie de cartes en attendant la prochaine relève. Le couvre-feu est à 20h.

En tout début de nuit, j'accomplis un tour de surveillance auprès des différents postes : approche de la sentinelle, échange du mot de passe, visite sur le lieu de garde. Je fais le dernier petit tour à l'extérieur du camp puis je rentre dans le poste. Nous reprenons nos occupations, lampe allumée sur la table, lectures, discussions, jeux de cartes...

Il est 21h quand des coups de feu d'une arme de guerre nous surprennent. Je donne immédiatement l'ordre à mes gars de se mettre à terre, j'éteins la lampe et sortant la clé de ma poche, j'ouvre le râtelier, et j'ordonne à mes collègues de prendre leurs armes. Mais la peur les cloue sur place. Je le comprends car la surprise est grande et c'est leur baptême du feu. J'ai eu également ma première peur, mais vite évacuée : c'est un moment où la réaction doit être immédiate et aller dans le bon sens. Je me suis étonné après ce fait, d'avoir trouvé les ressources nécessaires pour réagir aussi rapidement. Le corps se crispe une seconde, la montée d'adrénaline est à son maximum, puis tout à coup on fonce, on fait ce qu'il faut. Je prends mon pistolet mitrailleur, je sors rapidement du poste, tête baissée, je vois d'où partent les balles traçantes qui sont tirées vers le camp et je me précipite dans leur direction. Je m'allonge près du grillage derrière un petit monticule en position d'attente, j'arme ma mitraillette, j'attends une approche des rebelles. Un officier armé de son pistolet vient vers moi, nous sommes en position de combat en attendant de nouveaux tirs pour localiser l'assaillant et répliquer, mais plus rien ne se passe, les secondes s'écoulent, elles sont interminables.

Nous nous relevons, ne comprenant pas la raison de ces tirs. Nous allons très vite comprendre. Je rejoins le poste, je retrouve mes collègues paniqués, les rassure et je fais rapidement une nouvelle ronde. Rien n'est à signaler, les sentinelles ont vu les tirs, se sont protégées et comme moi, le moment de surprise terminé, elles attendaient pour répliquer quand le silence est revenu. Je retourne à mon poste.

Tout à coup, nous entendons au loin des coups de feu, des explosions de grenades offensives et une fusée qui nous indique que la ferme distante de quelques kilomètres de la Compagnie est attaquée. Nous comprenons maintenant le pourquoi de la fusillade contre notre camp, elle est provocatrice et a pour but de faire diversion afin que l'attaque de la ferme soit un succès.

L'alerte générale est donnée, des patrouilles de secours partent vers le lieu de l'affrontement. Elles arrivent rapidement et dégagent les assiégés, ramènent un blessé, un jeune homme de dix-sept ans, le fils du fermier, atteint d'une balle dans la cuisse. Le médecin militaire s'occupe de lui, il sera évacué le lendemain sur Alger par hélicoptère.

Nous avons l'explication du déroulement de l'attaque rebelle. Les fermiers se sont absentés en laissant la garde de la ferme à leur métayer, un ouvrier arabe employé de longue date. Avec la complicité de ce dernier, cinq fellagas devaient assassiner les propriétaires de la ferme. Ils se sont placés dans le hangar fermé qui sert de garage, tapis au fond, attendant l'arrivée de la voiture des fermiers. Le propriétaire a l'habitude de rentrer sa voiture en marche arrière dans le hangar, mais ce soir-là, il a eu la bonne intuition de rentrer en marche avant et a surpris les rebelles en embuscade au fond du garage, ce qui lui sauvé la vie. Le père et le fils s'éjectent de la voiture et courent vers leur demeure distante d'une cinquantaine de mètres. Le fils qui est armé, tire sur les rebelles pendant que son père monte l'escalier de l'habitation et prend des grenades offensives qu'il lance vers les assaillants pour protéger son fils. Celui-ci réussit à se dégager, il grimpe rapidement l'escalier. C'est à ce moment qu'il reçois une balle de fusil dans la cuisse, et malgré sa blessure, parvient à rejoindre son père. Tous deux se sont défendus, ont contenu les fellagas et ont lancé des fusées de détresse.

Notre intervention est restée sans suite car les rebelles ont rapidement décroché, se sont séparés et dispersés dans la nature en pratiquant toute la nuit une marche forcée. Il nous fut impossible de les poursuivre. L'incident est signalé à l'Etat-Major, le fait consigné et une observation du terrain effectuée par les unités militaires du groupement. C'est la procédure normale après les exactions menées sous la forme de « coup de main » par les bandes rebelles.

QUATRIEME PARTIE

Du mouvement

15

Le gazouillis

Juin 1961. Je suis très heureux : j'ai obtenu ma permission de détente pour Oran. Je vais retrouver ma famille, quelques amis, et Marcelle qui a pris des congés et arrive de Toulouse à la même date que moi. Ce n'est pas une coïncidence... Je vais prendre un peu de repos, surtout me changer les idées et renouer, pendant trois semaines avec la vie civile.

Je passe le temps de permission entre Oran et Bouisseville. La situation ne s'arrange pas, les attentats se multiplient, aussi je préfère partir pour la plage où la situation est plus calme. Je travaille au restaurant de l'oncle Fernand avec « ma cousine » et mon frère. Le matin nous nous occupons de la location des cabines de douche de l'établissement, le midi je sers les clients à table sous la responsabilité d'un serveur, ma cousine est préposée à la caisse. L'après-midi nous appartient, et nous nous échappons avec grand plaisir pour profiter de la plage, de la barque à rames de l'oncle et des copains.

Un beau matin nous partons faire une promenade accompagnés d'une deuxième petite cousine Martine. La mer est calme, le ciel bleu et un soleil éclatant nous invite à la baignade dans une eau claire. Au cours d'une belle partie de rigolade, un coup de vent survient. Je vois le danger, je reprends les avirons et nous rentrons rapidement, direction la plage. Le départ en barque depuis le sable n'est jamais facile, le retour est toujours dangereux avec une mer forte et des vagues bien formées. Il faut ramer dans le sens des rouleaux, se laisser pousser et à coup d'avirons, maintenir la barque bien perpendiculaire à la lame et au courant. Surtout ne pas effectuer un travers sinon la vague nous prend et c'est la grande culbute avec des conséquences qui peuvent être désastreuses.

J'arrive à rentrer la barque comme il le faut, et arrivés sur le sable je me précipite à l'extérieur pour maintenir l'embarcation face aux rouleaux. Mais je saute un peu trop tard : la vague arrive, soulève la barque à ce moment. Me voici empalé, le tolet de l'aviron profondément enfoncé dans l'intérieur de ma cuisse près de l'aine. Je sors avec difficulté de cette mauvaise posture et je reprends la direction des opérations. Nous dégageons la barque de l'eau. Je n'ai pas mal sur le moment, mais j'ai un affreux gros trou qui saigne. J'ai vraiment eu « très chaud » d'après le médecin qui a cousu la plaie : le tolet en pénétrant dans ma cuisse a frôlé l'artère fémorale. Un incident a parfois du bon car cela me permet de prolonger la permission de quinze jours ; Je passe même le reste du séjour en me déplaçant avec difficultés, et privé de bain.

Malgré les bons moments vécus pendant ces vacances, un affreux accident me marque énormément. En permission, d'autres militaires du contingent se baignent et s'amusent avec l'insouciance de leurs vingt ans, la mer est très agitée, le drapeau noir monté sur le mât de l'hôtel par mon oncle signifie un grand danger à se baigner. Le courant extrêmement fort peut entraîner le baigneur au large. Dans ce cas, il ne faut surtout pas lutter contre lui, mais se laisser emporter, c'est la seule chance de survie. Il ramène l'imprudent quelques instants plus tard sur la plage à une centaine de mètres de là.

Un des jeunes militaires métropolitains est pris par le courant. Emporté au large, il essaie de nager pour revenir sur la plage, ce qui est impossible. Ses copains l'apercevant en danger, ont la mauvaise idée de faire une chaîne humaine pour ramener leur collègue sur le bord. Ils sont une douzaine, main dans la main, à tenter de le secourir depuis la plage, le premier tient par la main le militaire en difficulté. Mais encore une fois, la mer est la plus forte. La chaîne se rompt en son milieu sept militaires sont emportés à leur tour. La plage n'est pas gardée, et personne ne peut intervenir.

Nous avons vu les pauvres gars emportés vers le large, se défendre désespérément contre le courant pour tenter de rejoindre le bord, s'épuiser mais c'est inutilement, car même pour un excellent nageur, il est impossible d'avancer à contre-courant. Deux ont réussi, en laissant faire la mer, à ressortir quelques centaines de mètres plus loin, mais nous n'avons plus revu les cinq autres. En soirée, le courant faiblissant, c'est avec une grande tristesse que nous voyons les corps ballottés par les vagues arriver sur la plage. Pauvres gars venus défendre notre pays, risquer leur vie en permanence dans cette guerre, et condamnés à mourir par un bel après-midi d'été, loin de leurs êtres chers, dans une mer qui devait les amuser, les détendre et leur procurer les sensations de bonheur d'une si belle journée de farniente ! Ce fut un moment de grande tristesse.

Les vacances prolongées à la suite de mon incident à la cuisse se terminent avec regrets, elles ont été très bénéfiques. J'ai profité de la plage et du séjour à l'hôtel restaurant de l'oncle en compagnie de personnes que j'apprécie énormément. Mais il y a une fin à tout, je dois quitter ma famille, les copains, et ma cousine qui doit repartir en métropole. Pendant le séjour notre amitié s'est transformée en une douce complicité, et c'est le début d'une réelle idylle qui aura une suite merveilleuse. Nous continuons à nous écrire, ses lettres sont un éclat de soleil, chargé de tendresse et d'espoir en l'avenir, qui me fait oublier les durs moments de la vie militaire en campagne.

16

Le loup dans la bergerie

De retour à Douéra en juillet 1961 je reprends les vacations radio. Je souffre de mon accident de barque surtout en utilisant les toilettes à la turque du campement. Mais j'oublie cela rapidement. J'abandonne un peu le shelter, car il n'y a pas de grandes opérations prévues. Sur le plan militaire, les rebelles commencent à s'essouffler, les barrages électrifiés mis en place aux frontières du Maroc et de la Tunisie ne facilitent plus les passages des combattants du FLN et empêchent l'approvisionnement des katibas en hommes et armements. Les fellagas se contentent d'effectuer des coups de mains ponctuels tout aussi dangereux mais sans grande ampleur, par contre les attentats dans les villes se renforcent

En rentrant, j'apprends une mauvaise nouvelle : un sergent appelé qui nous menait parfois aux embuscades attendait une libération prochaine et baguenaudait dans la Compagnie. Une opération sur renseignements est montée, elle consiste à encercler un douar dans lequel des rebelles doivent passer la nuit. Au matin la Compagnie prend position autour du village arabe, les légionnaires ont pour mission de fouiller la mechta[53] et ses gourbis[54]. Notre sergent a voulu participer à l'opération, sa dernière disait-il, et a insisté pour effectuer les fouilles avec les légionnaires. Approchant d'un gourbi, il fait sortir les occupants et entreprend la visite de l'habitation. Au moment où il soulève la couverture qui cachait le bas du lit, un rebelle allongé sous la couche tire à bout portant à l'aide d'un fusil de chasse, le tuant sur le coup. Le fellaga a été immédiatement abattu alors qu'il tentait de s'enfuir en forçant l'encerclement.

C'était un bon copain, très connu, paraissant plus vieux que son âge, peu souriant mais très sympathique, apprécié de tous, toujours disponible, qui aimait tant ce pays, le climat, les habitants sans distinction de race. Il a défié une fois de trop la mort.

La vie continue avec ses contraintes, ses servitudes et ses drames.

Le 14 juillet, je suis désigné pour le défilé traditionnel. Je dois préparer le 4x4 et le 6x6, nettoyer complètement le véhicule et les équipements radio et peindre les bas flancs des pneus en blanc. Je défile finalement avec le 6x6 dans le village en liesse, en tenue d'apparat, sous un soleil éclatant qui nous fait souffrir. Un repas exceptionnel aussi copieux que délicieux, accompagné de boissons appropriées au menu nous est

---

53 Groupe de maisons
54 Maisons de terre

servi ce jour de fête. Nous le devons à un bon cuistot et nul doute que les moyens financiers mis à sa disposition furent ajustés à la circonstance.

Le mois de juillet est fini, les dix-huit mois d'incorporation de durée légale sont passés, je suis donc maintenu sous les drapeaux. Pour l'instant, le maintien est de dix mois supplémentaires. Si les troubles s'estompent je pourrai être libéré avant les vingt-huit mois.

L'automne fait son apparition. La nature se pare de couleurs extraordinaires, les arbres se dressent en explosions de teintes orangées et rouges, rivalisant entre eux par leur taille et leur exposition au soleil. L'ombre et la lumière donnant encore plus de force par le jeu des contrastes, aux feuillus éclairés qui lancent çà et là, dans la plaine alentour, des éclats multicolores. Le spectacle de la nature que je contemple avec ravissement s'exprime dans la violence par la multitude de ses couleurs, éveille ma sensibilité, me fait rêver et me permet d'oublier un moment la guerre.

Pourtant elle est toujours présente et une action tragique va secouer le paisible village dont la sécurité est assurée par les effectifs du bataillon. Pendant la nuit et après le couvre-feu, le village est quadrillé par une patrouille itinérante, composée de quatre jeeps, chacune d'elle équipée d'un poste radio en phonie, et de trois militaires bien armés. Les jeeps stationnent aux quatre coins du village et se déplacent dans le sens des aiguilles d'une montre, à demi-heures convenues. Elles effectuent une ronde tournante à la périphérie du village sécurisant le lieu. Notre Compagnie doit également participer au tour de garde en jeep. J'ai été désigné plusieurs fois pour effectuer ce service ingénieux et facile à assumer, souvent en position de radio, quelquefois dans le rôle de chauffeur.

    La demie heure de garde dans la jeep à l'arrêt, nous la passons à discuter tout en surveillant les alentours. Le temps de stationnement terminé, le radio appelle en code le radio de la jeep garée en avant pour lui signifier qu'il se déplace. Dès qu'il a l'accusé réception de son appel, le chauffeur effectue la mise en marche de la jeep et nous nous déplaçons vers le stationnement du véhicule précédent.

    Ce soir-là, les équipes constituées par la Compagnie du bataillon ont pris leur service normalement « la routine habituelle » le premier et le second tour se sont bien déroulés. Au troisième tour le radio d'une jeep, la demi-heure écoulée, envoie son message et son code au radio du véhicule devant lui, pas de réponse. Renouvellement de l'appel, toujours pas de réponse. Les opérateurs radio des trois jeeps se concertent et décident d'effectuer le mouvement tournant sans plus tarder. Ils découvrent la jeep à son emplacement désigné, mais vide d'homme et de matériel. L'alerte est immédiatement donnée.

On soupçonne un enlèvement. L'équipage de la jeep était composé de deux militaires métropolitains et d'un militaire arabe originaire de Constantine que tout le monde connaît. Il est de notre classe de recrutement, très enjoué, un bon copain. J'ai eu avec lui de grandes discussions concernant l'avenir de notre pays, jamais dans ses propos il ne m'a paru favoriser les indépendantistes algériens. Pourtant disparaître tous les trois avec armes et bagages surprend. Nous avançons l'hypothèse que notre camarade musulman est passé au FLN et qu'avec la complicité des rebelles, il a neutralisé nos deux collègues certainement surpris, car aucun coup de feu n'a été tiré. Nous n'avons trouvé aucune trace de lutte, le matériel radio de la jeep a bien été démonté de son support, ainsi que le fusil mitrailleur.

Le village est immédiatement bouclé, des patrouilles sont déployées dans tout le secteur, à la recherche de signes pouvant nous orienter sur la trace de nos collègues. Dans la nuit noire il nous est impossible de trouver des indices. Le village étant entièrement cerné, les rebelles ne peuvent plus sortir avec les prisonniers sauf s'ils ont quitté le village aussitôt leur forfait réalisé.

Le commandant du bataillon est furieux, il pense que les rebelles sont toujours dans le village et compte sur tous les effectifs disponibles pour reprendre les recherches le lendemain. Nous devons retrouver nos compatriotes à tout prix. Dès le lever du jour, les patrouilles sont formées et le village entièrement visité, les habitations sont fouillées une à une. A la fin du jour le résultat est négatif, le village reste bouclé et les recherches reprennent à nouveau le jour suivant. Plusieurs jours se passent sans que la situation ne change, nous n'avons toujours pas de nouvelles de nos collègues prisonniers, on compte beaucoup sur le renseignement : nous avons toujours des musulmans pro-Algérie française qui travaillent pour nous, ils sont infiltrés dans le village, se mêlent à la population arabe et nous donnent de multiples renseignements exploités par un service spécial. Ce procédé existe dans tous les conflits et il est extrêmement important dans la guerre subversive que nous vivons.

La tension dans le village est à son comble, les militaires furieux commettent quelques excès. La population musulmane est en colère. C'est exactement le but poursuivi par les rebelles : ils ont pour mission de couper la population arabe de la communauté européenne. Un fait de cette nature — enlèvement, recherche et répression — qui très souvent touche des innocents, est une manne pour eux.

Plusieurs jours passent et nous n'avançons pas dans nos recherches, nous pensons que nos collègues sont toujours dans le village, encore vivants mais tellement bien cachés que les investigations demeurent infructueuses.

Nous attendons que les langues se délient, qu'un indice nous guide dans la bonne direction, avec l'espérance d'un dénouement heureux. Pourtant c'est bien le contraire qui se produit. Après plusieurs jours de recherches et le bouclage du village, la surveillance s'est desserrée et va conduire à une évolution tragique de l'action.

Un matin au lever du jour des rafales de pistolets mitrailleurs se font entendre, l'alerte est donnée et une opération est immédiatement montée par les deux Compagnies du bataillon. Les coups de feu proviennent de la sortie Est du village, les premiers éléments arrivent sur le lieu, et découvrent les corps de nos deux copains qui ont été mitraillés à bout portant. Ils ont été abattus à environ cinq cents mètres du village dans une partie montante du chemin de terre qui mène vers la montagne. Nous supposons qu'ils ont tenté de fuir, se sachant condamnés à une épuisante marche dans le maquis et à une mort par égorgement dans les jours qui suivent.

Nous voilà au terme malheureux de cet enlèvement. Dès que la nouvelle se répand, c'est un grand désespoir qui nous saisit de savoir qu'ils étaient vivants jusqu'à ce jour. Enfermés dans une cache bien protégée, ils devaient se douter que nous les recherchions et ont certainement entendu les bruits occasionnés par notre passage durant les fouilles, mais réduits au silence par les rebelles, ils n'ont pas pu se manifester et nous procurer l'indice qui aurait amené leur délivrance. Nous en saurons un peu plus si nous capturons vivant un des fellagas.

Ce fut chose faite, un appel est lancé par le commandant du bataillon aux forces du secteur voisin. Les traces laissées par les rebelles dans leur fuite ont permis de monter une opération d'encerclement. Poursuivi par nos camarades, le petit groupe rebelle est anéanti. Un prisonnier est ramené : il s'agit de notre collègue arabe.

Il est enfermé dans la prison du bataillon et immédiatement interrogé par les services spéciaux du centre. Un bon copain originaire de Constantine parlant bien l'arabe traduit les réponses du prisonnier. Je suis allé le voir pour m'informer des suites de l'affaire. Très discret et tenu par le secret de sa fonction, il me confirme l'implication active de notre collègue musulman dans l'enlèvement, ce dont tout le monde se doutait. Je lui demande ce que sera la sanction pour le militaire déserteur et criminel, il m'annonce que cela ne dépend plus de nous mais du tribunal militaire d'Alger.

Dans le village, la peine est grande, les collègues militaires sont très « remontés » contre la population musulmane. Il est certain que des personnes que l'on croise tous les jours sont certainement complices de ce crime, mais elles ne sont pas nombreuses car la communauté arabe est en majorité pro-Algérie française. Nous ne devons surtout pas faire d'amalgame avec les tueurs du FLN en condamnant tout le monde. Aussi l'autorité militaire nous demande de rester calme et d'effectuer les obsèques militaires de nos copains dans la dignité. Les deux corps seront ensuite transportés à Alger, ils rejoindront la métropole et seront remis aux familles respectives. Comme dans toutes les guerres, les injustices touchent par le plus grand des hasards des familles innocentes et leurs enfants de vingt ans « morts pour la France » qui ne demandaient que la paix et la joie de vivre.

Le lendemain au petit matin je rejoins le collègue constantinois pour lui demander des nouvelles du prisonnier. Il me prend à part et dans la plus grande discrétion m'apprend la nouvelle à ne pas diffuser : le prisonnier s'est donné la mort par pendaison dans la cellule pendant la nuit. Il savait ce qui l'attendait et il n'a certainement pas voulu survivre à son forfait. Je suis parti aussitôt en me posant beaucoup de questions sans arriver à calmer la souffrance interne engendrée par ces malheurs, souffrance qui commence au creux de l'estomac, remonte jusqu'à la poitrine, la comprime à faire mal, continue jusqu'à la gorge pour terminer en sanglots étouffés.

La suite est à mes yeux un constat malheureux : un copain appelé, comme tous les Musulmans de notre âge, se détourne de son devoir de militaire français pour servir le FLN et ses rebelles. A-t-il raison ? A-t-il tort ? La conséquence est tragique. Il aurait pu déserter sans impliquer la mort de deux de ses collègues, il a fait un choix politique à respecter, car il était musulman, dans son pays qui est également le nôtre, et il souhaitait l'indépendance.

La guerre est terminée, et ce collègue déserteur et assassin est certainement considéré à présent comme un héros dans son pays.

17

Interlude

Je passe rapidement à autre chose car ces souvenirs sont difficiles à vivre. A la fin de cette année 1961, un matin, un télégramme d'un bureau de poste de la région d'Alger parvient à l'officier de la Compagnie : je suis convoqué pour percevoir une importante somme d'argent. Étonné, ne comprenant pas d'où vient cette aubaine, j'arrive sous escorte au bureau de poste. Le receveur me remet le pécule et une lettre de la Direction Départementale des PTT. La missive m'informe de l'attribution de six mois de traitement par mon administration. Je ne demande pas mon reste et rejoins Douera avec l'escorte.

J'étudie la note de service qui m'a été remise et je comprends pourquoi j'ai perçu ce pécule. En temps de guerre un soldat reçoit une modique somme, la valeur actuelle de cinquante centimes d'euro par jour, avec la possibilité de se rendre de temps en temps au foyer et de déguster une bière. (Voilà la raison pour laquelle la famille et les parents envoient aux militaires une petite rente qui leur permet de s'offrir des « extras »). Le militaire touche également chaque mois une cartouche de cigarettes et j'ai, jusqu'à présent, profité de ces avantages. Les fonctionnaires, au-delà de la durée légale du service militaire, c'est à dire dix-huit mois, jouissent de leur traitement comme s'ils étaient en activité dans le civil. Je suis surpris : j'ai effectué seulement vingt jours de formation sur les six mois imposés. Or la note de service que j'ignorais stipule que dix-sept jours sont suffisants pour obtenir le statut de stagiaire. Voilà le pourquoi des mois de traitement perçus dont je vais continuer à bénéficier mensuellement jusqu'à ma libération.

Je fais profiter rapidement mes parents de cette manne en leur envoyant un mandat et je vais également utiliser mon gain d'une autre manière : je loue à Alger avec un copain chez un particulier, une chambre que j'occuperai lors des permissions de 48h. L'année se termine, je passe le deuxième Noël dans la Compagnie, mais non en service. Les nouveaux arrivés sont désignés pour les corvées et les gardes.

C'est encore un moment difficile pour tous les appelés, mais nous n'avons pas trop à nous plaindre. Le Moyen Atlas est une région au climat continental et à l'hiver rigoureux. Je pense à ceux qui se trouvent sur un piton rocheux, avec pour objectif, la surveillance assidue du secteur. Le transistor collé à leurs oreilles va les aider à se changer les idées et à rêver aux fêtes traditionnelles familiales de leurs régions d'origines ; Le repas amélioré des deux fêtes leur sera apporté par hélicoptère si le temps le permet

18

Le grand voyage

1962. L'année commence par un changement d'affectation qui me fait grand plaisir. Convoqué chez le commandant de Compagnie, celui-ci m'annonce que je suis réclamé par Alger à la DG sur le poste que j'occupais au déclenchement du putsch, et m'invite à rejoindre sans attendre le lieu de détachement. Je ne me fais pas prier et je fonce préparer les valises pour gagner Alger.

Installé dans la chambrée à Hussein-Dey, je remarque des têtes nouvelles et retrouve quelques anciens copains. Puis direction en camion débâché pour la DG où je suis gentiment accueilli par les deux PFAT et leurs « intimes ». Je retrouve mon service comme lors de mon premier passage, avec les mêmes horaires de travail, les temps des vacations ne changent pas. Les bonnes habitudes reprennent ; Toujours aussi gâté de friandises par les deux gentilles collègues, j'assiste inlassablement à leurs romances amoureuses avec leurs copains respectifs, en complice bienveillant. Quelquefois, témoin de « scènes de ménage », je m'empresse de m'éclipser mais au retour je dois écouter les propos vindicatifs de la belle envers son compagnon. Je participe avec attention à la communication qui s'installe sachant bien n'apporter aucune solution à leurs problèmes de cœur. J'en ris encore car j'avais vingt ans, peu d'expérience de vie de couple, encore moins d'aventures clandestines et je suis pris à témoin dans les embrouillaminis tendres de personnes qui auraient pu être mes parents.

Les mêmes temps de service qu'auparavant me permettent de profiter au maximum de moments de liberté. Installé dans la pièce que j'ai louée avec mon camarade dans le centre d'Alger, j'ai mon linge civil à demeure et lors des deux jours et demi de repos, je me transforme en touriste. Je retrouve des copains et copines, et nous partons en balade dans cette ville extraordinaire, vivante, colorée, fréquentant avec une extrême prudence les bars et cafétérias, car les attentats sont toujours présents et très meurtriers.

J'effectue le service de radio-graphiste. Je retrouve les collègues transmetteurs, de Paris, Toulon, et d'Afrique. La situation militaire s'est bien améliorée, les rebelles essoufflés n'occupent plus le terrain, les Bulletins Régionaux que nous recevons et déchiffrons font état d'une baisse de l'activité rebelle et la victoire par les armes se dessine pour l'armée.

Par contre les actes terroristes sont en constante augmentation. Il faut ajouter aux attentats du FLN, ceux perpétrés par les commandos OAS. Le combat est féroce entre les forces partisanes de l'Algérie Française et les brigades anti-OAS formées par le pouvoir, qui défendent l'indépendance de l'Algérie.

La situation politique entre dans une phase événementielle aiguë, désespérante pour les Européens d'Algérie. Le vote pour l'autodétermination et l'indépendance, approuvé par la Métropole et les Algériens, ne s'accompagne d'aucune solution pour les Français d'Algérie. Cette absence de prise en compte incompréhensible vécue comme un véritable abandon par les Pieds-noirs, se transforme chez eux en une réaction qui trouve sa pertinence dans le désespoir et les amène à la résistance armée contre le pouvoir politique. Ils rejoignent en masse l'OAS. Le combat qu'ils vont mener est illégitime pour nos gouvernants, mais il est leur salut.

La proposition du FLN à leur égard — « la valise ou le cercueil » — est significative du mauvais sort qui les attend. Que feraient un Breton, un Alsacien, un Niçois vivant dans son pays depuis cinq générations et que l'on obligerait à quitter sa terre natale, ses racines, ses habitudes ? C'est pourtant le sort qui est réservé à plus d'un million d'Européens et à de nombreux musulmans trompés par de belles promesses et abandonnés dans une incertitude démoniaque. Je reviendrai plus loin sur cette guerre fratricide dans laquelle je participerai à ma libération, comme la plupart de mes compatriotes.

Le 15 janvier, je viens de prendre le repos de 48 heures habituel et je m'apprête à effectuer la période de service de deux jours et rejoindre la caserne. Le camion de transport nous accueille comme à l'accoutumée, direction la DG, et je retrouve mon lieu de travail et les deux PFAT. L'après-midi se déroule normalement, je passe un moment avec mes collègues : partie de cartes, lecture, une petite détente en attendant le repas du soir. Une nuit de sommeil toujours aussi agitée m'attend. Je suis debout à cinq heures trente et me prépare pour le départ, petit train-train habituel. Jusque-là rien de particulier, je dois me présenter à six heures au camion en tenue militaire pour rejoindre la DG. Tout à coup un sous officier entre dans le dortoir, m'informe qu'il y a du changement, me demande de prendre toutes mes affaires personnelles et m'invite à le suivre.

Très étonné de son intervention, je m'interroge : serais-je démobilisé par avance alors que j'ai encore deux mois à effectuer ? Le sergent refuse de répondre aux questions, m'avise qu'un véhicule m'attend et m'enjoins de me dépêcher. Je monte dans le camion bâché, le barda militaire en main, étonné d'être le seul passager, ignorant toujours notre destination. Le véhicule démarre ; il effectue des arrêts devant différentes casernes du Grand Alger et à ma surprise d'autres militaires me rejoignent. Le dialogue entre nous s'installe. Tout comme moi, ils sont très surpris, et ignorent ce que signifie ce scénario.

Rapidement nous nous rendons compte de la seule raison qui nous réunit dans le camion : notre origine Pied-noire. Nous partons pour une destination inconnue. Nous quittons Alger et nous roulons six à sept heures d'affilée, nous mangeons un casse-croûte le midi, nous arrivons en fin d'après-midi à Constantine, ville distante de quatre cents kilomètres d'Alger, mais ce n'est pas la destination définitive. Nous nous arrêtons dans une caserne pour dîner et passer la nuit, le lever est programmé à cinq heures le lendemain.

Toujours sans aucune explication, nous sommes conduits à la gare, direction inconnue. Le convoi démarre, un officier nous accompagne et nous promet de répondre à notre inquiétude un peu plus tard. Le train, un vrai tortillard, prend la direction du Grand Sud. Dans un confort des plus rudimentaires, nous traversons les Gorges d'El-Kantara formées d'impressionnantes barres rocheuses de couleur bleutée qui sont la porte du désert. Une immense étendue verte s'offre à nos yeux, nous découvrons Biskra, superbe palmeraie très connue pour ses excellentes dattes. Quelle surprise ! Je suis un des plus anciens du contingent, à moins de deux mois de ma libération, me voilà à Biskra — et le voyage n'est pas terminé !

L'officier nous rejoint et nous explique le pourquoi de notre situation : l'ordre de désertion adressé aux militaires Pieds-noirs appelés sous les drapeaux pour rejoindre l'OAS vient d'être diffusé, et pour éviter ces désertions, les responsables militaires ont décidé de nous déplacer provisoirement loin d'Alger. L'état-major militaire a anticipé les décisions de l'Organisation Secrète, évitant ainsi que nous nous engagions dans un combat fratricide perdu d'avance. Le temps pressait et la surprise devait être totale pour éviter une réaction désastreuse de notre part, d'où leur initiative prise sans ambages, sans concertation. Peut-être ont-ils eu raison ?

Nous voici dans un train qui sent la poussière, en compagnie d'une escorte de collègues appelés comme nous et d'un avion d'observation qui surveille en permanence la voie de chemin de fer et les alentours. Une attaque du FLN est toujours possible, mais les fellagas auront eux aussi été surpris par la vitesse de décision de l'opération et les renseignements concernant notre transfert n'a pas eu le temps de leur parvenir.

Notre destination est le Sahara : la ville Touggourt. Je ne m'attendais pas du tout à ce scénario, ma chambre à Alger est payée, j'ai laissé toutes mes affaires civiles et je n'ai pratiquement aucune chance de les retrouver. De plus dans cet imbroglio qui nous touche, les événements ne s'arrangent pas et il va falloir réfléchir à ce que sera notre avenir. Alors que ma libération est proche, je me retrouve à près de mille kilomètres de chez moi, dans un pays que je ne connais pas. Pour moi c'est une forme de « déportation ». Nous sommes en hiver, dans ce train plein de poussière de sable, la chaleur se fait déjà sentir, les sièges en bois commencent à nous fatiguer sérieusement. L'ambiance de cette bande de Pieds-noirs exilés est morose, le moral au plus bas. Comment va se passer la suite ?

Nous arrivons enfin à Touggourt, au milieu d'une immense étendue de sable. Nos yeux accrochent une splendide palmeraie qui s'étend à perte de vue, baignée dans le ciel d'un bleu profond. A droite de cet océan de verdure, la ville, ses habitations basses de couleur blanche avec peu d'ouverture. La gare nous accueille dans un paysage quelque peu style western, et une population à la peau couleur cuivre aux habits bigarrés. A notre descente du train, un véhicule militaire nous amène vers ce qui sera notre demeure pendant cet exil.

Le lieu est un fort occupé par la Légion. La porte d'entrée franchie, nous observons une grande cour cernée d'un mur assez haut et défendue par des tours de guet dans chaque angle. Face à l'entrée, au milieu des bâtiments de style colonial, nous apercevons la demeure du colonel responsable de la garnison. Il vit avec sa famille, que nous découvrirons plus tard, une très belle femme et une jolie fille de dix-sept ans, qui feront rêver plus d'un d'entre nous. Admirer les deux beautés lors de leurs sorties fut comme un immense bouquet de belles fleurs aux tendres couleurs du printemps disposé là pour nous éblouir. Ces deux fleurs parmi les fleurs vont tout au long du séjour nous faire oublier nos conditions de reclus.

A gauche de l'entrée, des véhicules militaires et du matériel divers, dont des citernes d'eau ; à droite, des bâtiments qui seront nos lieux de « villégiature » : des chambrées de dix lits, des douches, des cuisines, un réfectoire et un foyer où nous pourrons nous distraire pendant les heures d'ouverture. Nous partageons les édifices avec les légionnaires et quelques militaires méharistes en transit.

Nous sommes réunis par un officier qui nous annonce que nous n'aurons aucune garde ni activité opérationnelle à effectuer. — Ils auraient trop peur que nous ne désertions avec nos armes pour rejoindre les rangs de l'OAS présente jusque dans ce désert. Nous serons très libres et nous pourrons sortir du fort le matin et en fin de journée en évitant la palmeraie. L'après-midi, sortie interdite de midi à quinze heures, avec sieste obligatoire à cause de la chaleur. Il nous demande également d'être très corrects avec les civils du Fort, sous-entendu les deux perles du Colonel, puis il nous annonce pour le lendemain, une entrevue avec le médecin de la garnison.

Nous nous installons dans notre nouvelle demeure. Choix du lit et du voisin en respectant les affinités qui se sont formées, les transistors fonctionnant à fond car, éloignés des grandes villes, nous demeurons inquiets des événements qui s'y déroulent. Nous faisons connaissance avec le foyer. Nous y trouvons de la lecture, des jeux et un bar qui sera fermé entre midi et seize heures et à partir de vingt-deux heures.

Le lendemain nous rencontrons le médecin militaire. Il nous sépare en deux groupes et nous invite à monter dans un camion, direction inconnue. Nous découvrons la ville pleine de lumière et nous arrivons à l'hôpital militaire. Il nous réunit dans une salle, nous explique les énormes dangers des rapports sexuels avec les prostituées de la ville et nous invite à le suivre. Nous traversons des pièces occupées par des malades, puis nous nous arrêtons dans une salle très particulière où gisent plusieurs légionnaires sur leur lit de souffrance. Le médecin nous fait découvrir les malades tous atteints de maladies sexuelles graves. Certains sont condamnés, d'autres resteront mutilés à vie, conséquence de leur désobéissance aux recommandations qui leur avaient été données. Le Bordel Militaire passe tous les deux mois, le médecin nous demande de ne pas franchir le pas, l'abstinence est vivement conseillée. Voici une bien étrange réception, mais il nous affirme que chez les légionnaires, les maladies sexuelles font plus de dégâts que les accrochages avec les rebelles. Nous sommes prévenus….

Je commence par m'imprégner du paysage qui est somptueux. Depuis le fort nous découvrons des couchers de soleil sur la ville, de toute beauté. Voir le soleil décliner à l'horizon et assister au déploiement de couleurs jaunes qui tournent à l'orange pour terminer dans un rouge carmin est sublime. L'horizon teinté d'un long ruban de ces couleurs chaudes près du sol, communie avec le ciel d'un bleu-vert transparent. Le tout s'estompe en douceur et transmet à l'œil comme à l'esprit une sensation de calme, de repos, de délectation qui inonde le cœur. J'ai pris des photos et fait quelques croquis de ce magnifique paysage et je l'ai immortalisé, en peignant à mon retour dans la vie civile retrouvée, une toile de Touggourt qui est toujours en ma possession. — J'ai d'ailleurs choisi d'en faire l'illustration de ma première de couverture.

Je poursuis la découverte de ce département saharien avec la visite de la ville aux couleurs claires. Des arcades encadrent les rues et protègent les passants du soleil. Peu d'édifices à étage, pas de balcon et un minimum d'ouverture toujours pour éviter la chaleur. Nous découvrons une population musulmane d'origine Touareg très avenante, et peu d'Européens.

De nombreux lieux « de passes » sont dispersées à l'ombre des rues étroites de la vieille ville. Devant la porte entrouverte pour accueillir les galants, de belles femmes européennes à la chevelure rousse interpellent les promeneurs. Le nombre des sites à plaisir est important étant donnée la présence de la garnison militaire qui stationne dans la ville, et je suis étonné de découvrir autant de Françaises qui pratiquent le plus vieux métier du monde. Un sous-officier avec qui je sympathise me confirme l'existence de plusieurs prostituées françaises forcées d'exercer cette condition par des souteneurs notoirement connus. Personne ne se soucie de leur sort, elles n'ont pas l'autorisation de leurs « protecteurs » de se présenter à la visite médicale gratuite. Elles sont de ce fait en danger et sont impliquées dans le phénomène de l'importante propagation de maladies sexuelles qui affectent les légionnaires. Pourquoi ont-elles toutes la particularité d'être rousses ? Tout simplement parce que leur teint et leur peau sont parait-il très prisés par les légionnaires et les Touaregs de passage.

Certaines femmes musulmanes acceptent de subir régulièrement des contrôles et affichent leur certificat médical pour attirer les légionnaires, mais la question est vite résolue : elles n'ont pas à leurs yeux l'attrait des rousses européennes.

Je prends un grand plaisir quand le jour descend, à me promener sous les arcades entre ombre et lumière au milieu de couleurs chatoyantes, content de croiser quelques Européens. Je passe des soirées avec les copains dans les restaurants arabes et autres ; très souvent elles finissent mal car nous buvons plus que de coutume et faisons des bêtises en ville : petits scandales, changement des plaques de signalisations routières et autres incivilités. Nous avons quelques déconvenues avec les gendarmes, qui se soldent par un avertissement de nos responsables militaires, la réprimande est peu sévère.

Il commence à faire très chaud. Les métropolitains qui partagent notre chambrée souffrent des températures et surtout de la soif. Le foyer est fermé jusqu'à quinze heures, l'eau des communs est coupée pendant la sieste, ils prennent alors leurs précautions et se font des réserves de bières et sodas. Certains se désaltèrent sans cesse, ne pouvant pas se restreindre et se retrouvent rapidement sans consommations. Ils n'hésitent pas alors à sortir dans la cour de la garnison pour étancher leur soif en buvant de l'eau non potable et chaude contenue dans les citernes exposées au soleil, et des cas de dysenterie se déclarent inévitablement

Nous avons du mal déjà à supporter la chaleur, on se demande ce que doit être le plein été. Par contre dès que le soleil se cache, le froid commence à se faire sentir. La nuit, les pierres craquent sous l'action de la température négative qui s'abat en terrain vague. La palmeraie, protégée par la végétation qui l'entoure, ne craint pas le gel. Je contemple souvent les belles nuits étoilées du ciel saharien, sans un nuage, avec le passage de nombreuses météorites. Dans la quiétude, l'unique bruit que l'on perçoit au lointain est le cri d'un animal sauvage en chasse, ce qui donne une note fantastique au paysage.

Nous nous promenons souvent dans la palmeraie, une petite merveille de la nature. Elle se découpe en allées de sable, protégées par l'ombre des palmiers. On y trouve une accueillante fraîcheur, une végétation luxuriante, de l'eau qui s'écoule dans le silence seulement troublé par le chant mélodieux d'un oiseau de passage. De chaque côté de l'allée, des jardins où tout pousse, de la couleur verte partout. Les rayons du soleil traversent le feuillage des arbres et étendent sur le potager une source lumineuse réfléchie par la tendre couleur émeraude qui jaillit des jardins cultivés. Les carrés maraîchers sont bien propres, très travaillés, arrosés d'une eau généreuse qui provient d'une grosse source à travers un canal. Des plantations d'agrumes ajoutent par les teintes de leurs fruits une explosion de couleurs chaudes complémentaires à ce beau vert tendre. Le citronnier, le tilleul, le laurier sauce, la verveine, exhalent leurs parfums qui vont caresser au sol celui de la menthe et faire de cet endroit mirifique, embaumé, à la vision douce et apaisante, la réplique d'un jardin d'Éden.

Mauvais souvenir cependant d'une balade dans la palmeraie. En visite en début d'après-midi, nous rencontrons un chibani[55] qui nous reçoit d'une façon sympathique, nous fait visiter ses jardins et nous invite à déguster un thé vert à dix-huit heures. Je suis un peu sceptique quant au motif de cette proposition et en partant, je préviens les collègues que l'invitation doit nous inciter à une certaine méfiance. Nous sommes cinq et je me joins à la majorité du groupe qui accepte la dégustation. J'invite mes collègues à rester tout de même très vigilants lors de la visite.

Vers dix-huit heures, comme convenu, nous entrons dans la palmeraie. J'observe les abords de l'allée en avançant lentement en tête du groupe. J'aperçois tout à coup des ombres à travers les feuillus qui bordent le jardin, et un visage qui disparaît aussitôt. Immédiatement je feins de montrer une plante au sol à

---
[55] Vieux personnage musulman

mes collègues et je leur explique mon soupçon : à mon avis nous allons être réceptionnés de la plus mauvaise des façons. Je leur propose de nous retourner discrètement et au signal convenu de nous précipiter en courant vers la sortie de la palmeraie, en vue du Fort éloigné de cinq cents mètres, où nous avons éventuellement la possibilité d'alarmer la sentinelle. L'opération se déroule comme prévu, nous partons en courant vers la sortie, en apercevant également du mouvement du coté des jardins. Nous sommes en vue du Fort, nous avons eu très chaud, je pense que nous étions « attendus ». Le chibani avait eu le temps d'alerter des rebelles qui nous attendaient en nombre suffisant pour nous enlever et sans un coup de feu, réussir une belle opération. Nous aurions tout simplement disparu et comme nombre de nos copains, promis à une mort certaine.

Nous sommes rentrés sans rien dire à la garnison sachant que nous avions désobéi aux ordres de ne pas quitter le village. De toutes façons nous ne pouvions rien prouver concernant ce supposé guet-apens. Quant aux éventuels rebelles, ils seront bien cachés ou auront disparu dans le Grand Sud. De plus les opérations militaires sont pratiquement stoppées.

Un souffle d'indépendance émerge, le cessez-le-feu est prévu pour le mois de mars. Je réfléchis à la prochaine libération et au retour dans la vie civile, et je m'aperçois que ma carte d'identité n'est plus valable. Sachant pertinemment que les contrôles sont fréquents dans les villes, je m'empresse d'effectuer une demande de renouvellement de mon document à la mairie de Touggourt. Cela se fait sans difficulté mais avec un problème majeur : je suis domicilié en ce moment dans cette ville et c'est l'adresse qui doit être portée sur la nouvelle carte d'identité. On m'assure que l'on ne peut pas faire autrement, je dois éventuellement effectuer le changement d'adresse au retour dans le nouveau lieu de résidence, cela n'étant pas obligatoire. Je crois que cet acte fut la plus grosse bêtise que j'aie pu faire, car il a failli me coûter la vie, comme je l'expliquerai plus loin

19

La rose des sables

Dans la continuité de mon service, je commence à avoir des problèmes de santé. Je dors très mal depuis notre arrivée. Habitué aux horaires de nuit, j'ai toujours des difficultés à différencier les moments de sommeil entre le jour et la nuit. J'ai ressenti des tremblements, des angoisses et le diagnostic du médecin militaire est sans appel : je suis en pleine dépression nerveuse. Ce qui arrive parait-il souvent avec les changements brusques de climat, de vie, d'activité et l'accumulation du manque de sommeil. Je suis conduit à l'infirmerie et je ne me souviens que d'une piqûre qui m'est administrée pour me calmer. Je me réveille un beau matin en pleine forme : j'avais subi une cure de sommeil de huit jours. Je n'ai aucun souvenir du temps écoulé, je me souviens seulement de la chambre froide, dans le noir le plus complet. Il ne me reste plus qu'un petit mois à effectuer, penser fortement à la libération prochaine va me permettre de me rétablir plus rapidement.

Les bons moments qui vont suivre m'aideront beaucoup à finir dans de meilleures conditions mon exil. Nous découvrons le marché du jeudi sur une aire de terre sèche à la sortie de la ville. Ici se dresse un immense étalage où tout se vend et s'achète. Des Touaregs proposent leurs chameaux à la vente, et sortis de nulle part, des services de porcelaine de Limoges, ainsi que des articles de cuir, des poignards, de la vaisselle, des outres. Ils achètent aux indigènes du coin des légumes, des fruits frais, des épices, de la semoule et des ustensiles de cuisine faits main, en aluminium. Des vêtements multicolores sont étalés sur de grands tapis. Des chevaux, des ânes, des chèvres attendent également d'éventuels acheteurs. Nous sommes étonnés de la qualité, de la variété et de la beauté des produits proposés. Toutes sortes de viandes de boucherie, sauf du porc, sont aussi en présentation. Je comprends à présent d'où vient la langue de chameau préparée en sauce que nous mangeons à la garnison une fois par semaine.

Je continue les sorties avec le sous-officier de carrière avec qui j'ai sympathisé. Il m'invite à une journée de pêche un matin, il ne m'en dit pas plus et me propose un rendez-vous que j'accepte avec plaisir. Nous partons deux jours plus tard, en jeep, à quelques kilomètres de la ville. Après le passage de plusieurs dunes nous arrivons dans une petite palmeraie. En bordure, je découvre un paysage somptueux, un grand canal appelé « la mer Egée » qui s'écoule dans un doux silence, bordé de sable de couleur légèrement orangée. Nous voilà à taquiner le goujon dans l'étendue d'eau qui est ensuite amenée par des petits canaux vers la ville, pour fournir l'eau d'arrosage à la grande palmeraie de Touggourt. Une partie de pêche insolite, dont les prises de malheureux poissons perdus en plein désert sont rares, mais une journée de détente au milieu d'un paysage de rêve. En fin de matinée, la chaleur du soleil et la violence de ses rayons nous fatigue les yeux et le corps, et nous oblige à rejoindre le frais de notre caserne.

Le même copain m'a emmené en promenade en plein désert dans des endroits qu'il connaît bien, j'ai pu conduire la jeep et m'amuser à grimper sur des dunes, la voiture transformée en 4X4. La montée est impressionnante, on ne voit que du sable devant soi. Puis arrivés au sommet, un paysage ravissant apparaît avec une vue sur l'horizon qui se décline en une multitude de vagues jusqu'à l'étendue d'eau, effet de mirage qui s'étend en longues frises entre le sable et le ciel.

Nous partons un beau matin en expédition à la recherche de roses des sables. Il n'est pas facile de trouver le filon dans cette étendue, il faut compter sur un connaisseur du désert pour découvrir les belles créations que nous offre la région. Dans un endroit où le sable laisse la place à un parterre de consistance légèrement rocheuse, il suffit de creuser pour découvrir ces perles du Sahara, mais on ne gagne pas à tous les coups. J'ai réussi à ramener quelques-unes de ces petites merveilles que nous façonne le désert, toujours étonné de voir comment la nature peut créer de si belles choses.

Autre curiosité du lieu : le prix de l'essence à la pompe. La découverte du pétrole à Assi-Messaoud fait provisoirement de la France, un pays producteur de pétrole. Le prix du litre à la pompe est ici cinq fois moins important que sur la côte et en métropole. Nous apercevons de temps en temps en transit des camions énormes qui partent pour les grands puits de pétrole du Grand Sud, ce sont des Berliers T100 dont le moteur est alimenté au gas-oil brut, équipés de pneus de deux mètres de diamètre. Une échelle adaptée au camion permet au chauffeur de rejoindre sa cabine, chaque véhicule possède sa climatisation, alors que dans les appartements de la ville seul le ventilateur de plafond permet d'atténuer un peu la forte chaleur saharienne.

Enfin la quille[56] ! Nous sommes une dizaine à finir notre service militaire et la guerre qui se terminera par un fiasco de notre diplomatie aboutira à l'Indépendance de l'Algérie. Fin février nous retrouvons le train avec notre escorte, puis l'avion de surveillance et après deux jours de voyage, je suis de nouveau à Douéra. En possession d'un titre de transport, je pars pour Oran. Je suis libéré définitivement des activités militaires le 3 mars 1962 : j'ai effectué vingt-sept mois de service avec trois permissions, une de quarante-huit heures, la seconde, la permission de détente — de trois semaines, puis la permission libérale de quelques jours que je vais passer dans ma famille.

---

56   Libération

Que m'aura apporté ce service armé ? Comment l'ai-je vécu ? Quelle fut ma contribution ? Comme tout ancien combattant je n'ai jamais parlé de ce passé douloureux avec personne : nous avons gagné militairement ce conflit. Mais nous avons perdu 30.000 de nos copains tués au combat, 60.000 ont été blessés, et certains sont devenus invalides. Beaucoup d'autres ont subi des chocs psychologiques. On ne sort pas indemne d'une période de guerre quand on a effectué vingt-sept à trente-six mois de service.

Malgré cela, je garde un très bon souvenir de la camaraderie, de la solidarité, du dévouement qui nous animait. J'ai appris à connaître la discipline, la peur, la fatigue, le dépassement personnel face à l'adversité et le plaisir d'aider mon prochain. J'ai découvert l'abnégation, l'amitié, l'amour d'un pays que je croyais connaître, une population arabe prise entre deux passions, qui a souffert et qui n'a pas fini sa croissance.

Personnellement je reste marqué en tant que combattant par l'aberration dans laquelle nous ont amenés les politiques et l'absurdité des décisions prises tout au long du conflit par nos gouvernants, ainsi que par leur incompétence affirmée sur l'échiquier international. Sans compter le peu d'intérêt porté au sort du peuple Pied-noir.

CINQUIEME PARTIE

Plaidoyer pour la vie

20

L'incompréhension

Mars 1962. Rendu à la vie civile, je rejoins le nouveau domicile de mes parents. Ils ont enfin réussi après onze ans d'attente à obtenir un appartement social qui se trouve un peu hors de l'agglomération, près du « Village Nègre », la partie arabe de la cité. A l'inverse des autres villes d'Algérie, Oran est en majorité européanisée par les Français de souche comme notre famille venant de métropole ainsi que les Espagnols qui ont fui la guerre d'Espagne et le régime de Franco. La ville est constituée de trois grandes parties : le centre peuplé d'Européens ; le quartier Juif et Mozabite[57], très commerçant, où vivaient en bonne intelligence les juifs et le petit peuple mozabite ; le quartier arabe.

Je découvre un appartement récent composé de trois chambres, une salle de bain, une cuisine, deux balcons. Un petit paradis ! Enfin du positif dans la vie d'ouvriers de mes parents. Je commence à me replonger dans la vie citadine pendant la semaine de permission libérable, avant de contacter mon employeur : les PTT.

La première impression que j'éprouve est une difficulté d'adaptation à la vie urbaine comparée au

---
57 Communauté religieuse musulmane apparentée aux Berbères

calme du bled[58] et du désert. Le plus grave est le sentiment de me sentir complètement dépassé par l'importance de la guerre urbaine qui est installée. Je parle avec mes parents et mon frère âgé de dix-neuf ans des moments difficiles que nous traversons. Je suis loin de ce que j'avais imaginé et je vais me rendre compte un peu plus tard de la dégradation de la situation depuis mon départ il y a vingt-sept mois.

Sur le plan scolaire mon frère était au lycée en terminale, mais les cours ont cessé à cause des attentats qui ont frappé le monde enseignant et les élèves. Il est engagé activement dans l'action contre l'indépendance de l'Algérie. J'apprends qu'il a été arrêté une première fois lors d'une manifestation en faveur de l'Algérie française, comme plusieurs jeunes de son âge, et interné quelques jours dans un centre de rétention, à Arcole. Il se déplace depuis ce jour avec un titre de circulation qu'il doit présenter à chaque contrôle.

Mon père parle d'armes et de munitions. Il possède un pistolet automatique et quelques cartouches qu'il cache. Il élabore également un pistolet constitué d'un tube confectionné au tour à métaux équipé d'un ressort puissant et d'un percuteur qui tirera des balles au coup par coup. Cet engin servira en auto défense, à faible distance il ne pourra qu'être dissuasif. Je me demande sur quelle planète je me trouve, je ne comprends plus rien à ce qui se passe. Mais je vais vite redescendre sur terre et

---

58   Grande étendue extra urbaine

entrer dans le cercle infernal de la violence au quotidien que vivent les Oranais.

Il y a deux jours que je suis arrivé, je me détends, j'essaie de retrouver un sommeil réparateur et un équilibre après la période militaire. Mes parents partent faire les commissions au pied de notre immeuble, je me mets sur le balcon pour regarder le paysage. Nous avons une vue très dégagée sur le village nègre, au loin nous pouvons apercevoir le lac salé au sud de la ville. En bas de la cité, un grand espace, une jolie place, quelques arbres et des commerçants installés qui proposent leurs articles dans le marché hebdomadaire.

Le printemps s'annonce, il fait beau, et j'admire ce lieu situé loin du centre-ville. Mes parents heureux, enfin bien logés, qui déambulent tranquillement à la recherche de quelques bons produits à transformer en un repas qui promet d'être succulent et que je n'ai pas eu le plaisir de déguster depuis longtemps.

Tout à coup une voiture arrive aux bords des allées, elle avance lentement. Par la fenêtre ouverte côté opposé au chauffeur, je vois un bras sortir et une arme de poing faire feu dans la foule. Puis un grand coup d'accélérateur projette la voiture en avant, qui disparaît rapidement. La riposte de quelques Européens armés est immédiate mais inutile. Un coup de chance, il n'y a eu aucun blessé, nous sommes tombés sur un terroriste qui devait effectuer son premier attentat. Me voilà dans l'ambiance. Quand mes parents rentrent, ils me confirment que c'est comme cela dans toute la ville, et que je dois être très prudent car ils tuent surtout les jeunes. Je n'ai encore rien vu, mais ce retour dans la vie civile ne s'annonce pas très bien.

Pendant les quelques jours de permission libérable, je rends visite aux copains dans mon ancien quartier. Tout a changé et je ne retrouve personne. Je descends jusqu'à la Place des Victoires, lieu de nos rendez-vous où nous nous retrouvions pour jouer au baby-foot ou au billard, mais là encore je ne rencontre plus mes amis.

Surprise ! Je vois des patrouilles de CRS et des gardes mobiles qui traversent la ville en half-track, fusil mitrailleur en batterie, le servant, doigt sur la détente très concentrés à regarder dans tous les sens et en hauteur vers les balcons. Un concert de casseroles entonne les trois sons « tititi — tata » (Al-gé-rie Fran-çaise) et anime la rue tout le temps du passage des forces de l'ordre. Le tintamarre s'estompe après leur départ. A ce moment sortent des couloirs de la grande rue, des jeunes, les armes à la main, le brassard OAS au bras qui se mettent à patrouiller à leur tour. Je suis étonné de tous ces mouvements qui ne présagent rien de bon. J'arriverai plus tard à mettre les choses dans l'ordre dans ma tête.

J'assiste aussi aux premières émissions pirates de l'OAS. Il suffit d'allumer la radio, plusieurs fois par semaine, à des heures précises. La voix du Général Salan affirme que la lutte pour l'Algérie Française continue, il donne des informations sur les actions dirigées contre les Indépendantistes par des commandos de l'organisation, et dénonce les forfaitures effectuées contre les Pieds-noirs par les gardes rouges[59], à ne pas confondre avec les gendarmes.

Je suis informé des attaques pratiquées par l'OAS contre les gendarmes mobiles. L'État riposte, s'organise et forme des brigades anti-terroristes appelées « barbouzes » qui vont mener un combat sans merci contre les partisans de l'Armée Secrète. La réplique des commandos de l'OAS contre ces mêmes barbouzes est immédiate. Oran est à feu et à sang, une vingtaine d'attentats FLN par jour fait autant de morts parmi les Pieds-noirs tués d'une balle dans la tête. S'ensuivent les attentats de l'OAS contre des musulmans du FLN, puis contre les barbouzes qui se mêlent à la population pour espionner les commandos OAS.
Je ne comprends plus rien à la situation, je suis en complet déphasage.

---

59 La gendarmerie mobile est une subdivision d'arme de la gendarmerie nationale

21

L'ascenseur de la violence

Nous sommes toujours en mars 1962. La permission libérable terminée, je pars pour Alger prendre mon service aux Télécom. Je suis reçu par un responsable de la Direction Régionale pour apprendre que les cours de formation ont cessé, plusieurs professeurs ayant été tués par les partisans du FLN. On me demande de rejoindre Oran, ce que je fais immédiatement. Je suis muté provisoirement à l'Atelier Départemental, sans aucune formation. J'entre en contact avec les responsables qui m'affectent dans un service de montage téléphonique où je suis encadré par deux techniciens : Claude, marié, père de famille, âgé de trente-cinq ans et Faufau, un célibataire du même âge. Ils m'initient au nouvel emploi qui consiste à reconstruire des tableaux téléphoniques à clés des années 1950. Nous devons démonter complètement le tableau, ne garder que le coffret en bois de chêne de toute beauté et les clés de manœuvre. A l'aide de plans de câblage et de fils téléphoniques de couleurs variées, nous reconstruisons les circuits électriques à réinstaller dans le coffret. Les tableaux restaurés sont testés localement, remis ensuite en service par les opératrices dans les différents centres téléphoniques du département.

Je prends un immense plaisir à travailler avec ces deux partenaires. J'ai vite compris le travail à effectuer, je suis rapidement autonome. L'ambiance est bon enfant nous n'avons pas de supérieur, et aucune contrainte dans notre activité. Notre préoccupation majeure demeure les moments difficiles que nous vivons. Le débat politique est permanent.

Je pars le matin du domicile pour l'Atelier Départemental et je ne rentre que le soir. Je déjeune le midi à la cantine des PTT. Je prends de grandes précautions pour effectuer mes trajets. La longue artère que j'emprunte est ensanglantée chaque jour par deux ou trois attentats FLN.

Un matin en descendant l'avenue, j'aperçois un ouvrier qui marche à une centaine de mètres devant moi. Il se dirige au centre-ville comme chaque jour pour pratiquer son activité professionnelle. Tout à coup, un Arabe sort d'un couloir juste après le passage de l'ouvrier et le vise à la tête. Le coup de feu retentit et je vois ce pauvre homme s'écrouler sur le trottoir. Le meurtrier s'échappe en courant, je me précipite au secours du blessé, mais je ne peux rien faire qu'assister à sa mort.

Depuis ce jour je ne me déplace plus sans vérifier derrière moi si je suis suivi. Lorsque j'arrive à une porte cochère ou à un couloir d'immeuble, je me présente de face devant la porte. J'ai pris ces habitudes qui sont des attitudes de survie et que j'appliquerai par réflexes, même après les événements. Le passage d'un véhicule se déplaçant à petite vitesse cache également un attentat : tir à la mitraillette ou au pistolet automatique, quelquefois projection d'une grenade quadrillée.

De plus, les enlèvements de jeunes Européens sont fréquents. Les victimes sont torturées à mort et jetées dans le lac salé situé au nord d'Oran, certaines sont retrouvées pendues par le menton à un crochet de boucher de l'abattoir municipal.

Chaque jour amène de nouvelles actions de guérilla que je ne pensais jamais vivre. En me promenant au centre-ville un samedi, je vois des jeunes Européens de vingt ans, armés, s'approcher d'un homme, un Européen d'une quarantaine d'années et l'atteindre de plusieurs balles de pistolet automatique. Le blessé est ensuite achevé au sol.

Je m'étonne de cette action, on vient m'avertir de quitter rapidement les lieux car les gardes mobiles vont arriver et ouvrir le feu au fusil mitrailleur sur la population et vers les immeubles. J'apprends que la victime est un barbouze. Ces mercenaires, à la solde du pouvoir, s'infiltrent en ville et prennent des photos de jeunes partisans de l'OAS qui patrouillent avec leurs armes. Les clichés sont ensuite analysés et des perquisitions déclenchées dans les différents quartiers de la ville à la recherche des jeunes combattants fichés. S'ils sont découverts, ils sont alors amenés à la limite du village nègre et de la ville européenne au collège Ardaillon transformé en prison par les barbouzes — ce collège est le premier établissement secondaire que j'ai fréquenté avant de partir pour le lycée des Palmiers.

Ces actes sont pour moi une découverte de plus dans la violence qui nous entoure. J'ai beaucoup de mal à comprendre cette logique de destruction collective qui est quotidienne dans la ville. J'en viens à regretter la guerre qui sévit dans les campagnes, où les combattants de chaque camp arrivent à se reconnaître dans l'adversité.

J'ai également vu des half-tracks traverser la ville avec à l'intérieur, bien à découvert, des jeunes de seize ans près du mitrailleur : je comprends tout de suite que les gardes mobiles se déplacent en ville européenne avec des boucliers humains pour se protéger des attaques des commandos de l'OAS.

Sur le plan politique, les émissions radio pirates déclenchées par les dirigeants OAS continuent à inonder la population de solutions d'espoir. Mises en œuvre par des spécialistes des transmissions de l'Armée Secrète, elles consistent à brouiller l'émission officielle, à la neutraliser et à la remplacer par une émission mise à la disposition des Généraux. Très rapidement, en utilisant l'effet de surprise, des informations concernant des opérations réalisées avec succès contre les forces de l'ordre sont diffusées, ainsi que de la propagande et des messages codés adressés à des membres des commandos de l'organisation.

Un dimanche après-midi je me rends à mon ancien quartier pour retrouver les copines d'enfance, Marie-Claude et Arlette. Je passe devant l'entrée de mon ancien immeuble, quand tout à coup une fusillade éclate. J'entends les balles siffler, je recule et trouve la porte ouverte. J'entre rapidement dans le couloir où je m'allonge. La fusillade à l'extérieur dure un quart d'heure, des ordres et des cris fusent, accompagnés de bruits de course. Puis le silence revient.

Après quelques minutes je sors de ma cachette, me déplace jusqu'au bout de la rue, j'aperçois des véhicules militaires, des CRS et des gardes mobiles qui sortent de leurs blindés pour investir la cité Perret, un grand et bel immeuble de vingt étages situé près de notre ancien domicile. Je découvre la cause de l'agitation : il s'agit d'une émission pirate déclenchée par l'OAS, organisée sur les toits les plus hauts des immeubles pour favoriser la propagation des ondes, et de ce fait, être bien perçue par toute la ville. Dès que l'émission commence, les gardes mobiles au service de l'État déploient leurs véhicules équipés de détecteurs goniométriques à la recherche du lieu de transmission, et, quand l'endroit est localisé, ils essaient de l'investir en donnant l'assaut. Mais c'est sans compter sur les commandos OAS qui montent soigneusement la garde pendant la diffusion, d'où cette fusillade dans laquelle je me suis trouvé par inadvertance.

En conséquence, dès l'attaque des forces de l'ordre, les auteurs interrompent leur diffusion, décrochent sans aucun problème, toujours protégés par les commandos de l'OAS et se déplacent à un autre endroit pour préparer une prochaine émission. De plus, des tracts qui retracent l'émission pirate diffusée sont imprimés et distribués à la population. Nous avons pu assister à un très grand nombre de transmissions pirates sur les radios et les télévisions tout au long de ce conflit entre l'OAS et les forces gouvernementales.

L'une d'elle nous apprend qu'un autobus de CRS qui venait perquisitionner en ville est tombé dans une embuscade montée par des commandos OAS. Le car a été bloqué dans les arcades du centre-ville et une grande fusillade s'en est suivie, jusqu'au moment où une grenade a atteint le véhicule. Se voyant pris dans le feu, les occupants ont essayé de sortir du véhicule mais ils ont été aussitôt pris pour cible par les commandos OAS. Dans cette guerre implacable que se livrent les commandos et les unités fidèles au gouvernement, on ne « fait pas de quartier » ni d'un côté ni de l'autre.

Dans Alger, les combats entre les commandos OAS et les barbouzes se déroulent à coup de strougas[60]. On apprend souvent qu'une villa a sauté avec les occupants, action revendiquée par l'un ou l'autre des deux camps.

Oran était une ville très calme quand je suis parti faire mon service, mais à ce jour elle est devenue un important bastion de résistance de l'OAS et des Pieds-

---

60   Bombe artisanale au plastic

noirs. La réplique du gouvernement en engageant gardes mobiles, CRS et barbouzes met cette belle ville en danger. De plus, les actions du FLN s'amplifient, que sera notre avenir dans cette situation ?

Raymond Lucht, le cousin de ma tante, se déplace pour son travail en centre-ville quand il est pris dans une fusillade entre un commando OAS et des gardes mobiles. Aux premiers coups de feu, il essaie de se protéger, mais une balle de fusil mitrailleur l'atteint dans le dos. Il s'écroule près du trottoir, gravement blessé. Le commando OAS décroche sans perte et les gendarmes occupent la place sans s'occuper du blessé. Ils l'approchent, constatent sa blessure : il a un énorme trou au poumon gauche. Ils l'ont abandonné à son sort.

Dès leur départ les civils lui ont porté secours. Transporté à l'hôpital, il fut sauvé et survécut avec un seul poumon et six côtes fragmentées. Je l'ai revu dix ans plus tard : les os touchés par la balle cicatrisaient difficilement et il devait tous les trois ans subir une intervention chirurgicale qui consistait à ôter à nouveau un petit bout de côte dans le but d'enrayer l'infection qui se développait. Cinquante années ont passé, il est toujours vivant, souffre encore de sa blessure, et garde un souvenir atroce de ce moment. Il n'oublie pas le jour où, toujours conscient après avoir reçu la balle, il attendait les secours et a vu le CRS se pencher vers lui puis s'éloigner et l'abandonner.

Je vis ces moments affreux avec difficulté, j'essaie de me changer les idées et je reprends la peinture que j'ai abandonnée depuis cinq ans. Je fais des reproductions pour réapprendre la technique quelque peu oubliée. Le dessin ne me pose aucun problème.

Un samedi matin je prends une toile et les pinceaux. Je me mets à peindre quand tout à coup ma grand-mère nous annonce que des véhicules militaires cernent le quartier. Mes parents me disent de ne pas m'inquiéter, c'est certainement la perquisition habituelle. Ils me demandent surtout de ne pas bouger et de ne rien faire ou dire en présence des gendarmes car ils n'hésiteront pas à m'emprisonner. Je vois mon père cacher l'arme de sa fabrication sous un carrelage.

Des coups redoublés ébranlent la porte d'entrée, ma grand-mère laisse entrer une bande d'exaltés : les gardes mobiles. Aussitôt ils s'appliquent à fouiller toutes les pièces, vider les armoires, les buffets, les valises, jettent tout au sol. Je reste calme, la rage au cœur. Quand je pense qu'il y a peu de temps, j'effectuais du maintien de l'ordre avec des gendarmes « blancs » en opposition avec les gendarmes mobiles surnommés les « gardes rouges" qui nous perquisitionnent sans aucun respect. Mes parents n'hésitent pas à dénoncer leurs attitudes, ils ne tiennent aucun compte des remarques et continuent leur travail de recherche, prétexte surtout à nous humilier.

Je suis très en colère contre eux mais je reste impassible, continuant tant bien que mal à peindre. J'ai gardé ce tableau de Venise représentant une maman, son bébé en main, le bras levé vers le ciel : une scène qui évoque parfaitement le contraste de cette splendide ville millénaire et le désespoir de cette jeune femme avec son enfant le regard tourné vers le haut, vers l'avenir. La concentration pour peindre me permet de garder le sang-froid et d'éviter la rébellion contre les perfides visiteurs.

Après le départ de ces individus je vois mes parents soupirer de soulagement et ma grand-mère sortir de dessous sa robe le pistolet automatique qu'elle cachait dans sa culotte. C'est une habitude à chaque perquisition. Il ne faut surtout pas être pris en possession d'armes sinon la conséquence peut être terrible.

Je suis bouleversé par ces moments, écœuré par tant de méchanceté, d'impudeur, de mépris, d'humiliation subie par le Français d'Algérie qui souffre d'être incompris de la France et d'être délaissé dans la préparation à l'indépendance, programmée entre le gouvernement et le FLN. Qu'avons-nous fait de mal pour être ainsi bannis et rejetés du peuple de France ?

Dans la même semaine, j'assiste à une scène de guerre dont je n'aurais jamais pu soupçonner l'existence. Entendant du bruit à l'extérieur de l'immeuble, côté sud, je m'approche de la fenêtre de la cuisine et vois du mouvement en bas du bâtiment : j'aperçois une dizaine d'hommes qui s'affairent, discutent entre eux, une voiture les rejoint. Du véhicule ils sortent un bazooka[61], le mettent en batterie et par-dessus notre immeuble, ils tirent quatre ou cinq obus vers le village nègre. J'entends et je vois les explosions qui touchent le nord de la ville. Puis les acteurs de l'opération replacent l'engin de mort dans leur voiture et s'éclipsent à grande vitesse. Mes parents me donnent l'information : l'attaque est l'œuvre d'un commando OAS qui tire sur le collège Ardaillon, mon ancien établissement scolaire, poste de commandement et prison des gardes mobiles et des barbouzes, où sont fait prisonniers et torturés de nombreux Pieds-noirs. Ils m'annoncent que nous allons avoir la réplique dans peu de temps.

En effet, dans la demi-heure suivante, j'entends un bruit de chaîne puis des rafales d'armes automatiques qui partent vers les immeubles de la cité. Mes parents se couchent au sol et me demandent de les imiter, ce que je m'empresse de faire, car ce sont des tirs de mitrailleuses 12/7 montées sur des half-tracks, et les balles de gros calibres peuvent traverser les murs. La fusillade dure un bon quart-d'heure, puis le silence revient. Les gardes mobiles partent, impuissants à contrer de telles opérations commandos de l'OAS. Ils se vengent sur la population en les effrayant par des tirs nourris d'armes de gros calibre, risquant à tout moment des assassinats de civils innocents. Mes parents me confirment qu'il y a eu déjà des morts lors des contre-attaques de folie déclenchées par les gardes mobiles.

---

61 Lance-roquettes

Le 18 mars, les Accords d'Evian sont signés par les belligérants mais toujours en occultant totalement la communauté Pied-noire. Le 19 mars le cessez-le-feu est décrété par le FLN et le gouvernement français. La riposte est immédiate. L'OAS et les Pieds-noirs de Bab-el-Oued, un grand quartier populaire d'Alger, se soulèvent. C'est le début d'une insurrection qui va être très meurtrière. Après de nombreuses manifestations pacifiques organisées par la population, le 24 mars l'OAS prend le contrôle du quartier. Le gouvernement réagit et envoie les blindés avec des gardes mobiles et des CRS pour déloger les commandos OAS. De furieux combats se déroulent dans la cité prolétaire qui n'en demandait pas tant. Les gendarmes mobiles réclament du renfort à l'armée qui jusque-là, n'était pas engagée dans cette « guerre civile ». Un commando OAS tend une embuscade à un camion militaire envoyé à la rescousse, rempli d'appelés du contingent, les prenant pour des gardes mobiles. La bavure se solde par la mort de six militaires. Ce fut un drame pour tout le monde car les Pieds-noirs et l'OAS n'auraient jamais pris les armes contre l'armée. Dans le même temps, dix-neuf civils et hommes de main de l'OAS sont également tués par les forces gouvernementales. Le 25 mars les commandos OAS se retirent du quartier qui est immédiatement quadrillé par les forces de l'ordre.

Le même jour le Général Jouhaux, Pied-noir natif de Bousfer (près d'Oran), chef de l'OAS de l'Oranie, est arrêté par les forces anti-O.A.S. du Général Katz. Transféré en métropole, il est immédiatement jugé, condamné à mort par le tribunal militaire. Son exécution est retardée in-extremis, et commuée en peine de prison à vie grâce à l'intervention de personnalités politiques qui ont fait fléchir De Gaulle. Plus tard, il sera amnistié et réintégré dans ses fonctions puis retrouvera l'armée jusqu'à sa retraite.

Le 26 mars, je prends mon service comme tous les jours aux PTT. Nous savons qu'une importante manifestation pacifique doit se dérouler à Alger pour dénoncer la violence policière et la population algéroise veut montrer sa solidarité envers le peuple de Babel-Oued dont le quartier est encerclé par les CRS et les gardes mobiles.

La manifestation est couverte par France Inter, que j'écoute à l'aide d'un poste radio à transistors sur notre lieu de travail avec mes deux collègues. Les journalistes décrivent le cortège, plein de couleurs, où les Algérois, bons enfants, crient leur attachement à la France et scandent en un seul mouvement : « Al-gé-rie Fran-çaise ». Ils arrivent à un barrage de militaires, des tirailleurs algériens allongés sur le sol, fusils mitrailleurs en position de combat, commandés par un officier français. La population se trouve à une cinquantaine de mètres des militaires, quand tout à coup la fusillade éclate. On ne sait pas pour quelle raison les militaires ont ouvert le feu sur les manifestants venus crier leur désespoir sans armes et en famille.

Nous entendons l'infernal crépitement des fusils mitrailleurs, et les commentaires des journalistes qui décrivent à la radio dans un pathétique compte-rendu, le massacre des manifestants. Un sous-officier de détachement crie à plusieurs reprises « Mon lieutenant halte au feu ! Je vous en supplie, halte au feu ! Halte au feu ». Mais la fusillade continue pendant vingt minutes. Grâce à la diffusion en direct de l'émission radio, cet assassinat collectif et le cri halte au feu a été entendu par toute la France.

Quand enfin les tirs cessent, on relève 70 morts et 150 blessés : des hommes, des femmes, des jeunes gens, venus manifester pacifiquement, sont morts comme des ennemis d'un pays qu'ils adorent.

Cinquante ans sont passés mais jamais à ce jour les gouvernements de droite comme de gauche n'ont eu une pensée pour les innocents qui ont perdu la vie ce 26 mars.

Journée qui fut une honte pour les acteurs de cette boucherie et des gouvernants de l'époque.

La vie désastreuse dans le pays martyrisé s'emballe. A partir de ce moment tout va très vite. Les attentats se multiplient. J'assiste impuissant au « massacre » d'un musulman qui a eu le courage de venir travailler en ville européenne. Une dizaine de jeunes incontrôlés de seize à dix-sept ans se vengent d'un des leurs tué ou enlevé, entraînent ce travailleur dans un terrain vague près du centre-ville et le mettent à mort. L'OAS avait bien donné l'ordre de ne pas toucher aux musulmans car toute ratonnade[62] faisait le jeu du FLN, mais il était très difficile de tenir ces jeunes impulsifs enragés et de les convaincre d'obéir aux ordres.

Un matin me rendant à mon travail, je vois un musulman dans la rue qui descend vers la ville. Un jeune Européen court derrière lui armé d'un pistolet automatique de petit calibre et lui loge une balle dans la tête. La victime tombe à terre. Je suis là, interdit, surpris, puis je vois le blessé se relever, reprendre son petit panier, ramasser ses olives et repartir, quelques gouttes de sang restant au sol. Le jeune revient vers lui et tire une seconde fois à la tête. Le pauvre être s'écroule, se relève aussitôt et repart rapidement. Je m'approche du jeune en l'apostrophant, mais bien entendu, il s'éloigne avec son arme, en m'insultant.

Je descends la rue et arrive au virage, je ne vois plus le Musulman, il avait disparu. Le quartier est résidentiel, je pense qu'un Européen a entendu les coups de feu, est sorti devant sa porte l'a vu descendre la rue en titubant à cause de ses blessures et a dû le cacher dans sa villa. Il appellera sans doute un médecin ou l'amènera à l'hôpital s'il n'est pas trop tard pour ce malheureux. Il arrive heureusement côté européen comme musulman,

---

[62] Crime contre le musulman dénommé aussi raton

que de pauvres innocents soient sauvés par des âmes bienveillantes qui refusent la violence.

Un copain de vingt-cinq ans finissant les trente-trois mois de service militaire (rappelé) avait son véhicule automobile en panne. Il est 14h, il descend s'occuper de son dépannage, commence à bricoler le moteur quand tout à coup du balcon en face de son appartement, il entend crier ses voisins. Il sent en même temps du froid sur sa nuque et dans un rapide réflexe se retourne. Trop tard, le meurtrier tire. En se retournant le canon du pistolet glisse, la balle pénètre derrière l'oreille de haut en bas, continue sa trajectoire, traverse l'estomac pour sortir au bas du ventre. Dans un demi coma il se souvient qu'à l'hôpital où il a été transporté, le médecin déclare qu'il ne peut plus rien pour lui, le croyant mort. Dans un effort surhumain, il dit non de la tête. Le praticien s'apercevant qu'il est encore conscient réexamine les blessures, et revient sur son diagnostic : le copain sera sauvé. J'ai eu la chance de le revoir en 2009 à un mariage. Nous avons reparlé de tout cela avec beaucoup d'émotion.

Les attentats prémédités ou aveugles dirigés contre les Musulmans auront pour conséquence l'enlèvement d'Européens hommes ou femmes qui subiront une fin particulièrement affreuse : les Musulmans blessés par balles et qui ont perdu beaucoup de sang sont amenés dans des hôpitaux improvisés en ville musulmane, et si ils ont besoin d'une transfusion sanguine, elle se fera avec le sang prélevé sur un Européen. Le Musulman ne donne jamais son sang, le Coran l'interdit. Les prisonniers européens sont ainsi ponctionnés de leur sang jusqu'à la mort lente qui survient après plusieurs prélèvements. Les cadavres sont ensuite jetés dans le lac salé, ou dans des puits désaffectés. Ils seront répertoriés dans la longue liste des disparus. Certains médecins français ont pratiqué ces ponctions de sang en feignant d'ignorer ce qu'il advenait des prisonniers européens aux mains des musulmans.

C'est l'escalade de la violence.

Un long moment déchirant où les forces favorables à l'Algérie française et aux différents gouvernements s'affrontent en un combat fratricide.

Une armée à qui l'on a fait prêter le serment de défendre une cause perdue d'avance et qui, pour arriver à ses fins pratique la torture, puis tire sur le peuple Pied-noir.

Un FLN qui ne fait pas mieux dans ses entreprises de destruction et de barbarie et creuse à souhait le fossé qui sépare Européens et Musulmans.

L'OAS convaincue de sa légitimité, par ses actions meurtrières amplifie le mouvement.

Lorsque l'on analyse la situation de ce pays martyrisé on ne peut rien espérer de positif dans un avenir prochain. Les colons fortunés ont quitté l'Algérie depuis longtemps. Les victimes sont une fois de plus les petits peuples Musulmans et Européens qui vivaient en bonne entente. Dans cette situation catastrophique le politique va-t-il s'engager dans un processus de conciliation qui calmerait la souffrance endurée par les deux communautés de ce peuple d'Algérie ? La suite montrera que non.

22

Bleu, blanc, rouge : l'engagement

Avril 1962. Après l'arrestation du général Jouhaux, enfant du pays et chef de l'OAS en Oranie, la situation empire de jour en jour. Les attentats au plastic se multiplient, les fameuses nuits, « bleu blanc rouge », nous font sursauter avec des explosions qui se déroulent en crescendo dans la ville. Le bleu sera une nuit d'une dizaine d'explosions, le blanc une vingtaine d'explosions et le rouge en comptabilisera une trentaine au minimum. De nombreux magasins, épiceries, domiciles sont touchés par les bombes de l'OAS. Tout ce qui est tendance FLN, communiste, de gauche, intellectuels libéraux, barbouzes, sont des cibles privilégiées. La désespérance amène le chaos, l'anarchie et le redoublement de violence. Les commandos de l'OAS entrent dans une phase d'activité maximale qui commence à ressembler à un principe de destruction systématique proche de celui de « la terre brûlée ».

C'est le moment de m'engager dans le combat désespéré que nous vivons. Mon frère est dans un commando OAS et me propose d'entrer dans son groupe, ce que j'accepte immédiatement. J'ai rendez-vous dans les jours qui suivent avec un chef de réseau, je le rencontre et à ma grande surprise je le connais : il y a huit ans, il fut l'entraîneur de notre équipe de volley.

Il faut donner une explication sur la composition de l'OAS. Outre le politique et ses deux chefs, les généraux Salan et Jouhaux dont l'objectif est de garder l'Algérie Française, on trouve les adjoints directs, des officiers supérieurs qui ont suivi les généraux dans la clandestinité, puis accompagnent les combattants en réseaux très fermés avec à leur tête, un chef de cellule.

Chaque réseau est chargé d'effectuer des opérations militaires en priorité contre le FLN, les gardes mobiles et les CRS. Il comprend également la logistique : la propagande, le renseignement, l'armement et la formation militaire. En marge, les commandos deltas qui sont des tueurs chargés de la basse besogne et des assassinats prémédités. Ils sont désignés pour ces actions, sur des cibles bien définies qui présentent un danger pour l'organisation. Ils sont la terreur des barbouzes contre qui ils mènent un combat à mort. Ces commandos deltas sont recrutés chez des soldats déserteurs très aguerris, et chez certains Pieds-noirs, volontaires pour effectuer les actions de mort.

Je pris connaissance plus tard d'un déplorable attentat perpétré par un commando OAS. Le tueur avait pour mission d'abattre le général Katz, le chef des Barbouzes, qui devait se rendre au chevet de blessés gardes mobiles à l'hôpital militaire Baudens d'Oran. Le commando fut déposé sur le toit de l'hôpital, de nuit, par un hélicoptère de l'OAS et le tueur devait être prêt pour effectuer son attentat dans la matinée. Ce qu'il fit, mais ce jour-là le Général Katz s'était fait remplacer par un Général médecin militaire. Cet innocent praticien et son aide de camp furent abattus. L'auteur de l'attentat fut arrêté quelques jours après, il fut condamné à mort et exécuté. J'appris par la presse l'identité du tueur : nous étions ensemble en cinquième dans un cours privé, mais je ne l'ai plus revu car j'ai continué ma scolarité au collège Ardaillon. Ce gars avait un abord très ordinaire, grand pour son âge, très maigre et complexé par ses yeux affectés d'un strabisme divergent. Comme les jeunes de notre âge, il était turbulent mais je n'aurais jamais imaginé qu'il fût capable de commettre un jour un assassinat de sang-froid.

Mon engagement dans l'OAS sera provisoirement une fonction de formation à l'utilisation des armes de guerre pour les jeunes Pieds-noirs qui entrent dans l'Armée Secrète. On me demande également d'effectuer de la conduite automobile car l'organisation manque de chauffeurs. J'accepte les deux fonctions et j'attends avec impatience la possibilité de servir l'OAS en continuant d'effectuer mon travail de fonctionnaire. A partir de ce jour, je dois me méfier dans les déplacements et dans mes actes au quotidien. Si je suis arrêté par les forces de l'ordre et si je subis des interrogatoires « musclés », je dois tenir quatre heures sans dévoiler les noms des autres membres du commando. Si dans les quatre heures le contact quotidien est rompu, immédiatement l'alarme est donnée et les membres du commando vont se disperser dans la nature. Ce procédé sera malheureusement mis en application un peu plus tard par obligation.

En ce début de mois, les actes de violence sont au maximum de leur intensité. Je travaille toujours aux PTT et je passe les week-ends à Bouisseville à la plage des Sablettes où mon oncle et ma tante tiennent l'hôtel restaurant. Mon oncle a besoin de moi pour effectuer des travaux de rénovation car la saison commence tôt au bord de mer. L'établissement doit être prêt à ouvrir début juin, c'est en principe le moment où les stations balnéaires d'Algérie reçoivent leurs premiers clients. Nous refaisons un ravalement de la façade du restaurant, très touchée par les embruns pendant la période d'hiver. Une nouvelle peinture murale est appliquée, les chaises et tables sont changées ou repeintes, les cuisines sont également remises en état : un travail très prenant qui est pour moi un grand moment de détente. J'étais allé chez mon oncle un vendredi soir comme d'habitude, il logeait avec sa mère — ma grand-mère paternelle de quatre-vingt-quatre ans qu'il avait recueillie — et ma tante, dans une villa qu'il avait bâtie quand il était entrepreneur en maçonnerie. J'avais ma chambre dans la belle demeure agrémentée d'un jardin en face arrière. Mon frère qui nous aidait également à la remise en état de l'établissement, avait sa chambre dans la même villa, l'hôtel se trouvait au bord de mer à environ trois cents mètres de l'habitation.

Mon oncle me propose de l'accompagner en voiture le samedi à Oran pour faire des courses. Nous roulons le long de la magnifique route de la corniche qui suit la mer pour entrer dans la cité. Nous arrivons devant un barrage de CRS que nous passons sans difficulté. Nous entrons dans la ville et mon oncle se gare dans une rue du centre-ville. Il me demande de lever mon siège et de sortir un paquet que je trouve assez lourd. Il m'avoue que ce sont des armes qu'il va livrer. C'est comme cela que je découvre que Fernand, la cinquantaine, était un membre actif de l'OAS. Nous effectuons des emplettes pour le restaurant et nous repartons à la plage.

En chemin il m'apprend son engagement dans l'Armée Secrète et son action d'activiste qu'il me décrit. En étant en contact permanent avec le commissariat de police et la préfecture d'Oran, il recueille des renseignements sur le FLN.

Les policiers identifient les agents du FLN mais n'ont plus le droit de les arrêter ni de les emprisonner. Le cessez-le-feu doit être respecté et toutes les actions policières menées contre les combattants du FLN sont suspendues. Mais ces policiers se battent pour « l'Algérie Française », de ce fait, ils transmettent l'identité des agents du FLN à mon oncle, qui les fait suivre par l'intermédiaire de son réseau aux commandos d'Oran nommés « les Collines ». Ceux-ci se chargent d'effectuer les attentats individuels et de mettre hors de combat ces ennemis de l'Algérie Française. Les commandos d'Alger sont appelés les « Deltas ».

C'est la dure loi de la guerre civile où tous les coups sont permis.

Je m'enfonce un peu plus dans la violence et je finis par regretter les mois de mon activité de combattant au cours desquels le danger était mieux contrôlé.

Une guerre n'est jamais propre, mais cette guérilla urbaine que nous vivons est abjecte par ses actions et nous conduit à un point de rupture qui ne présage rien de bon pour le peuple Pied-noir, pris dans une étourdissante spirale de malheurs dont nous ne sommes pas près de voir la fin.

Les attentats FLN redoublent de violence dans les villes afin de compenser le cessez-le-feu militaire et la fin de la lutte armée dans les maquis. Les terroristes emploient une nouvelle technique d'assassinat : les mauresques sont depuis toujours les femmes de ménage des familles aisées européennes ; elles viennent travailler en ville couvertes de leur haïk, grand drap blanc qui cache tout leur corps. Seul un œil apparaît qui leur permet de se déplacer. Des membres du FLN ont pendant plusieurs jours, déguisé leurs tueurs en femmes ; des dizaines d'attentats sont perpétrés dans la ville, allongeant la liste des victimes européennes. Des bombes sont déposées dans des lieux publics. L'OAS donne aussitôt l'ordre d'abattre toutes les femmes musulmanes qui entrent en ville européenne. Voilà une façon de plus pour le FLN de couper définitivement tous liens avec les Européens de la ville, créant un fossé inter communautaire qui ne sera plus comblé.

Avec l'arrivée du printemps, mon oncle est sur le point d'ouvrir son restaurant. Le samedi suivant, il reçoit un nouveau chef de cuisine et un employé arabe qu'il me présente : il se fait appeler « Maurice ». Très européanisé, il connaît bien la France et peut venir sans difficulté travailler au bord de plage. Il est employé comme serveur, logé à l'hôtel et en attendant l'ouverture du restaurant pour début mai, il s'occupe de servir les boissons en terrasse.

Je suis toujours en service à l'Atelier Départemental des PTT et j'apprends mon métier avec les deux collègues Claude et Faufau. Claude commence à envisager d'envoyer sa femme enceinte et son enfant en métropole comme beaucoup d'autres chefs de famille. Les hommes entre 18 et 50 ans n'ont pas l'autorisation de l'OAS de quitter l'Algérie. Nous sommes tous mobilisés par l'Organisation en vue du combat final qui ne doit plus tarder car l'indépendance de l'Algérie est prévue pour début juillet.

Le but de l'OAS concrétisé par l'amendement de son responsable le Général Salan, était de conserver l'Algérie en intégrant les Musulmans dans une grande nation française, de libérer le contingent qui quitterait immédiatement l'Algérie, de mobiliser les réservistes

Pieds-noirs entre 19 et 25 ans. De plus, en incluant les 400.000 Harkis qui sont pour l'Algérie française, une nouvelle armée serait levée pour combattre le FLN. Elle prendrait la relève de l'armée française, solution envisagée depuis toujours par les généraux de l'OAS.

Or, le Général Salan est maintenant seul à la tête de l'Armée Secrète. A-t-il les moyens de renverser la tendance ? Comment cela se terminera-t-il ? L'espoir d'une fin heureuse s'amoindrit pour notre peuple. Nous en parlons en famille, au travail, en réunion, dans les associations. Des pourparlers entre le FLN et l'OAS sont, parait-il, en cours. Nous n'en savons pas plus sur notre sort.

23

Fernand

18 avril 1962 : ce jour va compter énormément dans ma vie. Mon oncle Fernand se rend à notre appartement faire une petite visite à ma mère. Il venait de déposer plainte à la gendarmerie d'Oran car des sympathisants du FLN sont entrés au cours de la nuit dans la salle d'eau du restaurant et ont écrit sur le miroir du lavabo des inscriptions favorables au FLN. Il était très contrarié car il pensait être en sécurité sur les bords de plage de la magnifique corniche, loin des problèmes qui secouent Oran. Il quitte ma mère vers 11h et repart d'Oran pour la plage retrouver son restaurant.

J'arrive le soir à 19h du travail et j'apprends que ma tante s'est inquiétée auprès de mes parents du retard anormal de son mari. Nous apprenons le lendemain qu'il n'est toujours pas rentré. Aussitôt une grande angoisse nous assaille. Ma mère précise que mon oncle voulait passer par « les Planteurs » pour gagner plus rapidement la plage. Le quartier des Planteurs se trouve à la limite du quartier arabe, il est desservi par une route départementale superbe qui serpente dans une forêt de pins maritimes avec une vue magnifique sur la mer. Je redoute énormément la décision qu'il a prise. Le connaissant, je pense qu'il est quelque part, retardé par une circonstance imprévue. Nous attendons vingt quatre heures pour en savoir plus.

Le matin suivant ma tante nous contacte pour nous dire sa grande inquiétude : Fernand n'est toujours pas rentré. Elle va immédiatement avertir la gendarmerie de la disparition de son mari.

Je pense qu'il a été arrêté par des barbouzes. Etant donné son appartenance à l'OAS, il a pu être dénoncé par quelques espions du voisinage de sa villa.

L'alerte de sa disparition est transmise à son commando. Celui-ci mène une enquête aux abords du quartier des Planteurs et apprend que la voiture de mon oncle est bien passée vers 12h. Il aurait pris à son bord des travailleurs portugais qui faisaient de l'auto-stop. N'étant jamais arrivé à la plage, il ne fait aucun doute qu'il a été arrêté par un barrage et enlevé avec sa voiture et les Portugais par les Arabes. L'OAS prend en charge la recherche des disparus, car nous ne pouvons pas compter sur la gendarmerie : elle ne va jamais diligenter une enquête dans le quartier musulman, qui jouxte la route des Planteurs.

Impuissant devant cet événement, je fais une confiance absolue aux membres du commando de mon oncle, sachant que si une libération des prisonniers est possible, elle ne peut être effectuée que par l'OAS.

Dépité, je rejoins la plage pour retrouver ma tante qui a grand besoin de réconfort. Je dois également l'informer de la recherche entreprise par les membres du commando de Fernand.

Un nouvel événement survient. A mon arrivée à la villa, ma grand-mère me déclare qu'elle a assisté à un assassinat. Elle me relate que le voisin résidant dans une propriété en face de la villa traversait le terrain vague qui sépare les deux habitations, lorsqu'il fut intercepté par deux hommes. Il s'est aussitôt mis à courir mais il fut poursuivi et abattu d'une balle dans la tête, puis achevé au sol. L'aïeule de quatre-vingt-quatre ans était choquée par cette scène à laquelle elle avait assisté derrière la fenêtre de sa chambre. Elle était loin de comprendre la violence permanente qui gagnait le pays. Elle me demanda où était son fils, elle ne l'avait plus revu depuis la veille. J'ai dû lui mentir, prétextant une occupation urgente qui le retenait en ville.

Je sais la raison de cet assassinat et de qui il s'agissait : la victime était un réfugié espagnol communiste suspecté d'espionnage et de délation contre les partisans de l'Algérie Française. Mon oncle m'avait déjà prévenu de ses actes félons. C'est certainement un commando OAS qui a effectué l'opération d'élimination physique et je me demande si l'attentat contre cet individu n'est pas en relation avec les inscriptions sur le miroir perpétrées par des inconnus le jour de la disparition de Fernand.

Mais ce n'est pas tout : ma grand-mère m'annonce également qu'il y a des jeunes gens dans la cave de la villa. Ma tante Renée me le confirme et m'informe que c'est un groupe de jeunes militaires déserteurs qui devaient rejoindre l'OAS. Mon oncle était chargé de les cacher quelques jours. Je les rejoins et leur explique la situation : mon oncle a disparu, il est certainement entre les mains des Arabes, ils vont le torturer et le faire parler ; de plus, il y a eu un attentat OAS devant la villa. Ils sont donc en grand danger car même si Fernand ne parle pas devant ses tortionnaires, suite à l'attentat et au meurtre du communiste, nous aurons droit à une perquisition.

Je vois ces jeunes militaires métropolitains qui se sont engagés pour défendre l'Algérie Française, désemparés. Ils ne savent plus quelle décision prendre. Je leur demande s'ils avaient un contact et un point de repli en cas de problème. Le responsable du groupe me confirme que le repli existe mais ne doit être utilisé qu'exceptionnellement. Je lui confirme que c'est bien le cas. Je demande à ma grand-mère de leur préparer de la nourriture et je les invite à se coucher tôt et à partir le lendemain matin avant le lever du jour, ce qu'ils feront. Je ne les ai plus jamais revus.

Depuis la disparition de mon oncle, l'OAS a pris les mesures adéquates pour la sauvegarde de son réseau. Les recherches continuent et les responsables mettent en place une équipe spécialisée. Ils iront jusqu'à faire intervenir des Arabes de l'OAS qui vont s'infiltrer en ville musulmane.

Devant la détresse de ma tante Renée, je décide de rentrer chaque soir à la plage pour l'accompagner et l'aider dans la gestion de son établissement, car elle est toujours en pleurs et n'a pas tous ses moyens pour travailler dans de bonnes conditions. Mon frère n'est plus scolarisé, il ne pourra pas passer son baccalauréat. Il est également parmi nous et nous aide en attendant de présenter un concours administratif aux PTT en juillet.

Ma grand-mère nous demande plusieurs fois par jour où est son fils. Nous lui cachons toujours sa disparition, mais elle ne nous croit pas lorsque nous lui disons qu'il est en voyage.

Sur mon lieu de travail j'ai fait la connaissance d'un employé du service des lignes qui habite Bouisseville et possède une voiture. Il fait le trajet aller-retour chaque jour de la plage à la ville. Je lui propose en partageant les frais d'essence de faire la route avec lui ce qui m'évitera de prendre le bus. Il est ravi de ma demande, content de ne plus effectuer le chemin seul, et accepte volontiers ma proposition. Il me prendra le matin à 7h30 derrière la villa, j'aurai dix petites minutes de marche pour traverser un terrain vague, arriver à la route départementale et le rejoindre.

Notre collaboration fonctionne bien, ce collègue du service des lignes, d'un âge moyen, est très sympathique. Le voyage vers Oran dure une petite demi-heure et nous avons le temps de débattre des événements et de l'avenir incertain vers lequel nous avançons.

Au retour du deuxième voyage, ma tante Renée est bouleversée : une perquisition a eu lieu dans la journée, les gardes mobiles ont fouillé la villa de fond en comble et ratissé le jardin à la recherche d'armes enterrées. Ils ont passé la « poêle à frire », qui est un détecteur de métaux de forme ronde et plate, et n'ont rien trouvé. Elle a eu très peur, elle m'annonce que des armes sont bien cachées dans le jardin. Je pense aux risques qu'elle a encourus en plus de l'inquiétude occasionnée par la disparition de son mari. Je décide de récupérer les armes et de m'en débarrasser car nous ne savons toujours rien au sujet de l'enlèvement de Fernand. Stoppé au barrage par les Arabes, il a certainement été fouillé. S'il avait sur lui des papiers compromettants révélant son appartenance à l'OAS, les renseignements auront été transmis aux barbouzes. Une nouvelle perquisition est donc possible et il y a grand danger de posséder des armes.

Ma tante Renée me conduit à l'endroit où mon oncle les avait cachées : elles sont enterrées dans l'angle d'un mur de clôture, et l'engin détecteur de forme ronde, n'a pas pu déceler le métal. Je m'empresse de déterrer le paquet, de placer les pistolets automatiques et quelques munitions dans un sac en plastique et la nuit venue sous un ciel triste, sans lune, je suis allé au bord d'une petite jetée en pierre me débarrasser du colis compromettant en l'immergeant le plus loin possible de la plage.

Les jours passent sans qu'aucune nouvelle de mon oncle ne nous parvienne. Je me retrouve le soir dans cette famille complètement découragée. Ma tante reprend la gestion de son établissement, son moral n'est pas au mieux. Il n'est plus possible d'assurer le service de restauration. Seule la vente de boissons au bar et en terrasse sera garantie ainsi que la location des vestiaires et des douches. Le garçon arabe se faisant appeler Maurice qui aimait bien mon oncle servira en terrasse. Ma tante s'occupera de la caisse, mon frère des cabines et de la penderie, il tiendra également le bar. Ce que je ferai également le samedi et le dimanche, car la saison est lancée et malgré les attentats à répétitions, beaucoup d'Oranais viennent se détendre à la plage. En rentrant du travail le soir, j'aide ma tante à faire les comptes de la journée et à préparer les commandes pour le lendemain. Nous continuerons à adopter cette forme de fonctionnement jusqu'à la fin de la saison.

Dans les moments pénibles que nous traversons, je me souviens que l'été dernier j'étais en compagnie de ma « cousine » Marcelle, dont les lettres d'amour me parviennent avec toujours autant de joie et de passion et auxquelles je réponds avec l'enthousiasme d'un sentiment partagé. Je me remémore les jours inoubliables que nous avons passés avec cet oncle que nous adorons, qui se trouve dans un endroit inconnu et s'il est encore en vie, certainement dans une grande souffrance physique et morale.

Et je pense à ma grand-mère qui a eu une vie très difficile : après le suicide de son mari, elle a élevé ses trois enfants avec un courage extraordinaire ; elle a travaillé jusqu'à l'âge de soixante-dix ans et n'a quitté son grand sud et le désert que pour rejoindre son fils et finir sa vie à ses côtés au bord de la Méditerranée. Elle a un visage superbe, buriné, des cheveux en chignon, d'une propreté exemplaire, une silhouette très fine et une jambe raide bloquée par un rhumatisme mal soigné qui l'a rendue légèrement handicapée. Elle est toujours souriante, avenante, d'un abord très facile, elle sent la fraîcheur et la tendresse. Elle a toute sa mémoire, et elle est là, maintenant, réclamant des nouvelles de son fils, d'une moue plein de tristesse, la tête légèrement penchée, s'excusant de se répéter.

Les jours qui suivent Jean-Louis et Martine, les jeunes enfants de ma tante Renée, prennent le bateau pour la France avec leur grand-mère maternelle – car l'O.A.S. autorise les départs vers la métropole des femmes, des personnes âgées et des enfants. Il était préférable en effectuant le rapatriement, de les protéger de tous les malheurs à venir. Ils seront en sécurité à Toulouse chez la sœur de Renée, Louisette, la mère de Marcelle.

Enfin des nouvelles de Fernand. Un Arabe de l'OAS a pénétré en ville musulmane par les égouts : il nous apprend que Fernand est enfermé aux halles du marché de la ville arabe transformée en prison par le FLN. Il ajoute qu'environ une soixante d'Européens hommes, femmes, adolescents sont également captifs. Nous alertons immédiatement les gendarmes « blancs » qui sont de notre côté, afin d'effectuer une intervention avec l'armée pour délivrer les prisonniers. Réponse négative : l'armée française n'a plus le droit d'entreprendre des opérations militaires. Nous sommes une fois de plus déroutés par les responsables de ce pays qui abandonnent ses propres enfants à une mort certaine.

L'OAS entreprend une dernière tentative pour libérer Fernand et d'autres prisonniers. En contact avec le FLN, l'Organisation propose un marché pour obtenir des libérations, le FLN accepte et exige des bouteilles d'oxygène pour son hôpital. Nous nous sommes réjouis de l'initiative et pleins d'espoir de délivrer les prisonniers. L'OAS prépare l'échange, se procure les bouteilles d'oxygène et les fait livrer aux responsables FLN, mais la transaction s'arrête là. Nous ne reverrons jamais les détenus. Le FLN a prétendu que les bouteilles d'oxygène étaient vides. Nous pensons tout simplement qu'il n'a pas voulu nous rendre les captifs, soumis à des prélèvements de sang et donc en très mauvaise santé, ne prenant pas le risque devant la preuve de cette forfaiture d'être condamnés pour crime contre l'humanité par les instances internationales.

Nous savons que cette pratique barbare et d'un autre monde a existé, qu'il n'y a jamais eu de survivants pour en témoigner.

Un malheur n'arrive jamais seul. Le Général Salan, notre chef de l'OAS condamné à mort par contumace, est arrêté le 21 avril à Alger. Encore une victoire pour le FLN et le gouvernement de De Gaulle. Nos deux ennemis triomphent. Qu'allons-nous devenir ? Le refrain « la valise ou le cercueil » que nous adressent en permanence nos « amis » arabes, prend une signification tragique. Le colonel Argoud remplace le Général Salan à la tête de l'OAS mais l'Organisation ne se relèvera pas de cette dernière arrestation.

J'ai perdu l'espoir de revoir mon oncle vivant. Nous ne retrouverons jamais sa dépouille comme on ne retrouve jamais les corps des Européens disparus. Le lac salé d'Oran aura englouti toutes ces malheureuses victimes d'abord martyrisées, et ensuite égorgées la tête tournée vers la Mecque, comme les Musulmans égorgent les moutons. Pour eux, nous sommes toujours des infidèles. Qu'aura été le supplice de mon oncle, d'autant plus qu'il parlait parfaitement la langue arabe ? Jusqu'au dernier moment de sa vie, il a dû très bien comprendre et anticiper les actes que ses assassins lui réservaient. Il est difficile de faire le deuil des disparus, d'effacer les faits horribles qu'ont pu supporter les victimes et ne pas avoir la possibilité d'accompagner leur dépouille en terre.

***

A ce stade de mon récit je vous confie le témoignage de mon ami Jean Arrocéna chez qui j'allais travailler mes mathématiques lors de nos études secondaires. Nous nous sommes retrouvés sur internet en 2014 et, sachant que j'écrivais mes mémoires, il me transmet cette lettre :

Fin 1961, le 21 décembre en début d'après-midi, j'ai été convoqué par le Colonel qui m'a demandé si j'avais encore de la famille en Algérie. Suite à ma réponse affirmative, il m'a dit que je devais me rendre immédiatement à Marignane car ma mère était dans un avion et qu'elle allait atterrir dans les heures à venir. Ce jour-là j'ai donc retrouvé ma mère en petite robe d'été. (Il gelait). Elle m'a raconté son histoire : dans la matinée de ce 21 décembre elle était allée faire des courses pour Noël ; elle a été prise dans une rafle du F.L.N. et s'est retrouvée dans un camp au Petit Lac. Elle était dans une file quand l'un des dirigeants « un Arabe' » s'est approché d'elle et lui a demandé si elle était bien la mère de Jean Arrocena. Sur sa réponse affirmative, il lui a demandé si elle se souvenait de lui et il s'est présenté. C'était un camarade de classe d'Ardaillon et par la suite du collège Saint-Hubert. Il était souvent venu manger et quelques fois dormir chez nous (c'était un enfant abandonné de père français et de mère musulmane). En reconnaissance de cette époque, certainement, il l'a fait monter dans sa voiture et l'a amenée à la Sénia où il l'a fait embarquer dans le premier avion en partance pour la France. Il lui a expliqué que s'il était dans le camp adverse, c'est qu'il avait été très mal traité et torturé par des soldats français mais non Pieds-noirs. C'est donc grâce à cet ancien copain de collège que ma mère est restée en vie.

Quant à mon père, j'ai pu le faire prévenir par l'armée, que j'avais récupéré ma mère. Lui, est resté à Oran jusqu'au 14 juillet 1962, jour de son rapatriement. Je m'en souviendrai toute ma vie car à Marseille quand nous étions en ville, il rasait les murs, ne voulant pas marcher au milieu des trottoirs ou sur la rue ; au moindre bruit -pétarades de moto ou de pots d'échappement- il se jetait à plat ventre le long des murs. Il est vrai que, comme il me l'a expliqué, à Oran quand il faisait ses tournées (il était facteur tu dois t'en souvenir) on lui a tiré plusieurs fois dessus. Une fois, il a même vécu durant trois jours dans le réduit à poubelles d'un immeuble, car pendant sa tournée, il était recherché par des arabes du FLN ; il était nourri par les gens de l'immeuble.

***

De nombreux Oranais ont eu la vie sauve grâce aux interventions de quelques musulmans. Il faut le signaler et les remercier pour leurs actions.

La situation dans la ville devient très difficile et l'OAS se lance dans un combat désespéré. On demande à chaque homme de se préparer à prendre le Maquis. Il nous faut pour cela tenir prêt un sac à dos avec un minimum de linge de rechange et des vivres. Nous serons informés au dernier moment du jour et de l'heure de notre départ dans un groupement de la future armée OAS.

Dans le quartier la situation est explosive. Il faut dire que nous sommes juste à la frontière du village nègre et heureusement protégés par une compagnie de fusiliers marins. Il n'empêche que de temps en temps des groupes d'Arabes sortent de leur ville et viennent nous provoquer et nous menacer. Nous décidons que chaque famille montera à tour de rôle la garde dès la tombée de la nuit, sur la terrasse de l'immeuble, afin de nous avertir si un danger se présente. Pour ces nuits de garde, nous disposons que de quelques pistolets automatiques que nous avons réussi à cacher pendant les perquisitions, cela ne peut que nous rassurer sans plus, et impressionner un cours instant les adversaires.

 Je reprends le service à la Poste tout en continuant à rentrer le soir à l'hôtel de la plage, où j'aide ma tante toujours aussi désemparée pour vérifier les comptes de la journée.

24

L'élégie

Mai 1962. C'est par un beau vendredi de la deuxième semaine du mois de mai que je vais connaître la plus grande angoisse de ma vie. Je me rends vers 7h au lieu habituel de rendez-vous avec mon collègue. Je porte un petit sac avec quelques affaires pour la journée, des cigarettes — car à ce moment je fumais — et une lettre de Marcelle pour le plaisir de la relire dans la journée. Je marche dans la fraîcheur du matin et traverse le terrain vague au milieu de quelques herbes et des fleurs de printemps.

Tout à coup j'entends « Haut les mains ». Je cherche l'origine de l'injonction et je vois à droite, allongé dans l'herbe, un CRS avec un fusil-mitrailleur qui me tient en joue et m'ordonne d'approcher. D'autres CRS sont en embuscade, les armes pointées vers une villa située derrière moi à environ 150 mètres. Je rejoins un second CRS qui lit les papiers d'identité réclamés et aussitôt se met à rire. Il m'invite à le suivre et un peu à l'écart, j'aperçois des camions militaires avec un groupe de gendarmes mobiles protégés par des feuillus. Je suis immédiatement interrogé et à la vue de ma carte d'identité, ils semblent contents de leur arrestation. Que fait un homme domicilié à Touggourt en ce lieu ? J'essaie de leur expliquer : je venais de finir le service armé et j'étais en garnison au Sahara lorsque j'ai fait refaire ma carte d'identité. Peine perdue, ils ne me croient pas.

Au même moment les forces de l'ordre donnent l'assaut à la villa. Quelques coups de feu sont tirés. Je ne dois pas bouger, je suis toujours menacé d'une arme. Je reprends les explications en leur répétant que je suis fonctionnaire, je travaille à la poste d'Oran et je suis ici pour aider ma tante à la tenue de son restaurant, mon oncle ayant disparu. Aucune réaction de leur part. J'aperçois au loin la voiture de mon collègue, il m'attend. Je sollicite son intervention pour confirmer mes déclarations, mais autant parler à un mur. Je suis menotté, jeté, sans ménagement dans un des camions bâchés, comprenant très bien que je me suis mis dans une situation peut être catastrophique.

L'assaut terminé, trois jeunes femmes sortent de la villa, encadrées par des CRS et me rejoignent dans le camion. Elles me demandent des cigarettes : je n'en ai plus que quatre que je partage. Je les interroge, ce sont des prostituées qu'un commando OAS avait « louées » pour la nuit, elles n'ont rien à voir avec l'Armée Secrète et se permettent même d'aguicher les gendarmes mobiles qui nous gardent.

Arrivent ensuite les interpellés de la villa que l'on sépare immédiatement. Trois hommes sont dirigés vers notre camion. L'un d'eux très jeune boite et parait blessé. Il est âgé d'une vingtaine d'années, imberbe et ressemble plus à un adolescent qu'à un tueur de l'OAS. Il est menotté avec moi. Je demande aux gendarmes où nous allons car j'ai des comptes à rendre à l'administration. Je souhaitais être libéré rapidement, mais ce n'est pas leur avis. A partir de ce moment je sens que je suis en danger de mort, que ma vie peut basculer dans un tourbillon infernal. Je ne me trompais pas beaucoup.

Deux gendarmes mobiles montent dans le camion, les bâches sont descendues et nous partons vers une destination inconnue. Je demande à nos gardes où ils nous amènent, mais silence. Après une petite heure de route je devine la destination car nous dépassons des barbelés, un no man's land — terme militaire pour nommer un endroit interdit. Nous sommes au village nègre, je pense que la destination sera Ardaillon, mon ancien collège, fief des barbouzes, lieu où sont détenus des prisonniers européens. Le garde interrogé me le confirme.

Nous circulons lentement en ville arabe, quand tout à coup le moteur de notre camion a des ratés, il toussote et je commence à m'inquiéter : il ne faudrait pas que nous tombions en panne ici. Et pourtant c'est ce qui arriva. Le camion est à l'arrêt, le convoi stoppe, un officier nous rejoint, nous demande d'attendre une dépanneuse puis repart avec le convoi. Je frissonne car tout peut arriver à partir de maintenant.

Un attroupement se forme, les Arabes commencent à parlementer avec les gardes mobiles, ils veulent que nous descendions du camion et que nous leur soyons livrés. Je pense ma dernière heure arrivée.

Nous demandons aux gendarmes de ne pas faire ce qu'ils exigent, mais ils sont eux aussi très paniqués. Un peu de temps passe qui semble une éternité. La situation dégénère et quelques Arabes essaient d'attraper l'un de nous en bousculant les gardes. Nous nous mettons au fond du camion et attendons la réaction des gendarmes. Je fis ce que je n'avais encore jamais fait dans les difficiles épreuves jusque-là traversées : je me mis à prier. Je pensais que nous étions condamnés, quand tout à coup l'un des gendarmes arme sa mitraillette et se met à crier fort qu'il va tirer. Aussitôt le second gendarme blanc de peur, prend la même décision. Nous sommes sauvés, car devant un Arabe présenter une faiblesse dans ce cas c'est la mort, mais montrer sa force entraîne immédiatement une situation d'allégeance au plus fort. C'est exactement ce qui se passe, le groupe d'Arabes se calme, ils parlent entre eux et commencent à se disperser.

J'ai remercié les gendarmes pour leur sang-froid et leur détermination. J'avais jusque-là un sentiment de haine pour leurs actions contre les Pieds-noirs et je trouve là deux hommes courageux qui nous sauvent la vie. Nous ne sommes pas loin du collège Ardaillon et souhaitons l'arrivée rapide de la dépanneuse.

Dix minutes qui paraissent une heure s'écoulent. Un half-track[63] arrive, il nous prend immédiatement en remorque, à notre grand soulagement. Je n'ai plus de cigarettes pour calmer mes émotions, je souffre beaucoup du manque de tabac. Je me rendrais compte un peu plus

---

63   Véhicule de transport de troupe chenillé et armé d'une mitrailleuse

tard, après toutes les épreuves, le bonheur de m'être sorti de l'accoutumance à la cigarette.

Nous arrivons au collège Ardaillon. Nous descendons du camion et franchissons la grande porte, celle qui m'a vu entrer les deux premières années du cycle secondaire, et par laquelle je sortirai ensuite pour le lycée des Palmiers à Saint Hubert, le quartier nord d'Oran. Nous sommes séparés des filles. On nous conduit au sous-sol du collège, une grande salle qui nous servait de lieu d'entraînement l'hiver pour la pratique des séances de gymnastique et des différentes activités sportives.

Nous entrons dans la salle, toujours menottés. Nos gardes se retirent, nous abandonnant au centre du gymnase. Une cinquantaine de personnes, des hommes de tous âges, sont assis sur les sièges en bois fixés aux quatre murs. Je me demande pour quelle raison ils sont là. Qu'ont-ils fait pour se retrouver en détention dans ces conditions ? Leurs regards inquiets sont dirigés vers nous, un garde mobile fait son tour de surveillance au milieu des prisonniers. Un adolescent grand et obèse lui demande la permission d'aller uriner, le garde refuse répondant que ce n'est pas le moment. Le jeune le supplie en pleurant, il n'arrive plus à se retenir. Le « mobile »[64] lui rétorque qu'il s'en fiche complètement et sort de la salle, le laissant à son triste sort.

---

64 Gendarme mobile appelé garde rouge

Je cherche du regard des connaissances parmi les détenus, et j'aperçois un voisin habitant dans une villa près de mon immeuble. De plus il est comme moi, fonctionnaire des PTT employé au service des câbles. Il me voit à son tour et se déplace pour nous rejoindre.

Je l'interroge sur la raison de son arrestation : il m'annonce qu'il y a eu une perquisition le matin de bonne heure dans notre quartier. Les gardes mobiles ont fouillé les immeubles comme à l'accoutumée. J'ai à ce moment-là une pensée de soulagement pour mes parents, ne voyant pas mon père dans le lot de prisonniers, ni mon frère qui était resté à Oran pour la semaine. Nous continuons la conversation. Il était dépositaire des clés d'une villa, confiées par ses voisins propriétaires en séjour en métropole. Il a, comme à chaque perquisition, donné ces clés aux gardes mobiles. Or, la villa visitée était occupée par deux jeunes légionnaires déserteurs. Ceux-ci torturaient un captif attaché à une chaise, un barbouze[65] enlevé par un commando OAS. Mon voisin fut donc soupçonné d'être un chef de l'Armée Secrète alors qu'il n'était pour rien dans cette affaire. Il a essayé de se disculper, sans résultat.

Il me demande également la raison de mon arrestation, je lui raconte les faits et l'infortune qui m'accompagnait ce jour-là, d'être passé devant une villa occupée par un commando OAS. Pendant notre discussion, nous voyons le jeune obèse qui ne pouvait plus se retenir, se mettre à pleurer. Des hommes qui

---

65 Barbouze : mercenaire à la solde du gouvernement

l'entourent l'invitent à se soulager dans un coin de la salle. Il n'hésite plus, se met à uriner à un emplacement qu'ils lui désignent. Mais c'était sans compter sur la malchance, car au même moment arrive dans la salle le garde mobile, qui l'aperçoit, entre dans une colère folle, le frappe et lui demande de nettoyer le sol. Le pauvre gosse, les bras sur la tête pour se protéger dit qu'il n'avait rien pour le faire. Le garde a rétorqué qu'il avait bien un mouchoir et que sinon il n'avait qu'à s'en faire donner par les autres prisonniers. Ce qui fut fait immédiatement : plusieurs hommes lui ont proposé leur mouchoir pour sécher le lieu à la grande délectation du garde. Celui-ci nous annonce qu'il viendra nous chercher individuellement pour satisfaire nos besoins. Le jeune n'a vraiment pas eu de chance, je me demande en ce jour qui aurait pu en bénéficier.

Quand notre tour d'être conduits aux toilettes arrive, je prends le sac car je veux me débarrasser de la lettre de ma promise avec laquelle j'ai des échanges d'idées sur la politique actuelle de la France et sur la situation de notre pays, contenu qui ne plairait pas du tout à nos gardes. Nous nous dirigeons vers le rez-de-chaussée du bâtiment. Je pensais qu'on nous enlèverait les menottes pour satisfaire nos besoins, il n'en a pas été question. Mon tour d'entrer aux toilettes est venu. J'ai prétexté une grosse envie et j'ai fermé la porte au maximum. Mon codétenu avait le poignet dans l'entrebâillement de la porte. A l'aide de la main non menottée et avec les dents j'ai réussi sans faire trop de bruit à déchirer en plusieurs morceaux la lettre sortie du sac. Je l'ai rapidement jetée dans les toilettes et tiré la chasse d'eau. Le garde qui se trouvait un peu à l'écart commençait à s'impatienter, mais j'avais atteint mon objectif.

Nous retournons dans le gymnase ; la situation n'a pas évolué, mais cela n'allait pas tarder. Un individu à la mine patibulaire entre dans la salle : c'est un barbouze, sale tête, pas rasé, le regard méchant. Il se promène parmi nous, un pistolet automatique de gros calibre à la main, et nous menace individuellement en nous insultant. Il place son revolver sur la tempe de l'un, sur le ventre d'un autre, il est très excité. Les barbouzes sont des tueurs. Ils ont été recrutés pour combattre l'OAS parmi des condamnés de droit commun à de lourdes peines de prison et même de peine de mort. Le contrat qui les lie avec le gouvernement est simple : ces mercenaires s'acquittent des basses besognes contre les commandos OAS en Algérie, en échange d'une amnistie – à la condition qu'ils soient toujours en vie à la fin de leurs engagements, ce qui n'est pas du tout acquis, car ils sont pourchassés par l'OAS et par les Pieds-noirs. Très peu de ces acteurs sortiront vivants de leurs actions guerrières.

De retour des toilettes nous retrouvons le collègue des PTT. Désignant le barbouze dans la salle, il affirme que c'est le même individu qui avait été enfermé et torturé par les deux légionnaires de l'OAS dans la villa dont il avait la clé. Nous comprenons mieux l'agressivité et l'esprit de vengeance qu'il va encore développer à notre encontre plus tard. Il paraît un peu fou, certainement à cause du stress qui l'habite depuis son engagement dans les barbouzes et ses actions anti OAS, mais également des sévices qu'il a dû subir comme prisonnier des légionnaires. Il se venge en prenant un grand plaisir à nous humilier et à nous inquiéter par son attitude menaçante. Il est le maître, il a le pouvoir et le montre.

Entrent à ce moment quatre barbouzes dans notre « prison ». Ils font un choix parmi les prisonniers. Je suis désigné, ainsi que mon codétenu et les autres membres du commando OAS de la villa. Nous sommes alignés debout, la tête tournée contre un mur de la salle dont l'emplacement a été libéré par les autres détenus. Je me demande le pourquoi de cette initiative, je suis en attente, les yeux rivés sur le mur, quand le groupe se place derrière nous et passe en revue les prisonniers. Ils nous observent individuellement au niveau de la nuque. Ils s'arrêtent longuement derrière moi, se rassemblent et font un constat qui m'étonne. J'entends l'un d'eux déclarer « celui-là ». Ils se penchent alors vers mon voisin, lui touchent la tête, soulèvent ses cheveux et déclarent « ce monsieur a bien les cheveux teints ». Ils concluent leurs observations avec un grand sourire en disant : « on va s'occuper de lui ».

On nous demande de rejoindre notre place, je sens mon voisin très inquiet. Jusqu'à présent nous n'avons engagé aucun échange sur notre identité réciproque, car nous avons des consignes de l'OAS : des barbouzes se joignent aux prisonniers, cela fait partie de la guerre subversive, et réussissent à soutirer des renseignements sur les détenus qu'ils côtoient, ce qui peut amener la destruction de réseaux actifs de l'OAS.

Peu de temps s'écoule. Un garde mobile entre dans la salle, se dirige vers nous, nous sépare des autres détenus, m'enlève les menottes et emmène mon codétenu. Je reste seul en massant mon poignet gauche libéré de son entrave. Je me demande ce que sera la suite. Je pense qu'il est parti pour être interrogé. Au bout d'un grand moment, on ramène le prisonnier et nous voilà à nouveau menottés. J'essaie d'entrer en contact avec lui : il est très réticent, et méfiant. Il devait bien se demander pourquoi j'étais dans le véhicule et si je n'étais pas un espion à la solde des barbouzes.

Je m'informe sur l'interrogatoire qu'il a subi. Il me répond qu'il était présent dans la villa par hasard ; qu'effectivement il avait les cheveux teints, c'était son habitude, me dit être instituteur stagiaire recruté sur titre et avoir accepté un premier emploi en Algérie pour être plus rapidement titularisé sur un poste d'enseignant. Il tait son identité, ce que je ferai également car nous subirons tous deux des interrogatoires avec les barbouzes et je ne veux rien connaître de lui comme lui de moi. C'est la loi de la guerre, nous pourrions sous la contrainte physique, dévoiler l'identité du codétenu, ce qui lui serait préjudiciable. Mieux vaut ne rien connaître l'un de l'autre.

Je lui raconte mon arrestation, il semble sceptique et doit se demander si je dis la vérité. Le temps passe, on ne nous donne aucun repas le midi, de toute façon je n'ai pas faim. Je ne sais pas ce que sera mon sort et je ne pense qu'à une chose, c'est à être rapidement interrogé par mes geôliers pour me disculper en leur communiquant tous les renseignements concernant ma fonction aux PTT. Il suffira d'un appel téléphonique à mon administration et ils auront la preuve de mon domicile à Oran et non à Touggourt : ils apprendront également mon activité, l'adresse de mon employeur, et mes horaires. Mais nous sommes le vendredi après-midi et le centre téléphonique ferme ses portes à 18h. Pourvu que je passe à l'interrogatoire avant la fermeture de l'atelier départemental, mon lieu de travail.

Je pense aussi à mes parents qui ne me verront pas rentrer pour le repas de midi. Ils s'inquiéteront et déclencheront l'alerte à l'OAS.

C'est exactement ce qui va se passer : informé de mon silence, notre commando va se disperser dans la nature. Mon frère est immédiatement placé dans une « planque » prévue à cet effet. Ce fut un grand moment de détresse pour ma famille car j'avais disparu à la suite de mon oncle. Mon frère s'était renseigné à la Poste, pensant que j'étais malade. On avait effectivement relevé mon absence depuis le matin.

On vient de nouveau chercher le codétenu et j'en profite pour expliquer mon cas au garde, lui signalant que mon administration fermait ses portes à 18h et que je souhaitais être entendu rapidement pour que l'on puisse vérifier mes déclarations. Il répond que mon cas ne l'intéressait pas et que j'attendrai mon tour comme tout le monde.

J'enrage d'impatience, tout en ayant une pensée pour mon voisin qui part pour un troisième interrogatoire. Que cette journée est longue, que d'émotions, et ce n'est pas fini ! Que sera demain ? Pourquoi toute cette tragédie alors que la vie est déjà si compliquée ? Après mes 27 mois de guerre je ne souhaite que repos, joie de vivre et bonheur à venir. Je me rendrai compte plus tard qu'à l'évidence, je me suis en toutes circonstances, bien sorti des malheurs alors que beaucoup de mes concitoyens n'ont pas eu cette chance.

On ramène le prisonnier. Nous voilà à nouveau menottés. Il a une mine très marquée, pâle, l'air effrayé, le regard anxieux. Notre sbire nous quitte. J'interroge mon codétenu, il dit qu'il a été brutalisé et que les barbouzes ont des soupçons sur son activité dans l'OAS. Un médecin militaire a constaté la plaie à la jambe et a diagnostiqué une blessure par balle. On lui a demandé de donner une explication sur les circonstances de sa blessure, ses déclarations recueillies vont être analysées. Je m'inquiète pour lui.

Je l'invite à se confier. Après un grand moment d'hésitation, il m'avoue avoir été blessé au cours d'un accrochage entre son commando et des C.R.S. A la question « es-tu vraiment instituteur ? » Il répond par l'affirmative disant qu'il était un chaud partisan de Algérie Française, entré dans un commando O.A.S. par conviction, avec une grande détermination. Je le remercie de son engagement. Je lui affirme ma compassion et ma solidarité avec le combat qu'il mène pour sortir de cette situation.

Il est dix-huit heures passées : je ne pense plus à la possibilité d'être entendu ce soir, je suis encore un peu plus abattu. Entre dans le gymnase un grand escogriffe à la tête de barbouze qui se place au milieu de la salle et prend tous les prisonniers à témoin pour faire une annonce à la cantonade. Avec un sourire plein de dédain, il nous prévient qu'après le casse-croûte qui va nous être généreusement distribué, nous serons postés devant le côté du bâtiment en partie détruit, œuvre de l'OAS, et que si celle-ci effectue un tir de mortier contre le collège-prison, nous serons les premières victimes. Il est heureux de la déclaration, n'ignorant nullement que nous serons placés comme boucliers humains. Il se retire, content de l'annonce.

On peut s'imaginer la tête de tous les prisonniers qui se trouvent dans un dénuement et une inquiétude sans borne, dont la possibilité de sortir vivant de cette galère s'amenuise encore un peu plus après l'avertissement de cet individu. Nous prions tous pour que l'OAS ne tire pas d'obus de mortier contre notre prison ce soir.

Le casse-croûte nous est distribué, composé d'un sandwich au pâté de foie avec de l'eau. Nous passons tous à « table » sans précipitation, il est difficile de manger sans faim quand l'inquiétude et la peur serrent l'estomac. Mais il faut se nourrir car nous pouvons avoir besoin de forces pour la suite de notre aventure.

Dans le groupe de détenus certains ne peuvent pas s'alimenter et donnent leur pitance aux jeunes, insouciants du danger qu'ils encourent. Nous entendons et voyons des hommes dont les nerfs craquent, qui éclatent en sanglots. Quelques-uns sont ici depuis plusieurs jours. Que pouvons-nous faire dans une situation qui dépasse l'entendement et nous fait glisser vers le désespoir, sinon transmettre aux malheureux un réconfort moral en leur promettant un lendemain meilleur ?

Nous sommes au moment des confidences. Le jeune instituteur m'annonce avec tristesse qu'il a peur d'être confondu pour sa participation à une agression sanglante contre un car de CRS. Ce fut au cours de cette action avec le commando qu'il a été blessé. Il me demande s'il ne serait pas possible en cas d'attaque de l'OAS, d'essayer de nous échapper. Nous sommes menottés et je ne peux pas lui refuser cette possibilité. Je connais bien l'aile détruite de mon ancien collège transformé en prison, elle fait partie des cuisines de l'établissement. Je sais comment nous enfuir si nous sommes placés en bouclier humain : en courant vers le lieu où les secours attendent en permanence des fuyards. Je suis déterminé à tenter l'évasion, et cela même s'il n'y a pas d'attaque de l'OAS.

Nous nous entendons mon codétenu et moi sur la façon de sortir des ruines et de courir entravés par les menottes. Nous attendons avec impatience qu'on nous dispose sur les décombres, en souhaitant avoir un brin de chance dans cette soirée si éprouvante. Je sais que cela sera difficile, mais nous n'avons plus le choix. Je réfléchis et me remémore les lieux que j'ai fréquentés. Dans ma tête défile l'itinéraire à suivre qui nous conduira vers les secours, si nous réussissons à échapper aux tirs de nos gardiens. Je pense que le salut peut venir d'un bombardement d'un commando OAS: il sera plus facile de nous enfuir dans la confusion, à la condition de ne pas être touchés par les obus de mortier.
Mais la suite ne va pas se dérouler comme cela.

Il est dix-neuf heures, les barbouzes viennent nous chercher pour nous placer comme boucliers humains, suivant le scénario annoncé. Mais lorsque nous passons tous deux la porte du gymnase pour rejoindre les autres détenus, un cri s'élève parmi les barbouzes. Celui qui semble être le chef déclare « non pas ces deux » en nous désignant. Il demande à ce qu'on nous conduise à l'étage. J'ai compris que nous subirons un traitement de « faveur » de leur part. Voilà nos projets d'évasion qui s'envolent.

C'est vraiment une journée de malchance, sans ouverture sur un brin d'espoir. Pourquoi tant de mauvaises actions subies un jour qui paraissait anodin et sans grandes surprises ? Je ne peux pas oublier le calvaire qu'a dû subir mon oncle avant qu'il ne fasse partie de la longue liste des disparus. Dans ma tête je n'ai pas beaucoup de possibilité de m'en sortir, mais je pense que je combattrai mon désespoir jusqu'au bout.

Nous sommes conduits à l'étage. Nous arrivons sur le palier couvert qui dessert les salles de classe et d'étude que j'ai tant de fois franchies. De là nous dominons la cour centrale où nous effectuions les séances de sport individuel et collectif pendant nos heures de gymnastique scolaire. Le palier encercle le bâtiment sur les quatre ailes intérieures. On nous dirige vers l'aile sud et nous découvrons deux jeunes gens de vingt-deux ou vingt-trois ans, à genoux, chacun les poignets au dos entravés de menottes. Ils sont couverts sur le torse d'une petite chemise ouverte où l'on devine une poitrine juvénile, marquée par des coups qu'ils ont subis.

Ils sont blonds et je suppose que ce sont les deux légionnaires qui ont été surpris dans la villa avec un barbouze qu'ils torturaient. Je sais déjà que leur vie dépend maintenant de leurs tortionnaires et étant donné le combat mortel que se livrent les commandos OAS et les barbouzes du gouvernement, ils n'ont aucune chance de sortir vivants de cet enfer. Après les interrogatoires musclés et les tortures morales et physiques qu'ils subiront dans le but de leur extorquer des renseignements relatifs à leur commando, ils seront remis aux Arabes qui continueront à martyriser leur corps avant de les égorger. Ils feront alors partie des disparus.

On nous demande de prendre la même position que ces malheureux : nous sommes donc agenouillés près d'eux, toujours menottés. On nous laisse là tous les quatre, le jour descend lentement et les articulations commencent à nous faire mal. Le froid nous enveloppe et nous saisit, mais le plus dur sera la douleur dans les rotules. Nous restons le corps penché, tout le poids sur un genou, puis lorsque la souffrance devient insupportable, on change de genoux en se penchant dans l'autre sens. Très vite les douleurs réapparaissent, il nous faut accélérer le changement de position.

Ce n'est qu'un début d'une soirée qui parait si belle avec un ciel sans lune. La fraîcheur de la nuit n'est pas notre préoccupation première. Bientôt nous avons la visite d'un barbouze, celui qui avait été prisonnier du commando et que nous avions vu dans le gymnase quelques heures plus tôt. Il apparaît revolver au poing, nous menace de son arme en la plaçant sur la tempe, nous insulte, nous humilie en paroles ordurières, puis il disparaît.

Il revient un peu plus tard, passe en revue notre dos puis assène à chaque légionnaire une manchette à la nuque. Nous les voyons s'affaisser. Notre tour arrive, je suis le dernier à recevoir la manchette, je ne me souviens de rien, car comme les autres détenus, j'ai perdu connaissance.

Je reprends mes esprits un moment après, mon collègue d'infortune est également réveillé. Nos tortionnaires arrivent et nous remettent à genoux. Mon corps tremble, je suis dans un nuage, sans force, le froid me prend et les crétins me demandent de me maintenir droit. Mes genoux me font mal et j'attends qu'ils partent pour reprendre la position en balance du corps afin de soulager un genou, puis l'autre.

La nuit avance et nous avons une deuxième visite du saligaud qui recommence son doux plaisir. Je reçois la manchette le dernier comme précédemment et je perds à nouveau connaissance. Je ne sais pas combien de temps aura duré mon évanouissement, le temps ne semble pas s'écouler. On nous remet à genoux, de nouveau sous les insultes, et voilà une nuit de souffrances morales et physiques qui continue. Jusqu'à quand ?

Nous n'avons plus conscience du temps. Epuisés, nous profitons de l'absence des barbouzes pour nous glisser sur le sol et reposer nos genoux. Une minute de gagnée, puis dix minutes de repos suivent, mais elles sont interrompues par un énergumène qui nous prie instamment de reprendre la position à genoux. Un grand moment s'écoule. Tous deux affalés sur le sol, nous avons pu dormir quelque temps sans être inquiétés. Le jour se lève, le soleil commence à pointer à l'horizon. Dans la fraîcheur du matin nous sommes transis de froid. Je pense que nos codétenus légionnaires sont dans le même cas. On revient nous sommer de reprendre notre position à genoux, la souffrance est réactivée, mais le balancement sur un genou puis sur l'autre soulage quelque peu nos rotules endolories.

Toujours dans la même posture, je vois dans la cour intérieure du collège que la vie s'anime. L'agitation en tout début de matinée de quelques barbouzes m'indique qu'une activité nouvelle est imminente, et je vois deux barbouzes déguisés en ouvriers, aidés par un troisième, préparer des vélos. J'ai immédiatement compris le scénario : l'un habillé d'un vieux bleu de chauffe, une musette sur le porte-bagages, le second accoutré de vêtements ordinaires usagés, également en possession d'une musette, s'apprêtent tous deux à se rendre en ville européenne à se mêler à la foule Pied-noir et le moment venu, à espionner les agissements de la population. Leur mission consistera à prendre des photos pour confondre un peu plus tard des sympathisants OAS ou même de photographier des jeunes membres de commandos qui commettent l'imprudence de parader dans la ville les armes à la main et ceints du bandeau OAS à leur bras. Je les vois franchir la grande porte d'entrée du collège-prison et partir en vélo pour effectuer leurs basses besognes.

La matinée prend son envol, on vient chercher les deux légionnaires pour une direction inconnue. Je ne les reverrai plus. Que sont-ils devenus ? Quel aura été leur triste sort ? Nul ne le saura. Ils seront comme de nombreux soldats perdus, portés disparus auprès de leurs êtres chers. Quelle tristesse...

Quelque temps plus tard, un gendarme s'approche, nous détache, me menotte avec le garde-fou de la galerie et emmène le jeune instituteur. Je pense qu'il est « invité » à un nouvel interrogatoire. Le temps passe, mon camarade revient, abattu, avec une mine défaite qui ne présage rien de bon. On nous replace les menottes, on nous oblige à reprendre la position à genoux et là, mon malheureux codétenu me confie qu'il est découvert : il a été confondu à cause de photos prises par un barbouze lors du fameux assaut contre le car de CRS dans lequel il avait pris une part active et au cours duquel il avait été blessé. Il avoue également que plusieurs CRS ont été tués dans cet accrochage.

Il est pris de nausées, il vomit de la bile – car nous n'avons rien dans l'estomac. Très affecté par l'interrogatoire, il tremble de tout son corps. Je ne peux rien faire pour lui, sinon encore aujourd'hui maudire cette guerre et nos dirigeants responsables de leur politique désastreuse qui se transforme maintenant en conflit franco-français.

Nous restons un grand moment en silence. Je commence à mon tour à m'inquiéter de ma délicate position. Puisque je n'ai pas eu encore l'occasion de participer à une opération commando avec l'OAS, je n'ai aucune raison d'être accusé d'une quelconque action de rébellion contre les forces de l'ordre parallèles. Mais je me méfie de leur attitude et de leur détermination à « bouffer du Pied-noir ».

Un moment passe et un garde s'approche, il nous retire les menottes en disant à mon codétenu : « tu sais ce qui t'attend ? » Je demande à l'individu ce qui va se passer pour lui, et d'un ton sarcastique, il me répond : « on va le lâcher aux Arabes ». Je vois le pauvre instituteur vaciller et avoir à nouveau des nausées. Je m'adresse au garde : « vous n'allez pas faire cela ? », il me rétorque : « on ne va surtout pas se gêner ». Il me menotte sur le garde-fou et part avec le malheureux enseignant dont je ne connais même pas le nom et que je ne reverrai plus jamais. Je suis défait, sans ressource morale, encore sous le choc du dernier moment passé avec ce jeune instituteur.

Je reste debout à attendre que l'on veuille bien m'entendre, mais rien de nouveau ne se produit. Je n'ai pour toute vue que la cour intérieure. Celle-ci semble me parler et je revois les moments de l'adolescence : comme la vie était belle à cette époque qui pourtant n'est pas si ancienne. Mais combien de malheurs et d'incertitudes sont venus couvrir le faste moment de collégien ? J'espère toujours que le jeune codétenu va revenir, mais je crois que je me fais des illusions, plus le temps passe et plus la chance de le revoir s'amoindrit.

Il est 15h, j'ai l'œil rivé sur l'espace interne du bâtiment lorsqu'une scène survient : je suis tout étonné de voir l'ancien surveillant général du collège, Nemiche, se déplacer dans la cour et discuter avec les barbouzes.

Ce surveillant arabe était fonctionnaire et aura choisi le camp des indépendantistes, c'est son droit. Aura-t-il fait un bon choix ? Je revois le personnage sévère chez qui on se rendait pour chercher un bulletin d'entrée lorsque nous étions en retard au début du cours.

Petit, très mince, aux moustaches courtes, toujours bien habillé, il nous faisait peur tant son visage fermé et sombre produisait un effet accusateur qui nous déstabilisait. Lors des heures de colle passées en sa compagnie, il exigeait le silence le plus complet, rien à voir avec les autres surveillants. C'était « le principal » et il le faisait sentir à tout son entourage par sa rigueur, sa discipline et son intransigeance. Je pense que si je me trouvais en difficulté lors des interrogatoires, j'aurais peut-être la possibilité de demander son intervention.

Il est 16h, on vient enfin me chercher. On m'enlève les menottes et je suis le geôlier. Nous entrons dans une salle de classe transformée en bureau où se trouvaient un gendarme au képi blanc (enfin un « régulier ») et un jeune gars en civil : un barbouze. Ce dernier est rayonnant, le sourire sur son visage, un verre d'alcool à la main et une cigarette aux lèvres, le vrai jeune premier infatué de lui-même. On me fait asseoir et l'interrogatoire : « Que faisais-tu-là ? Pourquoi ? Ton domicile... » Enfin un début de communication !

Je raconte une nouvelle fois mon histoire : je suis fonctionnaire en activité, je viens juste de finir le service militaire, j'ai fait vingt-sept mois de guerre, je suis domicilié provisoirement à la plage de Bouisseville lieu de l'arrestation. J'aide ma tante dans la gestion de son hôtel, mon oncle ayant disparu depuis un mois. Il ne semble pas m'écouter, un sourire sarcastique sur le visage, puis le silence. Il me dit tout simplement que je dois me déplacer avec le livret militaire en permanence en ma possession, puis il me fait sortir et je reprends ma place habituelle. On me menotte à nouveau sans autre explication.

Vers 17h du nouveau : le gendarme revient, il m'enlève à nouveau les menottes et il m'ordonne de retourner au bureau, lieu de mon interrogatoire. J'entre et le jeune premier me présente un document à signer qui est le bulletin de sortie. Je suis agréablement surpris, mais à la fois inquiet car je sais que c'est le processus habituel et c'est aussi à ce moment que les prisonniers sont lâchés en ville arabe sans protection pour rejoindre les quartiers européens. Je lis la feuille à signer, je dois attester que j'ai passé une visite médicale nu et que je n'ai subi aucuns sévices. Bien entendu je m'insurge contre le contenu du papier à signer, mais le jeune civil avec son sourire idiot m'annonce que si je ne le paraphe pas, je ne suis pas libéré. Comme chantage il n'y a pas mieux. Je signe le document et on me conduit immédiatement dans la cour vers la porte de sortie du collège prison.

Ce que je redoutais arrive. Je pensais être libéré côté ouest vers le quartier européen et l'on me propose la sortie sud, qui donne en plein dans la ville arabe.

Un garde est là, pistolet mitrailleur au poing, il entrouvre la porte et m'ordonne de sortir. Je refuse car je serai en danger de mort. Je demande à ce que l'on m'accompagne jusqu'au quartier européen.

Il se met en colère, arme son pistolet mitrailleur et me somme de sortir immédiatement : je n'ai plus de choix, je ne réfléchis plus, j'ouvre la grande porte et jette un regard à l'extérieur.

Des half-tracks sont garés contre le trottoir. Je sors, sachant qu'il faut immédiatement me diriger sur la droite du bâtiment côté ouest et courir dans la direction qui me conduira vers la liberté. J'avance tête baissée, caché par les engins blindés. Je réussis à contourner le bâtiment, toujours protégé par les véhicules militaires, et tout à coup entre deux autos mitrailleuses, je découvre la rue de la délivrance. Je passe entre les deux blindés et je me mets à foncer comme un fou vers le quartier européen. Je sais que j'ai deux cents mètres à faire, j'ai dû battre un record de vitesse.

Derrière moi quelques arabes m'ont aperçu mais un peu tardivement, il leur était impossible de me rattraper. J'arrive aux barbelés qui séparent le quartier arabe du quartier européen. Un commando OAS ouvre les chicanes. – Ils sont toujours présents sur ces points stratégiques. Ouf ! Je suis sauvé. Les sympathisants OAS m'accueillent, me présentent un casse-croûte, m'offrent des cigarettes. Ils veulent des renseignements sur les autres détenus. Je suis en peine de leur répondre car je les ai quittés rapidement, ne sachant rien de la suite de leur incarcération. Je ne peux parler que du jeune instituteur et des deux légionnaires.

Une voiture me conduit chez mes parents, nous sommes samedi soir, je viens de passer les plus mauvaises trente-six heures de ma vie.

Rentré dans mon foyer, mes parents et mes amis me congratulent : je suis vivant ! Je m'alimente et je me couche espérant me reposer. J'ai beaucoup de mal à trouver le sommeil, je passe une nuit cauchemardesque : je pense à ceux qui sont toujours dans le collège prison et aux malheureux qui auront payé de leur vie un attachement engagé à l'Algérie Française. Le dimanche matin je me lève, les genoux endoloris et des courbatures sur tout le corps.

Aujourd'hui je me suis sorti de cette mauvaise situation, mais tant de personnes dans mon cas n'ont pas eu d'issue heureuse. Je pense à mon oncle, à tous ceux qui ont subi l'humiliation, les coups, la douleur, la souffrance et qui n'ont pas eu la petite lumière d'espérance et de salut dont j'ai bénéficié. Leurs corps martyrisés reposent en terre algérienne, sans sépulture. Ne les oublions pas.

25

La descente aux enfers

Juin 1962. Je reprends le service aux PTT le lendemain, retrouvant mes collègues de travail tout contents de me revoir. Je leur donne la raison de mon absence de vendredi dernier, leur explique ma mésaventure, la technique des barbouzes pour confondre les partisans de l'OAS et le sort qu'ils promettent aux malheureux qu'ils auront jugés coupables.

La fin de journée venue, je rejoins avec le compagnon convoyeur la route de la plage, Bouisseville et le restaurant où je vais reprendre les fonctions d'aide gestionnaire. Ma tante toujours aussi traumatisée par l'enlèvement de son mari, m'avoue avoir passé deux journées insupportables à la suite de ma disparition du vendredi, redoutant un second enlèvement et une issue fatale. Je ne donne aucun détail de mon incarcération et je l'assure que nous continuerons nos activités habituelles pour pérenniser le bon fonctionnement de l'hôtel restaurant.

Je ne suis plus en contact avec l'OAS car très pris entre le travail aux PTT et l'activité journalière au restaurant. Je consacre également tous les week-ends à des tâches multiples dans l'établissement. Je ne me rends à Oran que pour rejoindre mon lieu de travail et prendre le repas de midi chez mes parents.

La situation dans la ville est catastrophique. L'Indépendance de l'Algérie est programmée au premier juillet. Les familles Pieds-noirs commencent à louer des cadres qui serviront à effectuer le rapatriement des meubles pour la métropole en attendant l'autorisation de l'OAS de quitter le pays. Nous comprenons bien que notre situation est désespérée : nous refuserons d'endosser la double nationalité et de ce fait nous serons rapatriés en France métropolitaine.

Vers la mi-juin, l'Armée Secrète annonce la démobilisation générale et donne son autorisation pour les départs vers la métropole à toute la population oranaise. Elle décrète la phase de « terre brûlée » et lance une gigantesque attaque aux explosifs de tous les commerces qui sont abandonnés par les Européens. Les moulins à grains, les usines, les caves vinicoles, les marchés couverts, tout ce qui faisait la richesse de notre ville est soufflé par des explosions. Le plus spectaculaire sera le bombardement au bazooka des citernes de pétrole et d'essence du port. Pendant une quinzaine de jours, d'énormes flammes vont monter dans le ciel et une fumée noire et dense va envahir la ville et ses environs.

Aussitôt nous assistons à une ruée vers le port et l'aéroport de milliers de familles qui demandent leur rapatriement. Les cadres pour le transport des meubles se font de plus en plus rares, le « système débrouille » devient de rigueur.

L'armée française commence à rapatrier les régiments. Les harkas sont dissoutes, mais les Harkis ne sont pas considérés comme des militaires et ne sont pas rapatriés. Seules quelques dizaines de milliers le seront avec la complicité de certains chefs militaires et d'Européens. J'ai assisté à plusieurs reprises à des scènes douloureuses dans la salle de restaurant de ma tante. De malheureux harkis venaient supplier les Européens de les emmener en métropole car abandonnés en Algérie par l'armée française, ils se doutaient très bien du sort que leur réserverait les indépendantistes algériens. Ils ont combattu avec courage les rebelles pendant huit ans et se retrouvent maintenant sans aucune reconnaissance de la part du gouvernement français, voués à une mort certaine. Nous saurons plus tard que plusieurs milliers d'entre eux seront massacrés avec leur famille dans des conditions abominables. Une grosse lâcheté de plus de nos gouvernants, il y en aura d'autres, nous en reparlerons plus loin.

J'avais beaucoup de peine à voir ces grands gaillards anciens baroudeurs émérites engagés dans les harkas pour venger un père, un frère ou un oncle égorgés par les rebelles, pleurer devant un verre de limonade en demandant par pitié que l'on s'occupe de leur sort. Nous étions tous émus, mais que pouvions-nous faire quand nous ne savions même pas ce que serait notre sort dans le processus de rapatriement que prévoyait notre gouvernement ?

Nous apprenons chaque jour les actes désespérés de nos compatriotes qui ont beaucoup de difficultés à faire embarquer leur mobilier, car les bateaux arrivent au compte-goutte pour l'évacuation des gens et des biens. Ainsi des cadres de meubles, des voitures, des postes de télévision, sont abandonnés sur les quais, les capitaines refusant leur embarquement. Des mouvements de panique se déclarent parmi la population et intensifient encore un peu plus le malheur du peuple Pied-noir déchu.

Je dois penser à mes parents et je fais le point avec eux : ils n'ont pas grand-chose à sauver, mais le plus important sera de quitter l'immeuble juste en lisière du quartier arabe. Nous savons très bien que le jour de l'indépendance, les Algériens viendront occuper nos habitations, malgré les protections rapprochées qui nous sont promises.

Je pars rapidement en quête de location d'un logement au centre-ville car nous ne serons pas rapatriés immédiatement, et ce toujours pour la même raison : nous sommes fonctionnaires.

Le 20 juin je loue un appartement près de la nouvelle préfecture d'Oran. Le temps presse, je dois chercher un déménageur, mais cela devient mission impossible. Nous voyons les locataires de l'immeuble HLM[66] de notre groupe partir les uns après les autres. Nous ne trouvons toujours pas de déménageur et restons

---

66   Habitation à Loyer Modéré

bientôt les derniers habitants du bâtiment. Je commence à désespérer car l'indépendance est pour bientôt. Je suis à la recherche d'un moyen, pour réaliser avec des camarades, le transport de nos meubles. Je réussis enfin à me faire prêter une camionnette.

Le lendemain avec quatre amis, nous effectuons dans la précipitation le chargement du mobilier que nous possédions. Des locataires des immeubles qui n'ont pas pu tout emmener jettent par les fenêtres meubles, postes de télévision, bibelots. C'est leur dernière action, ils ne veulent rien laisser aux envahisseurs. Nous nous dépêchons car les you-you[67] commencent à se faire entendre, tout près, aux abords de la ville arabe.

Une effervescence se forme au bout de la rue, nous avons juste le temps de finir de charger nos meubles quand une foule d'Arabes commence à entrer dans les logements de la cité : le premier qui l'investit devient propriétaire. Des bagarres éclatent et nous mettons le moteur en route pour une fuite vers le centre-ville. Nous quittons le quartier et le bel appartement que nous avions attendu pendant dix ans, pour en profiter deux années seulement...

L'Indépendance est prévue le premier juillet. Nous aurons la possibilité d'opter pour la double nationalité. Ce ne sera pas le cas pour la majorité des Pieds-noirs, sauf pour les communistes et quelques intellectuels, amis des rebelles, qui opteront pour la nationalité algérienne.

---

67 Cris d'allégresse des femmes musulmanes

Sans oublier certains ecclésiastiques complices des indépendantistes prônant, au nom de leurs principes religieux, le pardon. C'est ainsi que Monseigneur Duval, archevêque d'Alger, a pris la nationalité algérienne.

Les familles s'empressent de trouver des caisses de déménagement au cubage important pour ramener en métropole le maximum d'affaires à sauver, mais cela devient une denrée rare. Les cadres de gros volumes sont déjà tous pris, il ne reste que des moyens ou des petits cubes ce qui obligera les Pieds-noirs à effectuer une sérieuse sélection des meubles à rapatrier. Un vent de panique souffle car il y a très peu de possibilité de transport pour rejoindre la métropole, les places de bateau ou d'avion sont depuis bien longtemps réservées et il devient impossible de trouver des billets disponibles. Le gouvernement espère que de nombreux Pieds-noirs resteront en Algérie, ne prévoit aucun scénario rapide d'évacuation. Il se trompe largement, et sera incapable de gérer l'exode, une fois de plus à nos dépens.

L'incendie du port pétrochimique est activé par un vent violent, tourbillonnant, qui rajoute un brin de folie au désespoir des Oranais. La politique de la terre brûlée continue de faire de gros dégâts. Tout ce qui pouvait aider les Algériens à utiliser d'une façon confortable le bien de la France est détruit par des bombes au plastic.

Depuis quelques jours, nous voyons défiler dans les rues des patrouilles mixtes FLN et gardes mobiles français. Par moments, des camions chargés de rebelles qui rentrent du maquis défilent dans les rues, le drapeau FLN en mains et pleins d'arrogance. Nous subissons la loi des vainqueurs, ce qui est pour nous une provocation et une raison supplémentaire de fuir le pays qui nous a vus naître.

Des nouvelles de l'oncle Fernand : mon père se trouvait à la plage et attendait le car pour rentrer à Oran, quand tout à coup il voit passer, se dirigeant vers la ville, la voiture de mon oncle. Il se précipite sur le premier téléphone qu'il trouve et contacte la gendarmerie de Mers-el-Kébir[68] à l'entrée d'Oran, aux abords de la base atomique française qui verra, un mois après l'indépendance, arriver la flotte soviétique.

Les gendarmes prennent note de l'appel, dressent un barrage sur la route de la Corniche, unique passage pour rejoindre la ville et arrêtent la voiture bleue de mon oncle conduite par un Arabe. Ils trouvent ses papiers sur le suspect et l'interrogent. Celui-ci dit avoir acheté la voiture à un particulier dont il ne connaît pas le nom. Les gendarmes prennent une déposition. Le prévenu exige sa libération, il obtient même l'autorisation de téléphoner à des cadres du FLN. Il est gardé sous surveillance. Mon père arrive par le car et assiste les gendarmes.

Dans l'heure suivante, un détachement de militaires du FLN se présente, exige la délivrance de l'individu, et menace dans le cas contraire, de le libérer par les armes. Les gendarmes redoutent un incident

---

68   Ville oranaise ou se trouve la base atomique française

diplomatique. Nous sommes en période de cessez-le-feu et les autorités françaises installent les futurs gouvernants car dans quelques jours, le premier juillet, ce sera le jour de l'indépendance de l'Algérie. Aussi devant la détermination des anciens rebelles, ils s'exécutent et libèrent le suspect qui démarre avec la voiture de mon oncle sans oublier de faire un bras d'honneur aux militaires et à mon père.

Il nous reste pour preuve la déposition des forces de l'ordre qui donne le nom de l'Arabe : Zegai Lahouari. Il nous sera impossible malgré cela, de connaître le sort qu'auront subi mon oncle et les Portugais qu'il avait pris en auto-stop. Il est évident que cette personne est pour quelque chose dans l'enlèvement de mon oncle et de sa mort, car la voiture semble être son butin de guerre. Les renseignements transmis à la Croix Rouge après l'indépendance n'ont rien apporté de plus.

Le premier juillet 1962, jour fatidique de la proclamation de l'Indépendance de l'Algérie, nous sommes obligés d'assister à cette commémoration avec la peine au cœur et dans l'impossibilité de quitter le pays, car une fois de plus nous sommes spoliés. Il est interdit aux fonctionnaires de quitter l'Algérie, même s'ils ne demandent pas la nationalité algérienne : nous devons rester ici pour former le personnel arabe qui doit nous remplacer.

Quelle souffrance pour nous, encore un peu plus d'humiliation. Mon père à cinquante-huit ans, quarante-quatre annuités de travail, également agent de l'Etat, n'a pas l'autorisation de partir. Nous sommes contraints de rester en Algérie et d'effectuer une demande de mutation qui n'a aucune chance d'être acceptée avant longtemps. Nous commençons un nouveau lendemain, remplis d'inquiétude et de tristesse.

Je reprends le travail à l'atelier départemental des PTT d'Oran, j'effectue le trajet depuis Bouisseville toujours avec mon camarade et je rentre le soir pour m'occuper du restaurant. Le garçon arabe Maurice n'est plus revenu depuis début juin, il a fallu embaucher un autre serveur européen qui vit près du village. Mon frère, comme tous les lycéens, n'a pas pu terminer les études et présente un concours administratif à la Poste le 5 juillet. En attendant, il nous aide à gérer l'établissement.

C'est la panique sur le port d'embarquement passager d'Oran. Chacun s'empresse de quitter le pays mais peu de possibilités sont offertes, le nombre de bateaux est insuffisant. A l'aéroport de la Sénia, le problème est identique : pas assez d'avions pour évacuer tout ce monde qui souhaite rejoindre la métropole. Les ressortissants étrangers sont également en attente de moyens de transports, eux aussi veulent quitter l'Algérie. Il semble que plus personne ne veuille rester sur cette terre si accueillante et si belle car elle promet peu d'espoir et de sérénité pour le résident qui n'est pas arabo-musulman.

La suite va donner raison à tout ce peuple désemparé en quête de solution. D'abord parce que les ressortissants des pays de l'Europe de l'Est commencent à arriver : Yougoslaves, Russes, Tchèques... qui ont aidé la rébellion et condamné à tous propos la France à l'ONU; ils pensent tirer un bénéfice de leurs efforts de guerre et de leur soutien au peuple Algérien. Ensuite parce qu'il y aura le 5 juillet, la fête de l'Indépendance, et les massacres du petit peuple européen d'Oran.

26

La prévarication de l'Etat
Le massacre des innocents

Juillet 1962. Le 4 juillet à midi, je quitte le travail pour aller déjeuner chez mes parents logés provisoirement dans le nouvel appartement près de la Préfecture. Je rencontre un copain arabe, une connaissance du lycée technique. Au cours de notre sympathique conversation, nous échangeons quelques propos sur l'avenir de l'Algérie. Il espère beaucoup de l'Indépendance et regrette notre décision de quitter le pays que nous devrions à ses yeux partager. Je lui parle de notre mal-être et de la disparition de mon oncle. Il s'étonne de me voir en déplacement en ville car les jeunes Européens sont pourchassés pour leur appartenance à l'OAS et il me conseille de quitter Oran rapidement. Il m'annonce qu'une grande manifestation organisée par le FLN doit se dérouler en ville le lendemain, le 5 juillet et que les Européens risquent d'être en grand danger. Je le remercie de son message et je rejoins mes parents, leur suggérant de quitter Oran le lendemain de bonne heure pour éviter la manifestation. Ils me le promettent.

Je rentre à Bouisseville rejoindre ma tante. J'envisage de ne pas me rendre au travail le lendemain et je préviens mon collègue convoyeur. Il décide également de s'absenter.

Bien nous en a pris. Le 5 juillet vers midi, des Oranais arrivent au restaurant de la plage choqués, nous décrivant la ville à feu et à sang. Les Européens sont massacrés dans la rue, chez eux, dans les cafés et les restaurants où ils tentent de se réfugier, des groupes d'hommes, femmes, enfants sont amenés au village arabe — et disparaîtront à jamais —. Quelques blessés légers sont amenés, des scènes épouvantables de torture, de viol et d'égorgement sont relatées. L'armée française est consignée dans les casernes, le fameux général Katz, notre tortionnaire, n'a pas l'ordre d'intervenir.

Dans le centre-ville, les Européens courent, poursuivis par des Arabes, vers le lycée Lamoricière où une garnison française est cantonnée. Les militaires n'ont pas l'ordre de descendre du trottoir, qui est officiellement territoire français. Ils ouvrent les portes du lycée aux Européens en fuite, et seuls ceux qui arriveront jusqu'au portail seront sauvés.

L'Armée de Libération Nationale (ALN) est dépassée par la manifestation et demande le secours de l'armée française. Refus de celle-ci : Katz attend les ordres de Paris. L'ALN ne comprend pas ce déni et déplore le manquement au devoir de l'armée française.

Enfin vers 16h, l'ordre de Paris arrive : il faut assurer la protection des ressortissants de toutes nationalités. Il est bien tard pour un gouvernement encore une fois en perdition face aux événements.

Le bilan est lourd. Peu de corps sont retrouvés. Il y aura près d'un millier de morts et disparus.

Mon frère qui passait le concours de dessinateur projeteur dans des salles de l'administration situées au centre-ville et apprêtées à cet effet, n'a heureusement pas été inquiété car les épreuves avaient commencé avant le massacre et se sont terminées bien après.

Jourde, le directeur de la grande Poste et sa secrétaire sont arrêtés, et amenés dans plusieurs commissariats. Ils seront relâchés mais à nouveau enlevés, on ne les reverra plus. Plusieurs agents des PTT ont connu le même sort ou sont tués sur place.

Le 6 juillet, les habitants partent à la recherche des disparus. La Croix Rouge Internationale est alertée, elle va prendre l'affaire en mains. Mais les choses ne sont pas faciles pour cet organisme qui interviendra de toute façon, beaucoup trop tard : les personnes enlevées sont abattues dans les heures qui suivent et jetées au Lac Salé ou enterrées dans des charniers bien camouflés. Les seuls survivants européens aux enlèvements, en très petit nombre, seront cachés par des Arabes à qui ils doivent la vie.

L'existence reprend tant bien que mal, dans la ville martyre. Nous sommes maintenant sous gouvernance

Algérienne en attente d'un départ vers la France. Au bureau comme dans toutes les entreprises, les lendemains du massacre du 5 juillet sont sources de débat relatant les événements. Chacun de nous a une connaissance, un ami, un membre de sa famille, victime de cette barbarie.

Dans l'ancien quartier où nous vivions, j'avais un camarade Denis A. dont la mère, veuve, tenait une petite droguerie au bout de notre rue. Ce triste jour, un groupe d'Arabes a investi le quartier et Denis a été enlevé près du magasin. Son corps lardé de coups de couteau a été retrouvé un peu plus tard. Détail atroce, la lèvre supérieure garnie de sa moustache blonde lui avait été arrachée. Ce fut certainement, pour les assassins, un plaisir fou d'exhiber ce trophée de guerre, d'autant que la victime était juive, et que les relations entre Juifs et Musulmans étaient on ne peut un plus tendues.

Je donnerai ma pensée sur ce triste jour dans l'épilogue.

Rentrant le soir à Bouisseville, une surprise m'attend. Notre garçon de salle arabe Maurice est revenu, il s'est présenté au restaurant dans l'après-midi pour reprendre son travail. Très surpris et attristé par l'annonce de la disparition de Fernand, il a, parait-il, éclaté en sanglots et demandé à ma tante de bien vouloir le réembaucher, ce qu'elle fit.

Il nous décrit les deux derniers mois difficiles passés au quartier arabe avant l'indépendance, au cours desquels il lui était interdit de sortir, ce qui était compréhensible vu les risques qu'il encourait. Puis il nous raconte les massacres du 5 juillet dont il a été témoin, encore choqué par les scènes atroces de mise à mort des Européens enlevés. Les suppliciés étaient traînés dans les rues, exposés à la population musulmane en délire qui les molestait. Certains étaient à terre, tirés par les cheveux. Il vit des jeunes jouer au football avec des têtes d'Européens et fut pris de vomissements devant ces horreurs. Jusqu'à ce jour, les cris des victimes continuaient de résonner dans ses oreilles. C'est ce qu'il nous confia.

Au lendemain du massacre, j'avais pris une place de bateau pour mon frère qui partit pour Toulouse via Marseille le 23 juillet. Il avait été enfermé au camp d'internement d'Arcole quelques jours lors des manifestations « Algérie Française » organisées par les collégiens, et il était plus prudent qu'il quitte l'Algérie le plus tôt possible.

Le problème fut de lui trouver un point de chute en métropole. Je demandai à Marcelle, ma « dulcinée », s'il lui était possible de recevoir mon frère. La demeure de la famille Bousquet, — Lucien le père de Marcelle et de Louisette sa mère —, fut pour une bonne vingtaine de Pieds-noirs, la « terre d'accueil » des exilés déboussolés et apatrides.

La réponse positive de ses parents permettra à mon frère de trouver un nouveau foyer et lui facilitera la recherche d'un emploi. Cette famille sera également pour moi, d'un grand secours.

Je reviendrai plus loin sur la période du rapatriement, qui fut une pénible épreuve de plus.

SIXIEME PARTIE

L'espérance ternie

27

L'échappatoire

Août 1962. Je retrouve l'atelier avec les deux collègues techniciens. Nous ne pensons qu'à une seule chose : quitter le plus rapidement possible le pays qui nous a vus naître, d'autant plus qu'un fait nouveau est intervenu : nous devons former les futurs techniciens de l'Algérie.

De ce fait un groupe de jeunes Arabes à instruire nous est présenté. Si au début leurs attitudes sont acceptables, ce qui suit força un peu plus notre détermination à quitter le pays. Ces maghrébins sont des Moudjahidines, qui ont été blessés au cours de combats contre l'armée française. Ils ont été évacués du terrain des opérations et soignés dans les pays de l'Est, ils reviennent de Yougoslavie.

Ils pensaient que nous étions différents des militaires français de métropole qu'ils avaient combattus, et se faisaient un plaisir de nous décrire comment, au cours des combats, ils avaient enlevés des combattants ennemis et les avaient mis à mort. A entendre leurs récits, la nausée nous prenait. Comment ne pas flancher devant tant de malheur ? Nous voilà prisonniers de ce peuple qui ne nous aime plus, et nous subissons leurs propos de vainqueurs qui pénètrent au plus profond de nous-mêmes et nous font très mal.

Nous décidons de poser un congé régulier tous les trois, seule façon de quitter le pays. Il nous faut prendre rapidement les places de bateau. Faufau est chargé du retrait des billets.

Au dépôt de nos demandes de congés, nous avons immédiatement la visite d'un cadre des PTT, Arabe, rentré sur concours dans la fonction publique il y a plusieurs années. Il nous demande si nous comptons revenir en Algérie et, suite à notre réponse négative, entame un long monologue. Il déplore également la tournure des événements et nous confie qu'il a été placé depuis l'indépendance sous les ordres d'un facteur, membre actif du FLN nommé Chef de Centre. Il nous supplie de revenir au pays, de ne pas les abandonner car l'Algérie a besoin de nous. Son argumentation bâtie sur des données subjectives, loin de nous convaincre, précipite encore plus notre détermination à quitter définitivement la terre que nous aimons avec passion. Après une dernière tentative qui dura un long moment dans le but de nous faire changer d'avis, il nous quitta triste et désappointé.

Depuis le début du mois de juillet, les Pieds-noirs sont sur le port et à l'aérodrome de La Sénia dans l'attente d'un rapatriement. La France ne fait pas grand-chose pour ses ressortissants. Par contre, les bateaux italiens, espagnols, portugais en grand nombre, évacuent leurs résidents, mais refusent l'embarquement aux réfugiés d'autres nationalités.

La vie sur le port devient impossible. Des milliers de personnes n'ayant plus de domicile s'entassent et campent dans des conditions épouvantables, en attente d'un départ. Il fait très chaud, l'eau potable est rare, le manque d'hygiène s'ajoute à la faim, le désespoir est immense. Des bébés pleurent dans les bras de leur mère, les nerfs craquent, des cris de souffrance s'échappent de la foule compacte brûlée par le soleil d'été qui est devenu leur ennemi.

Devant le laxisme des autorités françaises et fatigués d'attendre leur évacuation, de nombreux futurs exilés quittent le port et l'aérodrome pour rentrer en ville, en espérant une aide des Algériens. Ce fut une grande erreur de leur part : la plupart feront partie des disparus.

Ma sœur qui habite Alger, attend un bébé. Elle est assistée dans son accouchement par un médecin militaire russe. Mauvaise nouvelle : elle perdra son enfant et lorsqu'elle rentrera en métropole, un gynécologue français l'opérera pour redresser les erreurs médicales du « charcutier Russe » — Tel fut son propos — Elle ne pourra plus avoir d'enfant. Au lendemain de l'indépendance, les Russes nous ont remplacés et les jeunes médecins des pays de l'Est se « faisaient la main » sur la population algérienne. En l'absence de médecins français, nous devions avoir recours à ces « apprentis toubibs » aux diagnostics et aux soins plus que douteux.

L'exode continue, des chalutiers quittent Oran. Remplis d'exilés, ils tenteront de rejoindre l'Espagne, puis Collioure ou Port-Vendres. Des bateaux moins spacieux essayeront d'accomplir le grand voyage en effectuant du cabotage de port en port, jusqu'aux débarcadères français. On imagine les conditions de navigation supportées par les pauvres gens chassés de leur logement, de leurs attaches, de leur terre. Le désespoir les accompagne et l'inquiétude les envahit. Que seront leurs lendemains ?

Enfin les porte-avions arrivent. Ce fut la bonne solution, mais nos dirigeants auraient pu prendre la décision plus tôt et éviter la souffrance et des disparitions supplémentaires. Ces grands bâtiments sont remplis de la soute au pont d'envol. Les conditions de la traversée ne sont pas excellentes, mais quel bonheur pour tous les Pieds-noirs de quitter une terre qu'ils ont tant aimée mais qui les rejette et sur laquelle ils auront, ces dernières années, vécu l'enfer. Ils sont vivants, c'est leur seule joie.

Pour nous, le moment du départ approche. Les billets d'embarquement ont été retirés. Je voyagerai avec Claude, sa femme enceinte, leurs deux enfants et sa jeune belle-sœur. Faufau partira plus tard. Le départ est prévu pour le 5 septembre.

Mes parents restent à Oran, mon père n'a pas pu obtenir sa mutation pour la métropole. Il est tracassé par l'attitude des autorités algériennes : nous avions déposé une demande de recherche des disparus à la Croix Rouge

Internationale et il était sollicité plus souvent qu'il ne le fallait pour reconnaître des disparus parmi les corps d'Européens retrouvés, — dont la stature et la description corporelle, ne correspondaient en rien à celles déclarées. Les Algériens vont continuer de le convoquer inutilement tant de fois qu'ils vont réussir à le déstabiliser moralement. Ce qui aura pour effet, et ce fut un bien, qu'il demande par anticipation, sa mutation pour la métropole.

Les fins de journée, une fois le travail aux PTT terminé, je continue à rejoindre la plage pour aider ma tante. On sait déjà que l'hôtel restaurant ainsi que la villa seront réquisitionnés par l'armée algérienne qui logera des officiers de l'ALN de retour du Maquis. Il n'y a plus aucun espoir de retrouver mon oncle, et ma tante envisage de partir dès la saison terminée. En attendant elle se bat avec courage pour assumer pratiquement seule la bonne marche du restaurant et de l'hôtel. Nous avons quelques pensionnaires, un groupe de danseurs et des Oranais en attente d'embarquement. Le serveur arabe « Maurice », très dévoué, se dépense sans compter. Il est d'un grand secours pour ma tante.

Nous avons des moments difficiles surtout les week-ends, car les Oranais viennent se détendre et profiter une dernière fois de la mer, du sable, et du soleil radieux qui leur ont donné tant de plaisirs. Il nous arrive que les réfrigérateurs soient vides en milieu d'après-midi, tant nous avons du monde, la chaleur obligeant les clients à se désaltérer sans cesse. Il nous faut alors nous fournir dans les deux immenses glacières de secours. Maurice est là, avec sa hargne et son savoir-faire, pour pallier les moments d'activités débordantes. Il semble qu'il prend sur lui tous les malheurs causés à notre peuple par les Algériens. Il s'investit énormément dans son travail, dans les contacts avec ma tante et les clients qu'il sert en terrasse. Le soir après le service, quand le restaurant s'est vidé, nous avons de grandes discussions sur l'avenir de l'Algérie, qui finissent souvent de sa part, par des larmes. Il a travaillé trois ans dans l'établissement avec mon oncle et ne croit pas en l'avenir d'une Algérie nouvelle. Nous encourageons le sympathique employé en lui souhaitant des jours meilleurs.

Le moment de notre départ pour la métropole est arrivé. Je vais quitter pour toujours l'Algérie que j'aime tant, qui m'a vu naître et à laquelle je dois beaucoup. Je pense nuit et jour au moment fatidique qui clôturera vingt - trois années de présence sur ce sol. Je suis très soucieux au sujet de l'adaptation à ma nouvelle vie en métropole, je sais que cela ne sera pas facile. L'avenir est un immense doute.

Un obstacle majeur reste à franchir, il s'agit de l'embarquement. Les billets de bateaux ont été retirés par Faufau. Ils ne sont pas nominatifs, ce qui est encourageant, mais je vais encore avoir une chaude alerte au moment de monter sur le navire.

Nous nous présentons le matin, tous les six, pour voyager à bord du paquebot : le « Ville d'Oran ». Pour accéder à la passerelle du bateau, les futurs passagers défilent devant une guérite où un Algérien assis près d'un bureau vérifie le titre d'embarquement et surprise, un second, debout, une liste de noms à la main, effectue le contrôle d'identité. Immédiatement, une inquiétude me gagne. Et si mon nom figurait sur la liste ? Car j'avais été arrêté et emprisonné. Les Algériens sont toujours à la recherche de partisans de l'OAS et ce n'est certainement pas la France qui les empêchera de faire disparaître un ennemi potentiel.

Je ne peux plus reculer et me trouve devant un nouveau problème qui peut être lourd de conséquences.

Mon cœur bat vite, à se rompre. Encore une dizaine de passagers à contrôler et ce sera notre tour.

Quand tout à coup une action inattendue survient : en contrebas de la passerelle d'embarquement, plusieurs Arabes se disputent un poste de télévision abandonné par un rapatrié. Le ton monte, les invectives fusent, le préposé au contrôle essaie de calmer les contestataires depuis la guérite, rien n'y fait.

Et voilà que le contrôleur saute de la passerelle, très en colère, pour rendre justice en hurlant insultes et menaces, sa liste en main ! Une opportunité pour moi, pourvu que cela dure ! Eh bien oui : Claude, sa femme, leurs enfants et sa belle-sœur passent. Mon tour arrive, je me présente devant l'Algérien assis à sa table qui vérifie la validité de mon billet. C'est fait. J'embarque immédiatement. Au bas de la passerelle, l'altercation continue. Merci la chance !

Sur le bateau, je me sépare de Claude et sa famille après les avoir pris rapidement en photo, et je cherche dans la soute un endroit où me cacher car je serai en sûreté seulement quand nous nous serons éloignés de la côte. La recherche d'un suspect est possible même si le bateau est loin du port. Les autorités algériennes peuvent immobiliser le navire, monter à bord et effectuer des fouilles.

Je suis sorti de ma cachette vers midi, étant certain que notre navire avait quitté les eaux territoriales. Je suis monté sur le pont, le port est déjà loin, je n'ai pas eu le bonheur d'apercevoir une dernière fois Oran et notre terre algérienne mais je suis content de sortir de l'atmosphère qui devenait irrespirable tellement les situations douloureuses vécues me pressaient le cœur et l'esprit. Il me semble être un nageur en apnée à huit mètres de profondeur, resté trop longtemps au fond, et qui nage précipitamment vers la surface, les poumons prêts à éclater. La sortie de l'eau, l'expulsion de l'air vicié, et l'inspiration d'un air pur, les yeux fixant le ciel, deviennent une délivrance et un grand moment de bonheur.

Je vis l'exode avec tous les malheureux rapatriés, soulagé de quitter notre pays de naissance où le désastre s'est abattu, mais inquiet de commencer une nouvelle vie dans un nouveau pays où nous allons devenir des « étrangers » et pour certains, des parias.

L'accueil à Port-Vendres est très chaleureux, des familles séparées se retrouvent, des cris de joie et des sanglots de bonheur inondent la foule radieuse. De nombreux exilés touchent le sol de France pour la première fois. Je me sépare de Claude et de sa famille en les remerciant pour l'aide qu'ils m'ont apportée, avec la promesse de se revoir rapidement, et je m'empresse de rejoindre Toulouse via Port-Vendres le 31 Août.

28

Le salut

Septembre — octobre 1962. Je suis heureux de retrouver Marcelle après un an et demi de séparation. Reçu par ses parents, dont je fais la connaissance, je retrouve mon frère chez eux qui, admis au concours des PTT présenté le 5 juillet à Oran, en attente de mutation dans la fonction publique, a trouvé un emploi au service des rapatriés de la ville.

Je vais passer deux mois dans cette famille formidable, dont le lieu fut comme je l'ai dit plus haut, une « terre d'accueil et de salut » pour de nombreux rapatriés, lieu de réception qui fut même appelé la « volière » tellement d'oiseaux de passage l'occupaient.

Ce couple sympathique va m'héberger d'abord trois semaines, le temps de profiter pleinement de mon congé régulier. Ils avaient loué un logement dans l'Ariège et j'eus le privilège de passer des vacances de rêve dans une ambiance familiale, ce qui me permit de me ressourcer et de découvrir des paysages de montagne qui resteront gravés dans ma mémoire. Que le plaisir est grand à vivre dans le calme, la quiétude, et l'amour après les dures épreuves endurées !

Je ne désire plus retourner en Algérie, je décide de me mettre à la disposition de la poste principale de Toulouse, décision logique en conformité avec les statuts de notre administration.

Je me présente au receveur principal à la fin de mon congé : il ne veut rien entendre de mes souhaits et refuse la mise à disposition. Très agressif, il me déclare ne rien pouvoir faire pour moi : je n'ai qu'à retourner dans mon pays. Son attitude est sans équivoque, il s'agit d'un anti Pied-noir, je ne suis pas le bienvenu en France. Devant ma détermination et la menace de présenter sur-le-champ ma démission, en n'oubliant pas de signaler sur la demande écrite, son attitude et ses propos, il panique et s'empresse de téléphoner au Ministère des PTT. On me propose un congé de maladie de quinze jours en attendant que ma situation soit étudiée.

J'ai le bonheur de profiter de vacances supplémentaires dans cette famille toujours aussi prévenante et respectueuse de mes actes. Je profite des excellents repas de Bizette et j'échange avec Lulu au cours de grandes discussions sur les tristes moments passés. Celui-ci a également beaucoup à m'apprendre sur la guerre de 1940, le débarquement, les actions à la tête de sa section de chars de combats avec la division du général de Lattre de Tassigny, son épopée jusqu'en Allemagne. Je constate qu'il ne porte pas du tout De Gaulle dans son cœur, ce qui rejoint ma pensée.

Je retourne à la Poste après le congé de maladie de complaisance, pour retrouver le receveur toujours aussi hargneux et déterminé à me renvoyer dans mon pays natal. Nouvel accrochage et nouvelle menace de ma part, nouveau coup de téléphone au Ministère et nouveau congé de maladie de quinze jours.

La situation devient gênante car je me trouve dans une famille d'accueil et je n'ai pas perçu de traitement depuis deux mois : l'argent va me manquer. Problème vite résolu par la volière qui me comble de gentillesse et subvient à mes besoins matériels sans aucune contrepartie. Je m'aperçois que j'ai quand même de la chance de vivre dans ce petit paradis auprès d'une famille aussi avenante et en compagnie d'une femme que j'aime. Je vais même effectuer ma demande en mariage. Quel bonheur!

Troisième visite chez le receveur, troisième altercation, troisième congé de maladie, je craque, je décide de prendre l'affaire en main, je projette de me rendre à Paris et de me présenter au Ministère des PTT.

Le départ est prévu pour le lendemain. Je ne sais pas comment m'y prendre, je ne connais pas Paris, et personne pour m'aider. Je pense au Comte que j'ai connu pendant mon service armé et emmené à Oran visiter notre famille. Je prends un train de nuit pour rejoindre la Capitale.

J'arrive à la gare d'Austerlitz au matin et après une légère collation, j'ose téléphoner à mon ami le Comte au nom prédestiné que je modifie pour préserver son anonymat : Alain Dem….. Très surpris, content que je le sollicite comme il me l'avait suggéré lors des interminables parties d'échecs que nous partagions pendant notre formation militaire, il vient me chercher, me guide dans Paris, et m'invite à déjeuner dans sa famille. J'accepte son invitation. Il me conduit au Ministère des PTT où j'espère régler rapidement le problème de mutation.

C'est exactement ce qui s'est passé. Je commence à m'invectiver contre le réceptionniste, car il me dit que je dois solliciter une audience pour toute démarche administrative. Je suis furieux, j'essaie de lui expliquer la situation, mais il a des consignes et s'y tient. Je décide d'employer les grands moyens et je force le passage, pénétrant dans un très grand hall ouvert, donnant accès à plusieurs portes et à un grand escalier conduisant aux étages. Le réceptionniste me suit et tente de m'arrêter, il crie, moi aussi, ce qui déclenche une panique dans le Ministère.

Voilà la solution, car les portes s'ouvrent et un responsable sortant d'un bureau s'approche et prend aussitôt l'initiative attendue. Il se présente comme un rédacteur[69], il m'invite à le suivre, me fait entrer dans son bureau. Je lui décris rapidement la situation dans laquelle je me trouve, l'accueil que j'ai reçu à la poste de Toulouse, et je demande à avoir immédiatement une mutation définitive en métropole dans le même poste de stagiaire que j'occupais en Algérie. Le responsable me propose un poste disponible sur Lille. Je n'ai pas le choix et j'accepte sans réserve l'emploi proposé. Je dois

---

69 Cadre supérieur

rejoindre le centre téléphonique de Lille Faidherbe le premier novembre.

Je quitte le Ministère, content d'avoir eu cette proposition et d'avoir résolu mon problème. Je rejoins le Comte qui m'attend dans un café du quartier et nous partons pour sa demeure. J'ignore totalement où il me conduit, mais arrivé chez lui je suis éberlué par ce qui m'attend. Son lieu de résidence est tout simplement un hôtel particulier qu'il partage avec son père.

Nous sommes accueillis par un maître d'hôtel qui me débarrasse du peu d'affaires qui m'encombrent. Une immense demeure, des couloirs et des pièces de chaque côté. Dans un des salons, son père nous reçoit avec la grande déférence à laquelle je m'attendais. Une timidité démesurée me saisit. Il me présente sa compagne la Comtesse, une très jolie femme, sa seconde épouse. A l'intérieur du salon de style très recherché, une collation nous est servie. Nous avons parlé du voyage, de ma situation actuelle, de mes projets, dans une ambiance des plus chaleureuses. J'ai en face de moi un personnage de grande classe, un grand bel homme à la voix douce et mélodieuse que l'on qualifierait actuellement de gentleman. Notre conversation ne s'étend pas plus car nous sommes invités à passer à table, Alain doit partir après le déjeuner avec sa fiancée pour une compétition hippique.

Le repas est servi dans une immense salle à manger également décorée de meubles de style dont je ne connais pas l'époque, n'ayant jamais eu l'occasion, dans ma vie de prolétaire, de me trouver une seule fois dans un décor aussi éblouissant. Mais voilà, ce moment fut pour moi un vrai calvaire. Je suis d'abord installé sur une chaise présentée par un serviteur, et j'ai devant moi, avec l'assiette, plusieurs couverts dont j'ignore l'usage. Quand les plats sont servis, je ne sais pas avec quoi dépiauter mon poisson... Le reste n'est toujours pas à mon avantage, d'autant plus que nous avons changé plusieurs fois de vins et qu'à chaque fois j'ai la primeur de goûter les grands cépages qui me sont présentés.

Ce déjeuner de bon aloi fut une souffrance car je me suis senti tout du long dans un monde nouveau, où tout paraissait beau, facile, mais dont les usages inconnus me complexaient à outrance. D'autant plus qu'un incident survint : en mangeant la salade, un petit bout de feuille se coinça dans un pont de chair situé au fond de ma gorge et cela me gênait par moments. Il fallait que ce soit aujourd'hui, en ce lieu, que cela arrive ! J'eus un mal fou à m'en sortir, car la nausée me prit et prétextant une envie urgente, je réussis à l'abri des regards à me débarrasser du bout de salade. Quel supplice...

Enfin le repas se termine par un succulent dessert et le père d'Alain m'invite à passer dans un nouveau salon pour prendre le café. Alain, en tenue de cavalier, cravache en main, bottes et casquette de parade, me fait ses adieux. Je promets de revenir le voir quand je serai à Paris pour effectuer ma formation. Ce que je ferai six mois plus tard lorsque j'assisterai sur son invitation à une réception qu'il organisera.

Je me retrouve seul avec le Comte, et il me demande si nous pouvons parler de l'Algérie. J'attendais ce moment avec impatience car je connaissais les réflexions d'Alain sur le sujet, sans trop les comprendre. L'Algérie était devenue indépendante et je voulais aujourd'hui, en savoir plus. Il m'explique que le cours de l'Histoire était écrit depuis la perte de l'Indochine et qu'il était impossible d'arrêter le processus de libération des colonies que possédaient les Européens. Eux, les banquiers, avaient compris cela depuis longtemps, les politiques également. Il ne fallait surtout pas arriver à une Algérie Française car l'intégration du monde musulman aurait provoqué un bouleversement dans les inégalités, les rendant très défavorables pour la France.

Nous avons parlé une bonne partie de l'après-midi du conflit, de la façon dont il avait été conduit par nos politiques et de l'issue catastrophique pour les Européens d'Algérie. Pour le peuple de France, la priorité était de résoudre le problème algérien le plus tôt possible car le pays se trouvait dans une situation financière déplorable et l'Algérie coûtait beaucoup plus que ce qu'elle ne rapportait. Cela bien avant le boom démographique de la population algérienne qui est passée de dix millions d'habitants en 1962 à quarante millions actuellement.

Oui ses arguments en tant que banquier sont convaincants mais dans la logique, le peuple Pied-noir a été complètement occulté par nos dirigeants. N'avaient-ils pas le choix ? Serait-ce par négligence ? Ou tout simplement parce qu'il n'était pas aimé par De Gaulle ? Et le contingent que l'on a envoyé au combat, et les trente mille morts de la guerre ? Sur beaucoup de points, le Comte n'a pas eu la réponse, mais je suis très content d'avoir eu cet entretien particulier avec un homme ouvert dont je n'ai jamais oublié la solennité.

Malgré l'excellent accueil que je reçus, je me suis senti très gêné de ma modeste condition, impressionné par le luxe des lieux, la prestance des personnages et de leurs tenues vestimentaires.

Je reprends le train de nuit pour Toulouse, satisfait de la journée parisienne qui a permis de débloquer une situation peu enviable.

Nous sommes fin octobre. Dans deux jours je dois me présenter à mon nouveau poste. Je quitte Toulouse par un matin gris et froid et j'arrive à Lille dans l'après-midi. La température est en-dessous de zéro.

En gare de Lille je m'adresse à la Croix Rouge qui tient un stand d'accueil pour les rapatriés d'Algérie. A ma grande surprise, je suis aussitôt pris en charge par l'organisme qui m'hébergera un certain temps. On m'invite à monter dans un camion. D'autres rapatriés nous rejoignent et nous partons pour un centre d'accueil en périphérie de Lille.

Je suis bien content du premier contact, je m'installe dans une chambre mise à disposition pour chaque célibataire. Elle n'est pas bien chauffée, il y fait très froid, mais au moins, je ne suis pas à la rue.

29

Bonjour l'accueil

Le 2 novembre je me présente au central téléphonique de Lille Faidherbe comme convenu. Je suis reçu par le chef de centre. Jusque-là, tout se passe bien. Il m'invite à le suivre et me conduit dans le nouveau poste que je dois occuper, et là, grosse déception : je suis présenté à l'inspecteur responsable du service qui refuse de me saluer. Je reste avec la main tendue, très surpris. Ce responsable déclare devant le chef de centre : « je ne touche pas la main à un O.A.S. » Voilà l'accueil. Je suis étonné par son attitude. Une folle envie me prend « de lui casser la figure », j'ai en même temps un pincement au cœur et une montée de sang à la face qu'il a bien dû remarquer. J'apprends par son adjoint Monsieur Platel, un ancien combattant de 1914, que cet inspecteur est membre du Parti Communiste et qu'il a des idées très revanchardes sur les rapatriés d'Algérie. Quel mal lui a-t-on fait, sinon de défendre notre pays, et pourquoi porter des jugements sans me connaître ?

Le lendemain je fais connaissance de tout le groupe, onze techniciens, je suis le douzième non formé.

Ils paraissent sympathiques mais je ne les comprends pas : ils parlent en « chti »[70].

Quel pays ! Le froid est tenace, il est très difficile de marcher en ville sur le sol gelé. Même les trams n'arrivent plus à circuler. En roulant, les voitures glissent dans les rues un peu bombées, se collent contre les trottoirs, et ne peuvent plus repartir. Je suis éberlué : je vois les Lillois installer des crampons sous leurs chaussures pour pouvoir se déplacer avec plus de sécurité. Je souffre du froid et de glissades avec mes chaussures de ville et je n'ai pas la possibilité de m'en acheter d'autres plus adaptées à la glace. Pire que cela, je me lève le matin, l'eau de mon lavabo ne coule plus du robinet : tout est gelé ! J'ai de la glace sur les vitres intérieures de ma chambre, je me demande où je suis...

Au dehors, je suis obligé de longer les murs pour aller au travail, essayant de me protéger au maximum du froid et de la glace. J'ai la tête comme prise dans un étau par le froid, elle me fait très mal. Je me sens mal à l'aise. Je me déplace en effectuant des étapes, entrant sur le chemin du Centre Téléphonique dans les bistrots pour me réchauffer devant un café, et plus tard, quand je l'aurai découvert, devant un viandox.[71] Puis arrivé au Central plus tôt que mes collègues, je me rase et me fais un peu de toilette à l'eau chaude.

Quand l'inspecteur arrive, puisque je n'ai pas de formation professionnelle, il trouve le moyen de me

---
70 Parlé populaire lillois
71 Boisson chaude au jus de viande très prisée dans le nord de la France

donner des corvées à effectuer en ville, avec le froid, et dans des quartiers que je ne connais pas. Heureusement l'ancien combattant Platel, est là pour « arrondir les angles ». Il prend les différents ordres de missions et les distribue à d'autres techniciens, ce qui permet de soulager mes tournées.

Je n'ai toujours pas de paie. Je commence à avoir des problèmes pour me nourrir, je ne peux plus aller à la cantine et je déjeune le midi d'un casse-croûte sur le lieu de travail. Monsieur Platel porte son repas et mange dans son bureau, mais se doutant de mes difficultés d'argent, chaque jour il vient me voir pour me dire que sa femme lui a donné trop de nourriture et m'offre une partie de son plat, une pomme, un gâteau. Je n'oublierai jamais ce bon futur retraité qui a compris ce qu'était un rapatrié et faisait tout pour compenser les attitudes désobligeantes de l'inspecteur. Il n'avait surtout pas peur des réflexions de son supérieur hiérarchique. Pour me défendre, il lui répondait qu'il était chef d'équipe et que c'était à lui à me gérer. Un régal de voir où était le véritable « *manager* ».

(Deux ans plus tard arriveront dans le même service, deux autres rapatriés : Sanchez, la cinquantaine, qui deviendra l'adjoint de Platel et Jean-Louis Cayuela, que je retrouverai en 2010 à Sète — ville qui sera, pour tous deux, notre lieu de résidence — A nous trois, nous changerons l'ambiance du service : les collègues ne parleront plus chti sous peine de nous entendre parler espagnol. Quant à l'escogriffe d'inspecteur, ayant eu des problèmes familiaux, c'est auprès des trois rapatriés d'Algérie qu'il trouvera de l'aide : sous la conduite de notre « ancien » Sanchez, nous l'aiderons à effectuer un déménagement express, car il avait été abandonné par tout le monde, même par sa famille. A partir de ce jour, il changera complètement d'attitude, se confondant en excuses pour son jugement trop hâtif sur les rapatriés, avouant qu'il avait été trompé par les Communistes qu'il fréquentait — et qu'il quitta du reste. Nous devrons chaque jour accepter après le service, son invitation à boire un verre de bière dans le café du coin.)

Passée cette difficile introduction dans le monde du travail, je dois revenir à ma préoccupation première : subvenir à mes besoins financiers. Je m'empresse d'intervenir auprès de la direction des PTT, aidé par le chef de centre, pour essayer de percevoir les trois mois de salaire qui me sont dus par mon administration. Mais pour le moment, en vain.

Catastrophe : je suis convoqué au Bureau du Centre des Rapatriés. Le directeur m'informe que, « auréolé » de mon statut de fonctionnaire je n'ai pas le droit à l'hébergement, et que c'est aux services sociaux des PTT à me prendre en charge. On me donne deux jours pour quitter les lieux. Je suis abasourdi. C'est cela l'accueil des rapatriés que nous réserve la France ? Je m'adresse à l'assistante sociale de mon administration. Elle me répond que ma condition de stagiaire ne me donne le droit à aucune aide, et que c'est aux services d'accueil des rapatriés de faire leur travail. J'en profite pour lui demander des nouvelles de mon salaire. Elle n'a toujours pas reçu mon dossier d'Algérie et m'invite à attendre encore. Je l'informe sur mon indice de stagiaire afin de pouvoir obtenir une avance sur mon traitement mensuel. Elle me promet d'intervenir auprès de la Direction.

Je retourne au Bureau des Rapatriés pour entendre une fin de non-recevoir de leur part. On me dit qu'il y a des rapatriés qui n'ont pas d'argent, pas d'emploi et qu'ils ont priorité, que je n'ai qu'à me retourner contre mon administration.

Je suis désespéré et je m'adresse à mes collègues pour m'aider à trouver une chambre à louer, sans faire d'avance pécuniaire, car je n'ai plus d'argent. Heureusement le lendemain j'ai une réponse positive : un agent du service des lignes de notre central téléphonique a appris ma mésaventure, il part la semaine suivante en congé à Perpignan et me laisse sa chambre d'hôtel qui est payée pour le mois. Je suis très content et le remercie pour son aide. J'ai dû batailler dur avec le service des rapatriés pour qu'il m'accorde trois jours supplémentaires d'hébergement, mais j'ai gagné.

Me voilà installé dans un hôtel, au chaud, avec un grand plaisir, ce qui fut une progression dans le confort qui me boudait.

Début décembre je reçois enfin une avance sur les trois mois de traitement qui me sont dus. Mon généreux collègue qui m'a hébergé va rentrer et je trouve une chambre à louer chez l'habitant. Mais ce n'est pas l'idéal. La résidence à deux étages est froide, habitée par une veuve de quarante-cinq ans et sa fille. Elles sont très accueillantes, un peu trop à mon goût : je ressens un piège de séduction qui m'incitera à quitter les lieux sans tarder.

Dans ce foyer, seule la fille rapporte un salaire et les restrictions en chauffage sont de rigueur. De toute façon, la nuit il m'est impossible de dormir avec le chauffage à gaz. Mes hôtes me proposent des briques réfractaires qu'elles chauffent avant d'aller se coucher. Elles dorment ensemble et déposent les briques sous les couvertures à leurs pieds pour pallier le froid de la nuit. Je les remercie, refuse leur suggestion et je plonge la tête sous la couette pour me réchauffer. Au petit matin, je trouve là encore, de la glace sur les vitres à l'intérieur de la pièce. Je n'ai vraiment pas de chance. Même la météo est contre nous, rapatriés, car en France la fin d'année 1962 fut, excepté l'année 1954, la plus froide du siècle.

Je trouve du courage en pensant aux fiançailles prévues pour le 25 décembre. Je visite les bijoutiers à la recherche d'une bague pour Marcelle, que j'achète à crédit.

Une autre bonne nouvelle : je reçois ma convocation pour le cours de formation technique de six mois que je n'ai pas pu suivre à Alger en décembre 1959 : il aura lieu à Paris début janvier.

L'année 1963 est pleine de mouvements.

C'est lors de ma formation que je fais une rencontre inattendue. Je me déplace en transports en commun dans Paris pour rejoindre les cours qui se trouvent dans plusieurs endroits de la capitale. Un jour dans le métro, collé à la vitre de la voiture surchargée comme à l'accoutumée, alors que nous sommes à l'arrêt à une station, le métro d'une autre ligne s'arrête en face de nous. C'est au moment où les deux wagons redémarrent, chacun en sens opposé, que je vois un regard insistant qui croise le mien. Un militaire me dévisage, lieutenant de l'armée Française : je reconnais Abdala C. le temps d'une seconde. Il me fait signe puis les deux rames sont déjà séparées et loin l'une de l'autre. Je suis descendu à l'arrêt suivant et j'ai cherché à le retrouver à la station en aval, mais ce fut en vain. C'était le collègue arabe, élève à la préparation aux Ecoles d'Officiers de Réserve, malheureux tout comme moi quant au résultat de son concours, repêché pour devenir officier de la future armée algérienne. Il a préféré rester dans l'armée française. Le monde est petit tout de même...

Je retourne en poste à Lille après nos fiançailles. Notre mariage se déroule le 17 août de cette même année 1963. Marcelle m'accompagne à Lille. Nous louons un appartement chez des Belges, elle trouve rapidement du travail. Mon frère, reçu au concours présenté aux PTT est également nommé à Lille, ma sœur et mon beau-frère s'expatrient dans l'Est de la France. Mon père faisant valoir les multiples convocations qu'il reçoit de la part des autorités algériennes au sujet de son frère, demande sa mutation pour la France et obtient... Lille.

Son accueil en fin d'année avec d'autres Français d'Algérie est des plus honteux. Il est hébergé provisoirement avec ma mère, mes deux grands-mères et la chatte « Moussia », dans un bâtiment administratif où les rapatriés couchent à même le sol, dans des pièces et dans les couloirs, blottis sous des couvertures données par la Croix Rouge. Puis il obtient un ancien baraquement de l'armée, complètement délabré. La pluie passe en partie à travers le toit, notre famille doit au coucher, se protéger en étalant des sacs en plastique sur les couvertures. Le froid et la pluie sont un calvaire pour mes deux grands-mères de quatre-vingt ans passés. Elles ont perdu leurs repères, ne comprennent pas ce qui se passe. Elles qui ont connu le grand Sud Algérien se retrouvent dans le Nord de la France dans des conditions très précaires. C'est seulement à ce moment que j'entends mon père vouvoyer sa mère. Une pratique commune dans la communauté espagnole. Mes parents se verront attribuer un HLM en 1964 et rejoindront en 1966 le Sud de la France quand mon père prendra sa retraite.

La France fut désarmée par l'afflux des Pieds-noirs. Elle ne l'avait pas prévu et les conditions d'accueil furent indignes d'un pays qui doit aide et assistance à ses enfants. Elle n'a pas su anticiper l'exode des Européens d'Algérie ni celle des Harkis. Ce fut une honte pour nos dirigeants, j'ai encore aujourd'hui du mal à leur pardonner. Mais le temps passe, notre arrivée se traduit par un grand boom économique qui a enrichi le pays, prouvant encore une fois notre détermination à nous intégrer et à donner à la France qui nous a si mal accueillis, nos forces, notre savoir-faire et notre courage.

Epilogue

Je viens de décrire dans ces passages tragiques, les faits tels qu'ils se sont produits. Ils sont expliqués actuellement par des acteurs atones, loin des événements, ne parlant que de fautes commises envers le peuple algérien par la France et par les Français d'Algérie, prenant soin de dénoncer la torture et le terrorisme de l'OAS seulement dans un camp, mais en disculpant toutes les atrocités adverses parce qu'elles ont été pratiquées dans un combat légitime au regard des indépendantistes algériens et de leurs proches les communistes français.

Oubliée la fusillade de la rue d'Isly : le 26 mars 1962, l'armée tire au fusil mitrailleur sur une manifestation pacifique de Pieds-noirs, faisant 70 morts et de nombreux blessés.

Oublié le 5 juillet 1962 : quatre jours après l'Indépendance, à Oran, un millier d'européens sont tués ou portés disparus dans la journée.

Oublié le massacre des Harkis : entre 70.000 et 100.000 sont tués dans des conditions épouvantables après l'Indépendance.

Pourquoi ?

En cause, des politiciens qui ne nous ont jamais aimés. J'ai gardé un très mauvais souvenir de cette gauche versatile pendant et après la guerre : son attitude, ses propos, ses jugements qui ont toujours condamné le peuple Pied - noir, en faisant l'amalgame entre le colon bâtisseur et la colonisation qui est une action politique.

En cause, le silence des gouvernements de droite qui ne pardonnent pas à l'Algérie son maintien à la législation de Vichy en 1942, en oubliant – octobre 1944 la Ciotat, Constance le 26 avril 1945 – la magnifique épopée du corps expéditionnaire des français d'Algérie, avec la 1° division blindée du général de Lattre de Tassigny et ses 300.000 combattants.

J'ai du mal à pardonner l'attitude rigide que nous ont toujours montrée les responsables politiques de touts bords, leur accueil lors de notre exode. Les déclarations virulentes de Gaston Deferre, maire socialiste de Marseille qui nous dit d'aller nous faire pendre ailleurs, l'hostilité des dockers encartés par des syndicats – « Pieds-noirs à la mer » – des chauffeurs de taxi ; rejets également de Louis Joxe, Pompidou, de Gaulle ; ils ont souhaité que l'on émigre en Australie, Brésil, Argentine...Ces agissements ont profondément marqué pour longtemps l'esprit de tous les Pieds-noirs.

Quant aux livres d'Histoire remplis de vérités non dites sur le destin de notre Algérie, nos petits-enfants apprennent à l'école, sans trop comprendre, le « pourquoi » de cette tragédie. Les faits sont généralement interprétés par des enseignants, qui sont loin de l'événement, du contexte du temps écoulé, et les propos qu'ils tiennent sur le passé douloureux des français d'Algérie sont souvent déformés.

Mais n'étions-nous pas nous aussi Algériens, puisque nés en Algérie depuis quatre générations ? N'avions-nous aucun droit ? Oui, nous avons refusé la nationalité algérienne. Faut-il pour cela nous accabler de mille mots et ignorer nos souffrances et notre détermination à nous intégrer dans une France que la plupart d'entre nous ne connaissait pas ?

Nous avons perdu nos racines et abandonné nos morts à des barbares : voilà notre punition peuple de France. Pourtant, le petit peuple Pied-noir par son courage et son abnégation se refait une « santé » malgré la malversation de vos dirigeants qui sont devenus les nôtres.

Existait-il d'autres solutions pour résoudre le problème de décolonisation du pays que nous partagions ? Les politiciens qui dirigeaient la France en 1957, ont répondu par la guerre. Auraient-ils dû négocier avec les indépendantistes modérés pour éviter le bain de sang, comme cela s'est passé avec Mendés France à la guerre d'Indochine en 1952 ? Avaient-ils les moyens de le faire ?

Enfoncés dans les hostilités, nos dirigeants, toutes couleurs politiques confondues, découvrent les conséquences désastreuses pour les Algériens qui ont choisi la France.

Leurs enfants nés sur notre terre se trouvent « assis entre deux chaises » : d'une part les valeurs de la République et la culture française, d'autre part l'application de leurs pratiques communautaires ancestrales et le strict respect des lois coraniques.

Pour le peuple Pied-noir, l'intégration s'est faite dans la douleur mais avec une meilleure chance de réussite.

Le temps fuit, il n'est plus question de revenir en arrière sur le choix des Algériens. Cinquante ans plus tard, le constat est amer. L'Algérie a obtenu son Indépendance, les Européens sont partis et la faillite s'est installée.

Pourtant les Pieds-noirs qui s'y rendent aujourd'hui sont accueillis par la population avec chaleur et une réelle nostalgie du passé.

Une polémique est toujours d'actualité : il s'agit de la commémoration de la fin de la guerre d'Algérie.

La FNACA, Fédération Nationale des Anciens Combattants d'Afrique du Nord, appuyée par les dirigeants socialistes, a décidé d'officialiser la fin de la guerre d'Algérie à la date du 19 mars, jour de la signature des accords d'Evian et du cessez-le-feu.

Ce qui sera respecté par la France, mais non par les Algériens : entre le 19 mars et le 5 juillet, un grand nombre de Français ont péri par les actions du FLN, des actes que l'on pourrait considérer comme terroristes puisque hors cadre officiel.

L'attitude de la France concernant les événements du 5 juillet est incompréhensible. Nos forces armées étaient présentes. Seulement quelques chefs militaires ont désobéi aux ordres de Paris et ont donné l'autorisation de sortie à leur troupe pour protéger les Européens. Sans leurs interventions, le bilan du massacre aurait été encore plus lourd. Pourquoi du laxisme en face de la tuerie ? Il y a eu non-assistance aux personnes en danger de mort, ce qui serait reconnu par tout tribunal civil ou militaire.

On ne peut pas oublier la lâcheté de nos gouvernants de l'époque. Cinquante ans après, pas un homme politique n'en parle. Serge Lentz, envoyé spécial de Paris-Match, présent à Oran ce jour-là, est témoin des massacres. Il raconte – extrait du journal Paris Match numéro 692 du 14 juillet 1962 – qu'il a « *vu passer un cortège d'environ quatre cents Européens, visages durs, fermés, tuméfiés* », qui « *seront amenés au quartier du Petit-Lac, exécutés et enterrés dans un charnier qui restera longtemps irrespirable* ».

Au cours d'un entretien[72] le 5 septembre 2002 entre Georges-Marc Benamou et Jean -Pierre Chevènement, qui assurait alors l'intérim du poste de préfet d'Oran, on reconnaît, selon ce responsable, 807 victimes en cette journée du 5 juillet - chiffre à sensiblement minorer -. Mais il ne parle pas des disparus. Avons-nous entendu une seule fois cet énarque de gauche dénoncer le massacre et faire ce qu'il faut pour honorer les morts et disparus du 5 juillet 1962 ? Tous les crimes de guerre dans le monde sont dénoncés, un tribunal international est saisi qui entame des procédures destinées à rechercher, arrêter et inculper les coupables. Or, pour les assassinats du 5 juillet : le silence.

Pourtant ce jour, l'Algérie était un état souverain et personne ne dénonce le crime contre l'humanité dont le peuple Pied-noir fut victime, car on a trop peur de froisser les Algériens. Les faits sont prescrits mais aucune manifestation de souvenir pour tous les morts et disparus n'a jamais été proposée par quelque gouvernement que ce soit, de droite ou de gauche. Ce déni n'est-il pas une honte pour notre pays ?

La preuve du manque de transparence à ce sujet apparaît dans une citation de Maurice Faivre, issue des *Archives inédites de la politique algérienne 1958-1962, L'Harmattan, 2000* . « *En date du 30 avril 1963, une note de l'Ambassade de France en Algérie adressée au 2° bureau établit*

---

[72] Extrait du livre de Georges-Marc Benamou *Un mensonge Français édition Robert Laffont 2003* , page 257.

le nombre des enlèvements d'Européens réalisés par le FLN après le 19 mars 1962 : 3093 personnes enlevées dont 969 retrouvées vivantes, 306 tuées et 1818 manquantes jamais retrouvées ».

Ces notes nous interpellent, de plus, les massacres du 5 juillet à Oran et celui des Harkis ne sont pas comptabilisés dans ce bilan déjà lourd.

Le décalage entre la fin officielle de la guerre d'Algérie (19 mars) et les exactions commises ensuite est évident.

Inauguré en 2007 par la municipalité de Perpignan, seule l'édification d'un mur des disparus sur lequel les noms de 2670 sont inscrits, dont celui de mon oncle Fernand, nous permet un possible recueillement à la mémoire de ces innocentes victimes civiles.

Aujourd'hui je ne peux m'empêcher d'être révolté par cette absence d'objectivité de la part de nos dirigeants.

Nous avons besoin d'un peu de considération pour faire notre deuil de la perte de notre pays, de nos morts et disparus européens et valeureux Harkis. De notre départ de cette terre qui nous a vus naître, du peuple Pied-noir qui l'aimait tant et auquel on a donné comme seule alternative : la valise ou le cercueil.

La célébration de fin de guerre à la date du 19 mars me paraît être une insulte, voire même une offense à la mémoire de ceux qui ont laissé leur vie après cette date.

En désaccord avec le texte officiel commémorant la fin de la guerre d'Algérie à cette date, de nombreux maires choisissent, en remplacement, la date du 5 décembre. Une décision que j'approuve pleinement.

Ce souhait conclut cette partie douloureuse de mes mémoires, laissant le libre court à la réflexion.

Pour moi, issu du petit peuple Pied-noir, le courage et la détermination m'ont permis de sortir la tête haute du piège tendu par le destin, de rebondir en quittant le bas de l'échelle de la vie communautaire et en accédant au niveau social tant souhaité.

De grandes satisfactions ont atténué les souffrances endurées. J'ai construit avec Marcelle une famille nombreuse, composée de mes trois filles et aujourd'hui de mes huit petits-enfants.

J'ai également le bonheur de revoir au moins une fois l'an mes grands copains. Avec Yvon, Jules, Hilaire et leurs épouses nous nous réunissons pour un repas de « frangins ». Cette habitude fait chaud au cœur et nous procure un vrai bonheur que nous partageons à l'unisson.

Mimile dans la discrétion qui le caractérisait nous a quittés il y a quelques années.

Un fait récent me permet de clôturer ce long monologue la joie au cœur. Il date du mois de juin 2011.

J'ai eu en effet, le grand plaisir de recevoir dans notre demeure des Alpes-Maritimes, mes deux copains de lycée, Pierrot, candidat comme moi à Dellys, et Charly diplômé d'une grande école, qui sont à ce jour des ingénieurs retraités. Je n'ai plus rien à leur envier car j'ai terminé comme eux, ma carrière en qualité de cadre supérieur dans mon administration.

J'ai apprécié la délicatesse de Pierrot, mon rival amical pour le deuxième prix d'excellence. Il m'a apporté une copie du Palmarès de notre lycée (1959).

Mon cadet de deux années, à ce titre il a eu la préférence du jury – des arguments pour justifier le fait qu'il m'avait pris la place. Il me taquina gentiment sur le sujet cinquante ans après, ce qui ajouta encore plus de complicité à nos sympathiques retrouvailles.

Le premier prix d'Excellence était invariablement attribué chaque année au brillant Ait Belkacem, toujours en tête de la classe. D'après les dernières nouvelles rapportées par Pierrot à son sujet, il occuperait un poste important dans le Gouvernement Algérien.

Ces retrouvailles après cinquante-deux ans de silence furent bien arrosées ! Notre plus grand souhait : nous revoir encore, encore et encore...

Remerciements :

    A mon épouse pour son soutien inconditionnel, à mes filles et à Charline pour leurs relectures attentives, à Jean Arrocéna pour son précieux témoignage.